卓 越 法 官 文 库

编委会主任　胡云腾

刑事附带民事诉讼范围实证研究

——以S省H市两级法院为例

王玮　著

国 家 法 官 学 院

法律出版社
LAW PRESS · CHINA

总　序

法律出版社为国家法官学院与香港城市大学合作培养的博士研究生们专门出版了一套文库，名曰“卓越法官文库”。付梓之际，要我写几句话。我在最高人民法院工作有年，也直接或间接地参与了这项工作，所以欣然从命。我想，这套文集之所以叫卓越法官文库，大致有三层意思。一是这套书是法官们写的，作者都是高级法官，有的还是所在法院的领导干部，属于法官队伍中卓尔不群的一族；二是这套书都是已经获得博士学位的论文经作者认真修改完善而成，是博士学位论文中的精品；三是这套书是从获得香港城市大学法学博士学位的论文中精选出来的，反映了内地的博士法官们学习普通法以后，应用普通法的方法研究内地法律问题的新水平。从这个意义上讲，称其为卓越法官文库，倒也名副其实。

国家法官学院与香港城市大学合作培养高级法律人才，是一个创举。2011 年，在时任最高人民法院副院长万鄂湘的积极倡导下，经最高人民法院和国务院港澳办批准，国家法官学院与香港城市大学开始合作举办中国高级法官法学博士项目。至今已经招收博士研究生 100 余名，近 40 位学员获得了香港城市大学博士学位。这个合作项目虽然开展的时间还不到 10 年，但培养了一批既精通内地法律，又深度了解香港普通法的高层次法律人才，取得了显著成果，开局良好，可喜可贺。

内地法官应用香港普通法方法研究内地法治实践问题，有其独特性：一是研究路径的独特性。相较于从理论入手的研究方法，该项目参与者皆为有丰富司法实践经验的高级法官，采用了颇有点像“从经验到理论”的研究路径，更多关注的是现实问题的实际解决之道。二是研究课题的实践性。参与该项目的高级法官们始终坚持“问题导向”，研究的皆是当前内地司法实践中亟待解决的机制性、制度性问题，作者在深入分析原因、总结实践经验、借鉴域外成果的基础上，努力为法治中国建设和司法改革的创新建言献策。三是研究成果的实效性。这些研究成果既是法官们学习研究两地法律及其理论问题的心得，也是他们长期从事审判工作经验的积累，原创的味道很浓。适时推出这些研究成果，可以让两地读者彼此开阔视野，为解决两地特别是内地司法领域实际问题提供新的思路，从而促进两地法治思维相互交融互动，更好地推动“一国两制”法律制度的互学互鉴，助力法治中国建设。

卓越法官文库的出版，正值国家重大战略部署——粤港澳大湾区建设扬帆起航之时，大湾区域内司法互助交流合作乃至融合的必然趋势，为该文库成长壮大并发挥作用提供了前所未有的历史机遇和重大契机。希望卓越法官文库乘此东风，逐步成为法官群体高端学术研究成果的“梦工厂”，不断推出高水平的研究成果，为推进“一带一路”倡议和“粤港澳大湾区”建设，深化“一国两制”法治交流合作等，提供有力的法学理论指导和学术支撑，为中国法学理论成果和法治声音走出去探索经验。

以“积累法律文化，弘扬法治精神”为己任的法律出版社，以其专业的优势、雄厚的资源、成熟的机制，为卓越法官文库的出版提供了有力保障。我相信，国家法官学院与法律出版社的强强联合，卓越法官文库必将成为一个精品辈出的学术文库，我对此充满期待并信心满满。

胡云腾

2019 年 10 月于北京

自　　序

我国的刑事附带民事诉讼[①]，是指司法机关在刑事诉讼过程中，解决被告人刑事责任的同时，附带解决被害人提起的，或者已死亡或丧失行为能力的被害人之法定代理人、近亲属提起的，或者人民检察院提起的，由于被告人的犯罪行为所引起的物质损失赔偿问题而进行的诉讼活动。附带民事诉讼范围，是指规定何种案件可以进入附带民事诉讼程序之内的界限，具体而言，就是被害人在刑事诉讼过程中，可以针对何种类型的犯罪行为，或者根据何种损害后果，提出附带民事诉讼请求的范围。附带民事诉讼请求范围，从具体犯罪行为方面而言，是确定哪些性质的犯罪行为允许被害人提出附带民事诉讼；而从犯罪行为造成的损害后果方面而言，就是要分清物质损失与精神损失是否都允许被害人通过附带民事诉讼解决的问题。

我国刑事基本法规定了相对狭窄的附带民事诉讼物质损失范围，最高人民法院通过司法解释将其范围进一步缩限，并规定了替代措施，这对部分被害人在刑事诉讼程序中的物质损失赔偿请求权的行使，产生了一定的影响，故引起法学界对此问题持续不断的争论。针对这一问题，本书立足探究司法实践中有关附带民事诉讼范围的现实状况，基于附带民事诉讼范围制度在司法实践中的具体问题，深入检讨附带民事诉讼范围理论的相关问题，推进对整个附带民事诉讼制度的实践考察和理论探析。

一、研究的缘由

我国刑事实体法和刑事诉讼法对于附带民事诉讼范围的规定，相较于民事实体法和民事诉讼法等相关规定而言，其物质损失赔偿范围更为狭窄。最高人民法院通过司法解释、会议纪要等形式，对该范围又进行再限制。对此，法学界的学者们从不同的角度提出了不同意见。

---

① 本书中所说刑事附带民事诉讼以下简称为附带民事诉讼。

1. 法律规定相对狭窄的物质损失赔偿范围

我国附带民事诉讼范围的确定，是先由实体法对犯罪行为被害人所遭受的经济损失赔偿请求权作出规范，然后由诉讼法对该民事赔偿请求权的实施方法、步骤予以具体规范。1979 年《中华人民共和国刑法》（以下简称《刑法》）对遭受犯罪行为侵害而导致经济损失的被害人赋予实体法上的请求权，规定："由于犯罪行为而使被害人遭受经济损失的，对犯罪分子除依法给予刑事处分外，并应根据情况判处赔偿经济损失。"此后，《刑法》的历次修改都保留了该条规定。1979 年《中华人民共和国刑事诉讼法》（以下简称《刑事诉讼法》）第 7 章专门规定了附带民事诉讼制度，其对附带民事诉讼范围界定为："被害人由于被告人的犯罪行为而遭受物质损失的，在刑事诉讼过程中，有权提起附带民事诉讼。"此后，全国人民代表大会于 1996 年、2012 年先后两次对《刑事诉讼法》进行修改，均坚持了该条规定。通过以上刑事基本法规定的内容来看，无论是《刑法》规定的被害人遭受的经济损失，还是《刑事诉讼法》规定的被害人遭受的物质损失，两者内容的实质应当是一致的，这成为附带民事诉讼范围的实体法与诉讼法上的法律依据。对此，通行的观点认为，这一范围明确了附带民事诉讼请求赔偿的损失种类，是指犯罪行为造成的物质损失赔偿，①不包括精神损失赔偿。② 2002 年最高人民法院的司法解释也予以明确规定："对于刑事案件被害人由于被告人的犯罪行为而遭受精神损失提起的附带民事诉讼，或者在该刑事案件审结以后，被害人另行提起精神损害赔偿民事诉讼的，人民法院不予受理。"③这一附带民事诉讼范围的规定，与 2009 年《中华人民共和国侵权责任法》（以下简称《侵权责任法》）第 22 条规定的"侵害他人人身权益，造成他人严重精神损害的，被侵权人可以请求精神损害赔偿"的内容相比，明显狭窄了一些。学者们针对刑法、刑事诉讼法没有将精神损害纳入附带民事诉讼范围的问题，提出一些见解，④但对于造成物质损失而能够进入附带民

---

① 参见刘金友、奚玮：《附带民事诉讼原理与实务》，法律出版社 2005 年版，第 155 页。

② 参见刘菊：《析刑事附带民事诉讼中精神损害赔偿问题》，载《法学杂志》2004 年第 4 期。

③ 2002 年 7 月 11 日最高人民法院通过的《关于人民法院是否受理刑事案件被害人提起精神损害赔偿民事诉讼问题的批复》（法释〔2002〕17 号）。

④ 例如，张文志认为："……刑事法律对附带民事赔偿范围的限制性规定背离了'刑附民'的民事诉讼本质，将精神损害赔偿排斥在'刑附民'范围之外，抑制了精神损害赔偿制度的发展，有悖于法律的统一。"参见张文志：《"刑附民"精神损害赔偿若干问题研究》，载《法学杂志》2006 年第 4 期。

事诉讼范围的具体犯罪，没有提出范围过宽或者过窄的意见，而立法机关始终坚持并表明将继续适用该项规定。有的学者指出，立法上不重视是附带民事诉讼制度未获重视的原因之一。①

2. 司法限定部分物质损失赔偿请求范围

我国《刑事诉讼法》制定之初，涉及附带民事诉讼的内容仅仅只有两个条文，而经过30余年的修改也不过增加到四个条文，难以架构起一个涉及犯罪与私权赔偿的庞大法律制度框架体系。最高人民法院的大量司法解释弥补了这一不足，使附带民事诉讼能够成为我国一项相对独立、完整的制度。同时，司法解释②也逐步缩小了附带民事诉讼范围。2000年之前，司法解释在附带民事诉讼范围的界定上，始终与刑事基本法保持一致。在这一阶段，最高人民法院于1980年7月16日制定了《最高人民法院关于刑事诉讼附带民事诉讼问题的批复》（已失效），于1994年3月21日发布了《关于审理刑事案件程序的具体规定》（法发〔1994〕4号）（已失效），于1998年6月29日通过了《关于执行〈中华人民共和国刑事诉讼法〉若干问题的解释》（法释〔1998〕23号），对于附带民事诉讼的受理、当事人范围、审判、调解、举证责任等给予较为详细的规定。其中，涉及附带民事诉讼范围的内容，均与我国《刑事诉讼法》规定的遭受犯罪侵害而导致的物质损失请求范围一致。2000年之后，司法解释即开始限制附带民事诉讼范围，并采用追缴、责令退赔措施替代附带民事诉讼。2000年12月4日，最高人民法院通过了《关于刑事附带民事诉讼范围问题的规定》（法释〔2000〕47号）（已失效），重点规范了附带民事诉讼的范围问题，规定："因人身权利受到犯罪侵犯而遭受物质损失或者财物被犯罪分子毁坏而遭受物质损失的，可以提起附带民事诉讼。"③这一规定缩小了我国《刑事诉讼法》有关附带民事诉讼受理案件的范围，将大量非法占有性财产犯罪损失赔偿明确排除在外。同时，

---

① 参见刘金友、奚玮：《附带民事诉讼原理与实务》，法律出版社2005年版，第43页。作者认为："……上述不重视附带民事诉讼制度的现象之所以出现，原因是很多的。首先，从立法上来看，我国刑事诉讼立法对附带民事诉讼制度未足够重视，只在总则中设专章加以规定。由于规定得过于简略（只规定了两条四款），随着社会的不断发展，民事流转的加强，犯罪分子的犯罪行为侵害公民、国家和社会公共利益的案件不断增加，已显得越来越不适应现实的需要，而迫切需要加以健全和完善。因为用这样简单的法条是无法充分概括如此复杂的诉讼的，所以，在复杂的附带民事诉讼面前，人们常常感到缺乏具体、明确和充分的法律依据，这在某种程度上不能不影响到附带民事诉讼制度的全面施行。"

② 司法解释，在本书中仅指最高人民法院的司法解释，不包括最高人民检察院的司法解释。

③ 最高人民法院《关于刑事附带民事诉讼范围问题的规定》第1条的规定。

该解释还规定犯罪分子非法占有、处置被害人财产而使其遭受物质损失的，法院应当依法予以追缴或者责令退赔；经过追缴或者退赔仍然不能弥补损失的，被害人有权向法院民事审判庭另行提起民事诉讼。[①] 2012 年 11 月 5 日最高人民法院通过了《关于适用〈中华人民共和国刑事诉讼法〉的解释》（法释〔2012〕21 号），采用了 26 个条文解读和规范附带民事诉讼制度，继承和完善了原有司法解释的精神，保留了对于附带民事诉讼案件受案范围的限制，并坚持排除非法占有、处置被害人财产类犯罪进行附带民事诉讼的既有规定，删除了该类犯罪被害人向法院民事审判庭另行提起民事诉讼的规定。同时，还规定了依法有权提起附带民事诉讼的犯罪被害人，在刑事诉讼过程中没有提起附带民事诉讼的，另行提起民事诉讼案件的判决赔偿范围也是限于物质损失的情况。[②]

3. 法学界对相关立法、司法解释的持续争论

刑法、刑事诉讼法与司法解释对于附带民事诉讼范围制度规范的不足，导致 21 世纪开始到 2012 年刑事诉讼法和司法解释再次被修改之后，法学界出现大量有关附带民事诉讼制度探讨的文章，其中多数均涉及附带民事诉讼范围问题。出现了各种各样的理论观点，如取消论、保留论、保留并完善和发展论等。持有取消论观点的学者，明确提出取消附带民事诉讼制度；[③]持有保留论观点的学者，则坚持保留附带民事诉讼制度；持有保留并完善和发展论观点的学者，主张保留并完善和发展附带民事诉讼制度；[④]另

---

① 最高人民法院《关于刑事附带民事诉讼范围问题的规定》第 5 条的规定。

② 2012 年 11 月 5 日最高人民法院通过了《关于适用〈中华人民共和国刑事诉讼法〉的解释》，规定其与 2012 年修改的刑事诉讼法同时生效，并废止了 1998 年 6 月 29 日通过的《关于执行〈中华人民共和国刑事诉讼法〉若干问题的解释》，同时规定以前发布的司法解释和规范性文件与本解释不一致的，以本解释为准。该解释第 139 条规定："被告人非法占有、处置被害人财产的，应当依法予以追缴或者责令退赔。被害人提起附带民事诉讼的，人民法院不予受理。追缴、退赔的情况，可以作为量刑情节考虑。"第 164 条规定："被害人或者其法定代理人、近亲属在刑事诉讼过程中未提起附带民事诉讼，另行提起民事诉讼的，人民法院可以进行调解，或者根据物质损失情况作出判决。"

③ 参见郑鲁宁、何乃刚：《合并与分离：刑事附带民事诉讼制度的反思与重构》，载《政法论坛》2003 年第 4 期；魏盛礼、赖丽华：《试论取消刑事附带民事诉讼制度》，载《法学论坛》2005 年第 1 期。

④ 参见陈纯柱、樊锐：《"先民后刑"模式的正当性与量刑研究》，载《中国政法大学学报》2012 年第 2 期；申莉萍、郑茂：《论我国刑事附带民事诉讼制度的价值定位——从刑事附带民事诉讼的存废之争说起》，载《西南民族大学学报》（人文社会科学版）2012 年第 4 期；张珺：《刑事附带民事诉讼的合理性探讨》，载《法律适用》2002 年第 6 期。

外还有一些持有其他观点的学者。[①] 截至目前,理论界对此尚未形成统一的认识,但是对于附带民事诉讼范围的争论,则是以认为立法规范附带民事诉讼范围狭窄和司法控制附带民事诉讼范围不妥为主要基调。对因犯罪分子非法占有、处置被害人财产而使其遭受的物质损失,司法解释将其排除在附带民事诉讼范围之外,要求通过追缴赃款赃物、责令退赔的途径解决的问题,学者提出了许多不同意见。有的学者指出,限制附带民事诉讼受理范围缺乏有力的立法根据;用追缴、责令退赔的方式来保护被害人的合法权益,有程序上难以克服的弊端;不利于保护被害人的合法权益;从设立附带民事诉讼制度的国家、地区来看,附带民事诉讼受理范围均较为宽泛。[②] 有的学者认为,附带民事诉讼中的物质损失赔偿范围应由民事法律进行规定,而将该范围的规定进行限缩性解释,似乎不尽妥当。[③] 也有学者主张,对于财产型犯罪引起的被害人要求返还财物的诉求,立法、司法解释及司法实践均应将其纳入附带民事诉讼受理范围。[④]

综上所述,立法过程中自始就没有试图扩大或缩小法定附带民事诉讼范围,司法实践中则不断地尝试缩小该法定的范围,而法学界则是要求扩大法定或者限定附带民事诉讼范围。为此,笔者便想通过实证研究的方法,考察探究附带民事诉讼范围的相关问题,例如,是否应当对附带民事诉讼范围予以限制,是否应当用追缴、责令退赔措施部分替代附带民事诉讼制度的功能。此既为本书写作的动机缘由,也是本书写作的背景缘由。

二、研究的意义

1. 考察并评价司法实践中的具体问题

在研究过程中,笔者设计了五份案件分析一览表,针对附带民事诉讼案

---

① 参见王敏远主编:《刑事诉讼法学》(上),知识产权出版社 2013 年版,第 574~579 页。该书作者认为:"基于附带民事诉讼制度在实践中存在的问题,学界对其存废展开了讨论。关于这个问题学界主要有以下几种观点。(一)分离说 有论者认为,附带民事诉讼本质上是一种民事诉讼,应将其从刑事诉讼中分离出去,归并到民事诉讼中……(二)废除说 有观点认为,由于附带民事诉讼制度存在无法通过改革而对其进行完善的内在制度性缺陷,最终只能将该制度予以废除……(三)保留说 持保留意见者认为,附带民事诉讼存在缺陷,但该制度仍然具有保留价值……"

② 参见李强国:《法院不应限制刑事附带民事诉讼受案范围》,载《江苏公安专科学校学报》2001 年第 15 卷第 3 期。

③ 参见刘璐:《刑事附带民事诉讼物质损失赔偿范围研究》,载《人民检察》2003 年第 6 期。

④ 参见杨年生:《财产型犯罪中刑事附带民事诉讼的困境及对策刍议》,载《法制与社会》2013 年第 30 期。

件的类型与受理、当事人范围、审判程序、赔偿与执行，可提起附带民事诉讼而单独提起民事诉讼的案件，侵犯财产类案件的追缴、责令退赔以及犯罪行为致使被害人物质损失案件等方面的情况，提出问题 141 个。通过对 S 省 H 市四个基层法院和中级法院相关案件的原始卷宗、执行卷宗进行抽取查阅，提取了相关的附带民事诉讼案件、适用追缴或责令退赔措施案件的资料，获得了这些案件附带民事诉讼范围和适用追缴或责令退赔措施的信息资料。在此基础之上，再通过对这些抽取案件的汇总资料的定量分析，发现有关附带民事诉讼范围制度以及作为附带民事诉讼替代措施的追缴或责令退赔制度在司法实践中运行的规律性状况，并从中看到其实际的运行效果以及存在的一些问题。此外，作者还设计了对法官、律师和其他法律服务工作者的部分调查问卷，针对附带民事诉讼范围和作为其替代措施的追缴退赔制度之实践的相关环节以及与之相关的不同学术观点，精心设计了若干个问题。根据就这些问题的调查，一方面，可以获知亲自参加附带民事诉讼活动的司法者、律师等的切身感受；另一方面，将附带民事诉讼范围制度的有关争论观点及理由归纳成具体问题，交由具有法律专业理论素养和法律实践经验的法官、律师等实务人员进行选择，听取他们对于这些问题的看法与观点，以便更加全面地掌握法律实践者与理论学者之间对于该项制度的不同着眼点和不同的观察视角。

2. 检验争议的理论问题并形成系统理论

笔者通过实证研究来验证法学界有关附带民事诉讼范围的不同观点。法学界对于刑事立法、司法解释关于附带民事诉讼范围的规定或限定，提出了许多不同的学术观点，而且列举了一系列理论性的根据和域外立法例的借鉴，这些学术观点没有得到立法机关的采纳，也没有获得司法机关的认同。而学者们提出主张所依据的理论性根据和域外立法例，目前均没有进行过系统深入地实证分析和研究，更多是从法律基础理论、域外的比较研究成果中获得的；其采用的方法也多是法律推理、法律论辩等传统法学的研究方法，注重从该项制度的价值、理论基础、诉讼模式、诉讼构造等视角，采用历史的、逻辑的、比较的方法来分析判断附带民事诉讼制度的利与弊，从而提出自己的理论观点。所以，这些观点虽然有一定理论基础，但是没有实践上的材料予以佐证。通过引进实证研究方法，广泛调查获取有关法院附带民事诉讼案件和其替代措施案件的第一手真实材料，在法律规定物质损失的附带民事诉讼范围和司法限定该物质损失范围的不同情况下，更加具体地掌握附带民事诉讼司法实践的真实状况，并结合各种相关的基础性理论分析，比较孰优孰劣，以此得出更加具有说服力的结论。在检验争议理论是正确或是谬误的基础之上，笔者试图将各种经过实践检验符合附带民事诉讼实践需求的孤立的理论观点进行梳理整合，并形成系统化的指导附带民事诉讼范围制度建设的新理论，特别注意建立那些体现有利于保护私权利与约束公权力基本法治理念的理论，作为指导附带民事诉讼范围制度建设的基本思想。

3. 构建理论模式以推进附带民事诉讼功能的实现

笔者根据对H市两级法院附带民事诉讼以及其替代措施实施情况的考察，结合相关基础理论研究的成果和法治发达国家的经验做法以及国家司法规范文件的要求，提出完善与建构我国附带民事诉讼范围制度理论模式的建议，以此期望更好地实现附带民事诉讼的诉讼公正、保障权利、诉讼效益、化解纠纷和保障人权的功能。虽然附带民事诉讼范围只是附带民事诉讼制度中的一个微观问题，但是，其属于决定哪些案件可以进入附带民事诉讼程序的一项规范，所以对于附带民事诉讼的启动具有决定性的作用。因此，附带民事诉讼制度的存废之争与附带民事诉讼范围有直接关系，附带民事诉讼制度功能的实现程度与附带民事诉讼范围也具有必然的联系。通过考察附带民事诉讼范围对附带民事诉讼功能的影响，可以推进对整个附带民事诉讼制度的宏观探索。所谓附带民事诉讼制度的功能，是指立法机关设置附带民事诉讼程序所希望实现的功用和效能。有的学者总结出我国附带民事诉讼具有的五项功能：一是有利于正确处理刑事案件，实现诉讼公正；二是有利于保障公民和国家、集体财产不受侵犯，具体有效地保护宪法赋予公民的基本权利；三是可以节省人力、物力和时间，便于诉讼参与人参加诉讼，实现诉讼效益；四是有利于纠纷的及时解决，从而有助于推动社会主义和谐社会建设进程；五是有助于完善我国人权保障制度。[①] 当然，附带民事诉讼制度的这些功能能否有效实现，要从其对具体案件的处理效果来考察。但由于我国法律并不允许所有的案件都进入附带民事诉讼程序，所以，要考察这些具体案件处理的实际效果，就要考虑哪些案件得以进入附带

① 参见刘金友、奚玮：《附带民事诉讼原理与实务》，法律出版社2005年版，第34~41页。

民事诉讼程序，或者哪些案件没有进入附带民事诉讼程序。同时，比较进入附带民事诉讼范围的案件与被限制在附带民事诉讼范围之外的案件的处理效果，特别是对被害人的实体与程序权利保障以及对被告人的量刑情节适用以激励其赔偿作用的发挥状况，来检验附带民事诉讼保障权利、诉讼公正、诉讼效益、化解纠纷和保障人权功能的实现程度，而附带民事诉讼范围的规定恰恰能规范进入附带民事诉讼程序的案件种类。因此，对附带民事诉讼范围的考察，必将为被害人权利保障等整个附带民事诉讼制度功能实现状况的探究提供积极的帮助。

三、研究的方法与样本

1. 调查研究方法与文献研究方法

本书采用的实证研究方法主要是调查研究方法与文献研究方法。

调查研究方法主要采用问卷调查形式。笔者专门制作了调查问卷，例如，围绕侵犯财产权利犯罪案件附带民事诉讼少的原因，设计了制度性原因、当事人与法院的原因等选项。同时，还设计了附带民事诉讼范围是否有利于及时审判，是否会导致复杂案件进入附带民事诉讼程序而难以审判，限制附带民事诉讼范围是否有利于保护被害人赔偿请求权等问题的调查问卷。并安排调查人员持该调查问卷到S省H市两级法院所在地，分别请法官、律师和其他法律服务工作者自行填写，以此了解法律实务部门从业人员对这些问题的看法。[①] 此外，为了掌握S省H市两级法院追缴或责令退赔违法所得判决的实际执行状况，在难以查到执行追缴或责令退赔违法所得判决相关资料的情况下，笔者专门设计了相关调查问卷，并安排专人对该市两级法院的部分执行人员进行了问卷调查。

文献研究方法是对现存案件档案资料所记载内容进行再分析，以揭示这些案件档案资料的内在结构、传播过程及其与社会情境间的关系。首先，笔者设计了《案件分析一览表》共五份，确定犯罪行为造成被害人物质损失的案件、提起附带民事诉讼的案件、追缴或责令退赔违法所得的案件等为研

---

① 笔者在设计调查问卷时，专门制作了对检察官和被害人的调查问卷，但经过案件卷宗的阅读发现没有一件公诉机关提起的附带民事诉讼，因此，笔者认为检察官对附带民事诉讼范围问题不会有许多经验性意见，故放弃了对其的调查。同时，考虑到遭受物质损失被害人的诉权和诉讼权利被司法控制的现实状况，担心对被害人的问卷调查会重新激发被害人对司法机关的不满情绪，致使其四处信访而难以解决其诉求的尴尬局面出现，因而也放弃了对其进行调查，这也是本书研究的不足所在。

究样本，以这些样本的档案卷宗资料作为分析文本。其次，依据《案件分析一览表》设定的若干问题，对选取的案件档案卷宗内容逐卷阅读并选择、填写答案，将案件受理、审判、执行等各个环节中的诉讼信息寻找出来，并根据本书的研究需要对其进行再分析，以求获得与附带民事诉讼范围制度相关的功能实现状况的资料。

2. 定性分析方法与定量分析方法

本文的原始研究素材既有以原始形态表现的卷宗材料，也有以法官等对相关问题的评价为表现形式的质性资料①，还有以案件数量等为表现形式的量化资料。为了揭示这些原始素材的本质及内在规律，须对其进行整理与分析，主要采用定性分析方法与定量分析方法。

定性分析方法采用的基本方法和步骤是：(1)初步整理。首先，将案件分析一览表进行分门别类的整理，并根据已有的编号将其归到所属市县区的所属年份之中；以被调查的对象是法官、律师等身份为标准，将调查问卷进行分类。其次，在以上分类过程中，注意对这些信息资料进行信度、效度检验。虽然这些信息是从法院的原始案件卷宗档案材料中采集的，且采集人员也均为经过一定的实证研究方法培训的法院工作人员，但为了确保其可信度，在采集过程中除了笔者对部分重点材料进行复核以外，还安排了专门负责人员进行主要环节的复核。而对于这些信息的效度检验，则是由笔者根据论文逐章逐节所涉及到的问题，逐个信息进行核对来确定其是否与所研究问题有关的。(2)阅读分析。通过调查问卷的阅读，笔者从法官、律师等处，获悉对附带民事诉讼范围制度与实践的不同认识。通过案件分析一览表的阅读，笔者掌握不同年份、不同法院附带民事诉讼案件和适用追缴或责令退赔违法所得案件的不同情况等，从而达到笔者与被调查者的“再交流”，对案件审判过程的“再参与”的效果。(3)编码和建立资料库。本研究所使用的调查问卷、案件分析一览表，均是笔者根据研究提纲可能涉及的问题进行设计的，所以，每一个问题实际上就是材料的编码，基本没有必要重新编码。对于资料库的建设，笔者采取了以下步骤：首先，将最原始的调查问卷、案件分析一览表、案件判决书等资料分类汇编成册予以保管，以备

① 参见仇立平著：《社会研究方法》，重庆大学出版社 2008 年第 1 版，第 294 页。作者认为：“质性资料是通过实地研究和文献研究所获得的资料，它的主要形式是访谈记录、观察记录、档案、日记等文本资料或书面资料。”

随时查阅;其次,根据本研究的各个章节的问题对这些资料进行再分类,将同类的问题汇总到同一份资料中,并将其登录到 SPSS 统计软件①中,形成电子档案资料库。(4)深度分析。对于收集的质性资料,笔者在前面初步分析的基础上进行深度分析,采用的具体方法是类比分析与事件分析。首先进行类比分析,也就是通常所说的比较分析。② 将同一时期不同地区附带民事诉讼案件的审判情况进行同类比较,找出不同个案的共同特性,或者将不同时期的附带的民事诉讼案件的审判情况进行异类比较,找出它们之间的不同特征,等等。其次进行事件分析,也可以称为情景分析。③ 寻找一些具有代表性的附带民事诉讼案件或者适用追缴或责令退赔违法所得措施的案件,按照这些案件的起诉、受理、审判、执行等过程的发生,对案件情节进行描述和分析,反映出附带民事诉讼案件以及与之相关的追缴或责令退赔违法所得案件的动态特征。

定量分析方法④采用的基本步骤和方法是:(1)初步整理。为了确保收集资料的完整性、准确性、真实性和一致性,本研究过程中采用了实地审核、小组审核和全面审核的方法。一是,案件分析一览表的填写人员和对法官、律师等问卷调查人员共分为两个小组,每组有一名熟悉附带民事诉讼的法官任组长,可以及时实地进行沟通并纠正案件阅读或访问过程中碰到的问题。二是,每完成一年的案件阅读或者是对一地法官、律师等人员的访问,小组长还负责对整个小组的工作成果进行督导检查,小组成员也相互检查工作质量。三是,笔者和负责全面整理资料的人员对全部案件分析一览表、调查问卷进行全面审核。四是,笔者到案件阅读的现场随机选择有关案件

---

① 参见邱皓政著:《量化研究与统计分析——SPSS(PASW)数据分析范例解析》,重庆大学出版社 2013 年第 1 版,第 44 页。作者论述:“SPSS 是 Statistical Package for the Social Science 的简称,SPSS 软件是 SPSS 公司于 1965 年开发的,四十多年来,SPSS 软件为适应不同操作而发展出多种版本。……相较于其他统计软件,SPSS 最大的优点是简易便捷的操作原理与指令运用,对于硬件的要求较低与其他软件的兼容性高。同时,由于研究人员采用 SPSS 者众多,逐渐成为学院课程的标准配备,这形成了 SPSS 广泛流行的一大优势。”薛薇编著:《基于 SPSS 的数据分析》,中国人民大学出版社 2014 年 7 月第三版,第 1 页。作者认为:“SPSS 是 Statistical Package for the Social Science 的英文缩写,意思是社会科学统计软件包。社会科学统计软件包(SPSS)是指世界著名的统计分析软件之一。”

② 参见仇立平著:《社会研究方法》,重庆大学出版社 2008 年第 1 版,第 299 页。

③ 参见仇立平著:《社会研究方法》,重庆大学出版社 2008 年第 1 版,第 300 页。

④ 参见雷小政著:《法律生长与实证研究》,北京大学出版社 2009 年第 1 版,第 232 页。作者认为:“定量分析(quantitative analysis),即为了描述和解释观察所反映的现象而使用的数字表示和处理方法,……”

分析一览表的填写情况进行复查。五是，根据笔者在设计表格和问卷时已经进行的分类，有关人员负责将采集的原始资料数据登录在SPSS统计软件上，并建立相应的数据库。(2)统计整理[①]与统计分析[②]。首先，对量化资料的统计整理采用了事先根据论文章节需要进行分类的方法，在使用时根据内容和形式的对应需要，通过SPSS统计软件的操作，分别形成统计表和多种统计图。其次，依据SPSS统计软件整理形成的统计表、统计图表示出来的指标和数值，对刑事诉讼法实施以来S省H市两级法院的附带民事诉讼范围和其替代措施追缴或责令退赔制度的实践情况进行清晰的描述，诠释本研究变量与研究指标之间的关系，探究存在的问题及成因，并通过S省H市这一研究样本资料推论及整个中国附带民事诉讼范围的制度运行。

3. 研究样本的典型性

本书研究S省H市两级法院自1980年以来的附带民事诉讼案件情况，时间跨度为34年之久，不可能也没有必要将所有年份的案件都逐一进行考察。所以，根据刑事诉讼法的颁布、修改和司法解释的公布情况，笔者选取了10年的案件为研究样本，对案件数量较少的年份采取逐案考察，而对于案件数量较多的年份则采取抽样的方法进行。(1)选取1980年、1996年和1997年的理由。选择1980年的案件作为研究样本，是因为全国人民代表大会于1979年7月1日通过了《中华人民共和国刑事诉讼法》，该法于1980年1月1日生效。所以，研究1980年的案件，能够较直接的考察当代新中国附带民事诉讼制度创始以来的践行情况。选择1996年、1997年的案件作为研究样本，是因为1996年3月17日全国人民代表大会对《中华人民共和国刑事诉讼法》进行修改并确定于1997年1月1日开始生效。所以，以1996年、1997年的案件为样本，可以考察我国刑事诉讼法修改对附带民事诉讼范围的即时影响。(2)选取1999年到2012年等六个年份的理由。确定1999年的案件为研究样本，则出于考虑最高人民法院于1998年6月29日通过并决定于同年9月8日起施行的《关于执行〈中华人民共和

---

① 参见仇立平著：《社会研究方法》，重庆大学出版社2008年第1版，第266页。作者论述："统计整理是在初步整理的基础上进行的，它主要是运用统计方法简化资料，在对资料分类(组)和汇总的基础上，使资料更加条理化和系统化。"

② 参见仇立平著：《社会研究方法》，重庆大学出版社2008年第1版，第274页。作者论述："统计分析是量化资料分析最重要的方法，它可以为社会研究提供清晰、精确的形式化语言，能够帮助人们探索和预测社会现象的发展趋势。"

国刑事诉讼法〉若干问题的解释》，其内容涉及附带民事诉讼范围。将2001年的案件作为研究样本的理由，则是2000年11月20日最高人民法院发布了《关于审理刑事附带民事诉讼案件有关问题的批复》。同年12月4日又通过了《关于刑事附带民事诉讼范围问题的规定》，于当年12月19日起施行。该两个文件的内容均涉及附带民事诉讼范围的问题。至于确定2003年与2004年的案件为研究样本，主要是考虑最高人民法院于2002年7月11日通过了《关于法院是否受理刑事案件被害人提起精神损害赔偿民事诉讼问题的批复》，该批复自当年7月20日起施行。2003年12月4日又通过了《关于审理人身损害赔偿案件适用法律若干问题的解释》，该解释自2004年5月1日起施行。这些司法解释均与附带民事诉讼范围有一定的关系。选择2011年和2012年的案件为研究样本，主要便于研究我国刑事诉讼法于2012年修改前后的对比情况。(3)选择2013年至2014年6月的理由。选择2013年至2014年6月的案件作为研究样本，则是由于全国人民代表大会于2012年3月14日再次对《中华人民共和国刑事诉讼法》进行了修改，该次修改内容于2013年1月1日生效。在刑事诉讼法修改之后，最高人民法院于2012年11月5日通过了《关于适用〈中华人民共和国刑事诉讼法〉的解释》，并规定其与2012年修改的刑事诉讼法同时生效。该项立法的修改和司法解释的通过，均涉及附带民事诉讼范围问题。

目　录

第一章 附带民事诉讼范围司法控制之考察

附带民事诉讼范围司法控制，是指最高人民法院通过司法解释的形式，将刑法和刑事诉讼法规定的各种犯罪造成的物质损失均能通过附带民事诉讼程序解决的规定，限制为一定范围的犯罪才能够提起附带民事诉讼的现象。附带民事诉讼范围司法控制的问题在立法机关与司法机关的相关规范性规定方面，表现为刑法、刑事诉讼法规定的范围与司法解释在内容上存在一定的差异；在司法机关与法学界的认识方面，则表现为司法机关对该范围的积极限制倾向与学者要求扩大该范围的呼吁之间的冲突。同时，司法解释还为被限制进入附带民事诉讼的案件规定了替代措施—追缴或责令退赔制度。追缴、责令退赔制度，是指根据刑法、刑事诉讼法的司法解释等规范，侦查、审查起诉和审判机关针对被告人非法占有他人财物的情况，采取的主动追回收缴尚存于被告人处的财物，并责令被告人以同等价值的财物退回赔偿已被其挥霍、损毁而不存在的被害人财物的制度。[①] 这项措施本是与附带民事诉讼制度并存的一项适用于被告人的公权力，是由国家机关主动提起的，它不同于需要以当事人的请求为启动条件的附带民事诉讼制度。这一规定无疑对附带民事诉讼范围产生了一定的影响。本章详细介绍附带民事诉讼范围及其司法控制的法律规定、司法解释的历史沿革和现行规范以及法学界的不同观点，并提出待探究的问题。这将成为后面几章运用司法实践状况来检验司法控制及其替代措施的必要性、可行性、实际效果等的规范和理论基础，进而为理论的分析论证奠定前提条件。

第一节 相关规定的历史沿革

本节主要阐述我国刑事诉讼法对附带民事诉讼范围的规定，并介绍对

---

① 《中华人民共和国刑法》（以下简称《刑法》）第64条规定和最高人民法院《关于适用〈中华人民共和国刑事诉讼法〉的解释》（以下简称《刑事诉讼法解释》）第139条规定。

附带民事诉讼范围司法控制的情况。同时,对于最高人民法院通过会议纪要和司法解释的形式,将我国刑事诉讼法没有规定而通过刑法明文规定的追缴与责令退赔制度规定为附带民事诉讼替代措施的情况,在本节一并予以阐述。

刑事诉讼基本法自1979年制定之后,虽然历经三次修订,但是其中有关附带民事诉讼范围的规定并没有改变。相关的司法解释经过多次修改,对附带民事诉讼范围从没有限制性内容到有限制性内容,并呈现出限制性内容逐步增多、增严的趋势。

一、刑事诉讼法及其司法解释中物质损失范围的前期规定

1979年和1996年《中华人民共和国刑事诉讼法》(以下简称《刑事诉讼法》)确定了附带民事诉讼的物质损失范围,司法解释亦遵循此规范的附带民事诉讼范围的内容。

1. 刑事诉讼法确立物质损失范围

为实现被害人物质损失求偿权,1979年《刑事诉讼法》规定:"被害人由于被告人的犯罪行为而遭受物质损失的,在刑事诉讼过程中,有权提起附带民事诉讼。如果是国家财产、集体财产遭受损失的,人民检察院在提起公诉的时候,可以提起附带民事诉讼。"①此条规定是我国附带民事诉讼范围最早的程序性法律渊源。据此可以看出,附带民事诉讼范围对物质损失求偿权的范围规定得较为广泛,将损害后果界定在物质损失或财产损失方面,没有限定造成物质损失或者财产损失的犯罪行为种类。1996年《刑事诉讼法》②修改后,继续保留了此条规定的内容。

2. 司法解释对立法规范的范围进行阐释

1980年7月16日,最高人民法院《关于刑事诉讼附带民事诉讼问题的批复》(已失效)规定:"关于刑事诉讼附带民事诉讼的问题,根据刑事诉讼法第五十三条的规定办理,但应限于附带赔偿物质损失的民事诉讼,不宜扩大附带其他民事诉讼。"1994年3月21日,最高人民法院《关于审理刑事案

---

① 1979年《刑事诉讼法》第53条规定的内容。该法是1979年7月1日第五届全国人民代表大会第二次会议通过,同年7月7日全国人民代表大会常务委员会委员长令第六号公布,自1980年1月1日起施行。

② 1996年《刑事诉讼法》,是1996年3月17日第八届全国人民代表大会第四次会议通过,同年3月17日中华人民共和国主席令第六十四号公布,自1997年1月1日起施行。

件程序的具体规定》进一步规定："人民法院受理刑事案件后，应当告知遭受物质损失的被害人（公民、法人和其他组织），已死亡被害人的近亲属，无行为能力或者限制行为能力被害人的法定代理人，有权提起附带民事诉讼。有权提起附带民事诉讼的人放弃诉讼权利的，应当许可。如果是国家财产、集体财产遭受损失，受损失的单位未提起诉讼的，人民检察院在提起公诉的时候，可以提起附带民事诉讼。"[①]该条规定不仅强调了之前解释的附带民事诉讼物质损失范围，而且为法院设定了告知被害人方有权利提起附带民事诉讼的职责。此后，最高人民法院于 1998 年通过的《关于执行〈中华人民共和国刑事诉讼法〉若干问题的解释》，继续沿用了 1979 年《刑事诉讼法》及其之前的司法解释对附带民事诉讼范围的规定，但是，该司法解释将 1994 年通过的《关于审理刑事案件程序的具体规定》所规定的"法院受理刑事案件后，应当告知遭受物质损失的被害人等，有权提起附带民事诉讼的职责"改为"可以告知被害人等，有权提起附带民事诉讼"。将法院对告知被害人方有权利提起附带民事诉讼的职责，由强制性规范变为授权性规范。

二、后续会议纪要与司法解释中物质损失范围的限制规定

最高人民法院自 1999 年起通过会议纪要，后于 2000 年年底又通过司法解释规定对 1979 年和 1996 年《刑事诉讼法》所确定的附带民事诉讼范围加以限制。

1. 会议纪要率先限制附带民事诉讼范围

1999 年 10 月 27 日，最高人民法院颁布了《全国法院维护农村稳定刑事审判工作座谈会纪要》，[②]对法院审理附带民事诉讼案件的受案范围作出了较 1996 年《刑事诉讼法》和之前的司法解释所规定更为窄小的范围界定，即附带民事诉讼范围"应只限于被害人因人身权利受到犯罪行为侵犯和财物被犯罪行为损毁而遭受的物质损失，不包括因犯罪分子非法占有、处置被害人财产而使其遭受的物质损失。对因犯罪分子非法占有、处置被害人财产而使其遭受的物质损失，应当根据刑法第六十四条的规定处理，即应通过追缴赃款赃物、责令退赔的途径解决。如赃款赃物尚在的，应一律追

---

① 最高人民法院于 1994 年 3 月 21 日制定的《关于审理刑事案件程序的具体规定》第 61 条的规定。

② 最高人民法院《关于印发〈全国法院维护农村稳定刑事审判工作座谈会纪要〉的通知》（法〔1999〕217 号，1999 年 10 月 27 日），载《最高人民法院公报》1999 年第 6 期。

缴;已被用掉、毁坏或挥霍的,应责令退赔。无法退赃的,在决定刑罚时,应作为酌定从重处罚的情节予以考虑”。

2. 司法解释将会议纪要精神规范化

2000年,最高人民法院制定了《关于刑事附带民事诉讼范围问题的规定》,承继了《全国法院维护农村稳定刑事审判工作座谈会纪要》的精神,对附带民事诉讼范围再次明确予以限制,规定:“因人身权利受到犯罪侵犯而遭受物质损失或者财物被犯罪分子毁坏而遭受物质损失的,可以提起附带民事诉讼。”[①]该解释将被害人可以针对物质损失而提起附带民事诉讼的犯罪种类,严格界定在两类犯罪中:一是侵犯人身权利类犯罪,二是毁坏财物类犯罪。这明显将附带民事诉讼范围作出较之前刑事诉讼法及司法解释所规范内容更为窄小的规定。但是,对于国家财产、集体财产遭受物质损失而由检察院依据刑事诉讼法提起附带民事诉讼的请求范围问题,该规定没有作出明文规范。对于何为被害人因犯罪行为遭受的物质损失,该解释也予以明确,即被害人因犯罪行为已经遭受的实际损失和必然遭受的损失。[②]

三、现行规定

2012年《刑事诉讼法》在附带民事诉讼范围的问题上,继续坚持物质损失范围的规定,司法解释则继续其既往的对附带民事诉讼物质损失范围予以一定程度限制的状况。

1. 2012年《刑事诉讼法》中的规定[③]

2012年《刑事诉讼法》对附带民事诉讼范围的规定没有吸纳最高人民法院2000年制定的《关于刑事附带民事诉讼范围问题的规定》的限制内容,继续沿用了1979年和1996年《刑事诉讼法》对物质损失范围的规

---

① 最高人民法院于2000年制定的《关于刑事附带民事诉讼范围问题的规定》第1条第1款的规定。该规定自当年12月19日起施行。

② 最高人民法院于2000年制定的《关于刑事附带民事诉讼范围问题的规定》第2条的规定。

③ 此处所表述的现行规定就是指2012年《刑事诉讼法》的相关规定。2018年10月26日全国人民代表大会常务委员会第六次会议作出《关于修改〈中华人民共和国刑事诉讼法〉的决定》,第三次对刑事诉讼法进行修改,修改后的2018年《刑事诉讼法》第101条对附带民事诉讼范围的规定,仍然沿用2012年《刑事诉讼法》第99条的规定内容,即“被害人由于被告人的犯罪行为而遭受物质损失的,在刑事诉讼过程中,有权提起附带民事诉讼。被害人死亡或者丧失行为能力的,被害人的法定代理人、近亲属有权提起附带民事诉讼。如果是国家财产、集体财产遭受损失的,人民检察院在提起公诉的时候,可以提起附带民事诉讼。”也就是说,2018年《刑事诉讼法》完全继承了2012年《刑事诉讼法》有关附带民事诉讼范围的内容。所以,本书针对2012年《刑事诉讼法》有关附带民事诉讼范围制度的研究问题和结论,可以适用于2018年《刑事诉讼法》实施后的相关问题。

定，即“被害人由于被告人的犯罪行为而遭受物质损失的，在刑事诉讼过程中，有权提起附带民事诉讼。被害人死亡或者丧失行为能力的，被害人的法定代理人、近亲属有权提起附带民事诉讼。如果是国家财产、集体财产遭受损失的，人民检察院在提起公诉的时候，可以提起附带民事诉讼。”[①]从这一规定可以看出，2012年《刑事诉讼法》将附带民事诉讼范围的请求主体扩大到已经死亡或者丧失行为能力被害人的法定代理人、近亲属，但附带民事诉讼范围没有变化，仍然是被害人由于被告人的犯罪行为而遭受的物质损失。因此，能够确认我国现行刑事诉讼法规定的附带民事诉讼范围，即法定附带民事诉讼范围是：刑法规定的犯罪行为给被害人造成的物质损失范围并没有犯罪种类的限制性规定。[②]

2. 2012年《刑事诉讼法》司法解释中的规定

为了贯彻实施2012年《刑事诉讼法》，最高人民法院于2012年11月5日通过了刑事诉讼法解释，该解释再次重申：“被害人因人身权利受到犯罪侵犯或者财物被犯罪分子毁坏而遭受物质损失的，有权在刑事诉讼过程中提起附带民事诉讼……”[③]同时，针对国家财产、集体财产遭受损失而由检察院提起附带民事诉讼的请求范围问题，该解释也予以限定，规定被告人非法占有、处置国家财产、集体财产的，应当适用追缴和责令退赔程序，而不适用附带民事诉讼。[④] 通过司法解释的这些规定，可以看出我国司法机关所确认的附带民事诉讼范围，即司法限定或限制附带民事诉讼范围为：[⑤]一类是被害人因人身权利受到犯罪侵犯而遭受的物质损失。对于这一类案件范围的规定，采用在刑事诉讼法规定的物质损失基础上限制权利性质的方法来限制附带民事诉讼范围，将许多与人身权利无关的侵犯物质损失的犯罪限制在附带民事诉讼范围之外。另一类是被害人财物被犯罪分子毁坏而

① 2012年《刑事诉讼法》第99条的规定。

② 在本书中笔者将刑事诉讼法规定的附带民事诉讼范围，称为法定附带民事诉讼范围，或者法定附带民事诉讼范围，或者法定诉讼范围，或者法定范围。

③ 最高人民法院于2012年11月5日通过的《关于适用〈中华人民共和国刑事诉讼法〉的解释》第138条第1款的规定。

④ 最高人民法院于2012年11月5日通过的《关于适用〈中华人民共和国刑事诉讼法〉的解释》第142条的规定。

⑤ 在本书中，笔者将司法解释对刑事诉讼法规定的附带民事诉讼范围限定或限制后的范围，称为司法限定或限制附带民事诉讼范围，或者司法限定或限制附带民事诉讼范围，或司法限定或限制诉讼范围，或司法限定或限制范围。

遭受的物质损失。对于这一类案件范围的规定，采用在刑事诉讼法规定的物质损失基础上限制犯罪手段的方法来限制附带民事诉讼范围，将毁坏财物之外的大量地采用非法占有、处置手段而侵犯他人财产类的犯罪行为也同样限制在附带民事诉讼范围之外。不仅如此，对于检察机关提起附带民事诉讼的范围也予以一定程度的限制，排除了对于采用非法占有、处置的手段侵犯国家财产、集体财产的犯罪行为提起附带民事诉讼的权利。再者，国家和集体财产权利本身通常不包括人身权利，所以，检察院提起的附带民事诉讼范围一般也就限定在财物被毁坏而遭受的物质损失。这种限制正如有关司法人员在所编写的相关丛书中指出的："2012 年《刑诉法解释》第 138 条、第 139 条、第 140 条对于附带民事诉讼的范围进行了更加明确的限定，将刑事追赃退赔、国家赔偿明确排除在附带民事诉讼的范围之外，将附带民事诉讼的范围明确界定为'被害人因人身权利受到犯罪侵犯或者财物被犯罪分子毁坏而遭受的物质损失的'。"①

第二节 附带民事诉讼物质损失范围的不同主张

2000 年之前，法学界有关附带民事诉讼范围的问题存在较少争论，笔者没有查到专门探讨此问题的文章和专著，涉及此范围的相关著作虽然观点略有不同，但是没有明显冲突，也没有较为深入的探讨内容。2000 年之后，有关附带民事诉讼范围的限制规范出现以后，法学界对此范围问题出现了大量的争鸣文章。直到 2012 年《刑事诉讼法》及相关司法解释出台，这一状况仍然没有停止。

一、支持的观点

持支持司法控制附带民事诉讼范围观点的学者极少，他们认为，从文本上比较刑事诉讼法与司法解释的相关规定，司法解释的确缩小了关于物质损失的范围，但从司法实际运作情况来看，这种范围是比较务实和理性的。这个类别已经涵盖了最主要的两大类案件，即人身损害和财物毁坏的赔偿，能够满足绝大部分受害人的基本赔偿请求。况且，不能期望在这个程序里给予民事程序一样的充分救济。这一方面是因为解决民事责任只是附带

① 南英主编：《刑事审判方法》，法律出版社 2013 年版，第 184 页。

存在于解决刑事责任的过程中，即在不明显增加司法资源投入的情况下，在刑事诉讼中实现民事赔偿，这主要是出于诉讼效率的考虑。另一方面则是由于司法系统中专业分工的限制。由于各级法院的刑事法庭为专业性的法庭，刑庭法官为刑事案件的专家，他们对处理刑事案件的定性和量刑问题十分精专，但是大多缺乏民事审判经验，对附带民事赔偿问题也只能尽量简单处理。因此，侵犯财产型案件中受害人因非法占有、处置财产而受到的损失能通过追缴或退赔的方式得到一定的填补，这也是法庭在审理刑事案件时全面查清案件事实的前提下可以顺便做到的事。即使不能弥补损失，受害人可以通过另行提起民事诉讼的方式实现更充分、更全面的救济。所以，在赔偿类别上，司法解释保持了清醒的“自我克制”，仅限定为容易查清、责任明了的人身损害赔偿和财物被毁坏的情况。①

二、反对的观点

相对于支持司法控制附带民事诉讼范围的文章，反对的文章更多一些。学者们从不同的角度论证了司法限制附带民事诉讼范围的不合理之处以及所存在的各类问题。

1. 附带民事诉讼范围应由民事法律规定

持有该观点的学者认为，附带民事诉讼中的物质损失赔偿范围应由民事法律进行规定，而《关于刑事附带民事诉讼范围问题的规定》的解释性规范文件将上述规定进行了限制和缩小的解释，似不尽妥当。其理由为：第一，将导致物质损失的行为限于侵权行为，显属不当。一是刑法上的犯罪行为可对应于民法上的违约行为或侵权行为；二是刑法、刑事诉讼法条文均未将可提起附带民事诉讼的犯罪行为限定为侵权行为；三是在附带民事诉讼程序中，违约责任与侵权责任发生竞合，被害人主张由被告人承担违约责任，更为有利；四是法院在审理附带民事诉讼案件时，对违约赔偿构成及其数额的判定较之侵权赔偿更为容易。第二，将导致物质损失的侵权行为局限于侵犯人身权利和毁坏财物两种，显属不当。一是追缴、责令退赔与附带民事诉讼在性质、内容、适用条件、处理途径、补偿程度等方面有很多的不同，而且追缴、责令退赔方式在实践中没有可操作性；二是让被害人对此另行提起民事诉讼，造成对同一案件重复审理，既不符合诉讼经济的原则，也

① 参见康玉梅：《刑事附带民事诉讼的赔偿范围探讨》，载《湖北社会科学》2012 年第 4 期。

不利于案件的及时处理;三是以防止刑事案件的过分迟延为由拒绝使此部分损失得到刑事审判的救济,不符合刑事诉讼和民事诉讼合并以体现效率的制度设立初衷。[①]

2. 司法控制缺乏合法性或合理性

持有司法控制附带民事诉讼范围缺乏合法性观点的学者主张,法院不应当限制附带民事诉讼受案范围。持该论者分析了法院限制附带民事诉讼受案范围的原因主要是基于刑事诉讼法有关附带民事诉讼规定的外延较大,而提起附带民事诉讼的案件越来越多,被害人请求赔偿的数额越来越大,附带民事诉讼案件的审理出现许多不一致的情况。同时,持该论者指出限制附带民事诉讼受理范围缺乏有力的立法根据。[②] 持有司法控制附带民事诉讼范围缺乏合理性观点的学者提出物质损失范围予以限制解释非合理性的疑问,其具体理由为:刑事诉讼法明确规定"被害人由于被告人的犯罪行为而遭受物质损失的,在刑事诉讼过程中有权提起附带民事诉讼。"该条规定将是否提起附带民事诉讼的选择权利赋予被害人,并且适用于由于被告人的犯罪行为而遭受物质损失的全部刑事案件,而司法解释则将可以提起附带民事诉讼的权利人限制为因人身权利遭受犯罪侵害和财产被犯罪分子毁坏的两类,这与刑事诉讼法规定的内容明显不一致。[③]

3. 财产型犯罪的返还诉求应纳入附带民事诉讼范围

持有该观点的学者主张,对于财产型犯罪引起的被害人要求返还财物的诉求,立法、司法解释及司法实践均应将其纳入附带民事诉讼的受理范围。其理由为:第一,附带民事诉讼制度设立的主要目的是使被害人因犯罪行为遭受的损失得到及时有效的救济,而财产型犯罪所侵犯的被害人财产利益常见且多发,在所有类型犯罪中占有很大比例,将其排除适用附带民事诉讼的受理范围,明显和设立该制度的初衷不符。第二,对财产型犯罪的处理,经过刑事程序所确认的损失事实在很多方面比经过单纯的民事诉讼程序所确认的财产损失事实在证据上更加充分和明确,允许被害人就此类案

---

① 参见刘璐:《刑事附带民事诉讼物质损失赔偿范围研究》,载《人民检察》2003 年第 6 期。

② 参见李强国:《法院不应限制刑事附带民事诉讼受案范围》,载《江苏公安专科学校学报》2001 年第 3 期。

③ 参见庄乾龙:《对〈最高人民法院关于刑事附带民事诉讼范围问题的规定〉若干问题的疑问》,载《阿坝师范高等专科学校学报》2011 年第 4 期。

件提出附带民事诉讼有助于提高诉讼效率，节约诉讼资源。针对那些损失难以确定、权利义务关系复杂的财产案件引起对财产型犯罪提起附带民事诉讼的质疑，持该论者进一步提出，为了防止诉讼的过分拖延和草率结案，可以通过规定排除复杂和权利义务不明确的案件进入附带民事诉讼的方法来解决。①

三、适当限制的观点

持有该观点的学者主张，缩小附带民事诉讼审理犯罪行为产生的民事赔偿案件范围，鼓励被害人或其近亲属提起独立民事诉讼，协调两大诉讼交叉时在适用上的关系，完善民事权利的司法救济途径。具体包括：第一，赋予当事人程序选择权。规定犯罪行为所引起的民事赔偿请求被害人可以在刑事诉讼过程中附带提出，也可以在刑事案件审结后另行提起民事诉讼，还可以在刑事案件未立案时单独提起民事诉讼。第二，扩大请求赔偿损失的范围。被害人可以就人身伤害或财产被毁而遭受的经济损失提起附带民事诉讼，也可以就财物被犯罪分子非法占有、挥霍而提起赔偿请求，还可以对精神损失一并提起赔偿。第三，适当限制附带民事诉讼案件的范围。对于案情简单、适宜通过附带民事诉讼处理的案件，则将其纳入附带民事诉讼范围；对于案情复杂、不适宜通过附带民事诉讼处理的案件，则应告知被害人向民事审判庭起诉或者将案件转交民事审判庭处理。案件简单与复杂的确定界限为：是否存在刑事被告人以外的应当对被害人承担民事责任的单位和个人，被害人或其近亲属是否提起精神损害赔偿，是否属于特殊领域的侵权行为，是否属于严格过错责任或无过错责任，是否涉及举证责任的倒置等情形。②

第三节　替代措施的历史沿革

我国刑事诉讼法并没有明文规定追缴与责令退赔措施，最高人民法院在限定附带民事诉讼范围的同时，通过会议纪要和司法解释的形式，将我国

---

① 参见杨年生：《财产型犯罪中刑事附带民事诉讼的困境及对策刍议》，载《法制与社会》2013 年第 30 期。

② 参见陈小强：《我国现行刑事附带民事诉讼制度的局限性及其重构》，载《经济研究导刊》2010 年第 26 期。

刑法规定的追缴、责令退赔两项措施规定为附带民事诉讼的替代措施。

我国有关追缴与责令退赔制度规范的法律渊源可追溯到1979年《刑法》,后被现行刑法所保留和修改、完善。① 刑事程序法律规范对此项制度予以规定,则主要是通过最高人民法院、最高人民检察院、公安部、财政部、国家工商行政管理局等机关联合或者单独颁发的规范性文件或司法解释来进行。

一、未确定为替代措施的规范

未明确为附带民事诉讼替代措施的规范主要是对犯罪所得赃款赃物的追回程序、条件和处理等方面的要求,规范的形式多样,包括两院等多部门的联合规定、公安部的规定、最高人民法院的规定以及两院的联合规定等。

1. 两院等多部门的联合规定

最高人民法院、最高人民检察院、公安部、财政部于1965年颁布的《关于没收和处理赃款赃物若干问题的暂行规定》(已失效)规定:“在办案中已经查明被犯罪分子卖掉的赃物,应当酌情追缴。对买主确实知道是赃物而购买的,应将赃物无偿追出予以没收或退还原主;对买主确实不知道是赃物,而又找到了失主的,应该由罪犯按卖价将原物赎回,并退还原主,或者按价值赔偿损失;如果罪犯确实无力回赎或赔偿损失,可以根据买主与失主双方的具体情况进行调解,妥善处理。”②最高人民法院、最高人民检察院、公安部、国家工商行政管理局四机构于1998年联合颁布的《关于依法查处盗窃、抢劫机动车案件的规定》规定:对明知是赃车而购买的,应将该车辆无偿追缴;对违反国家规定购买车辆,经查证是赃车的,公安机关可以根据《刑事诉讼法》第110条和第114条规定进行追缴和扣押。对不明知是赃车而购买的,结案后予以退还买主。同时还规定:对直接从犯罪分子处追缴的被盗窃、抢劫的机动车辆,经检验鉴定,查证属实后,可依法先行返还失主,移送案件时附清单、照片及其他证据。在返还失主前,按照赃物管理规

---

① 1979年《刑法》第60条规定:“犯罪分子违法所得的一切财物,应当予以追缴或者责令退赔;违禁品和供犯罪所用的本人财物,应当予以没收。”我国现行《刑法》第64条将该条内容修改为:“犯罪分子违法所得的一切财物,应当予以追缴或者责令退赔;对被害人的合法财产,应当及时返还;违禁品和供犯罪所用的本人财物,应当予以没收。没收的财物和罚金,一律上缴国库,不得挪用和自行处理。”

② 1965年12月1日,最高人民法院、最高人民检察院、公安部、财政部颁布《关于没收和处理赃款赃物若干问题的暂行规定》第2条第6项的规定。

定管理，任何单位和个人都不得挪用、损毁或者自行处理。①

2. 公安部的规定

公安部于1998年发布的《公安机关办理刑事案件程序规定》涉及赃物的追回、处理问题。关于赃物扣押后如何处理的问题，该规定要求，通知被害人后，超过半年未有人来领取该扣押赃物的，予以没收，上缴国库；如有特殊情况，可以酌情延期处理。凡是已经送交财政部门处理的赃款赃物，如果失主前来认领，并经查证属实，由原没收机关从财政部门提回并予以归还失主；如原物已经卖掉，应当退还价款。② 2012年公安部对《公安机关办理刑事案件程序规定》重新修订后予以颁布，其对查封、扣押财物的处理进一步作出规定，对被害人的合法财产及其孳息权属明确无争议，并且涉嫌犯罪事实已经查证属实的，应当在登记、拍照或者录像、估价后及时予以返还，并在案件卷宗中注明返还的理由，同时将原物照片、清单和被害人的领取手续存卷备查。查找不到被害人的，或者通知被害人后无人领取的，应当将有关财产及其孳息随案移送。③

3. 最高人民法院的解释及其内设机构的答复

最高人民法院研究室于1992年作出《关于对诈骗后抵债的赃款能否判决追缴问题的电话答复》，该答复要求，犯罪分子以诈骗手段非法骗取的赃款，即使用以抵债归还了债权人的，也应依法予以追缴。赃款赃物的追缴并不限于犯罪分子本人，对犯罪分子转移、隐匿、抵债的，均应顺着赃款赃物的流向一追到底，即使是享有债权的人善意取得的赃款，也应予以追缴。这一答复精神完全排除了对诈骗赃物的善意取得制度的内容。最高人民法院于1996年公布的《关于审理诈骗案件具体应用法律的若干问题的解释》规定，行为人将财物已用于归还个人欠款、货款或其他经济活动的，如果对方明知是诈骗财物而收取属恶意取得，应当一律予以追缴；如确属善意取得，则不再予以追缴。④ 这明确了对诈骗犯罪中赃物的善意取得不予追缴

---

① 最高人民法院、最高人民检察院、公安部、国家工商行政管理局四机构于1998年5月8日联合颁布的《关于依法查处盗窃、抢劫机动车案件的规定》第12条、第14条的规定。

② 1998年5月14日公安部发布的《公安机关办理刑事案件程序规定》第219条的规定。

③ 2012年公安部修订后重新颁布的《公安机关办理刑事案件程序规定》第229条的规定。该规定于2012年12月3日经公安部部长办公会议通过，自2013年1月1日起施行。

④ 1996年12月最高人民法院公布的《关于审理诈骗案件具体应用法律的若干问题的解释》第11条的规定。

制度的内容，否定了最高人民法院研究室此前所作的善意取得的赃物也要予以追缴的答复意见。

4. 两院联合解释

最高人民法院、最高人民检察院于2011年颁发的《关于办理诈骗刑事案件具体应用法律若干问题的解释》对用于清偿债务的诈骗犯罪赃物的追缴规定了一定的条件，即行为人已将诈骗犯罪所得财物用于清偿债务或者转让给他人，而具有下列情形之一的，应当依法予以追缴：对方明知是诈骗所得财物而收取的，对方无偿取得诈骗所得财物的，对方以明显低于市场价的价格取得诈骗所得财物的，对方取得诈骗所得财物系源于非法债务或者违法犯罪活动的。该解释对于他人善意取得诈骗所得财物的情形，明确规定不予追缴。①

二、明确为替代措施的规范

明确为替代措施的规范，是指最高人民法院通过会议纪要、司法解释和领导讲话等形式，将本属于刑事案件赃款赃物的处理程序的规范规定为附带民事诉讼的替代措施。

1. 会议纪要

最高人民法院于1999年颁布的《全国法院维护农村稳定刑事审判工作座谈会纪要》不仅对法院审理附带民事诉讼案件的受案范围进行了正面的限制，即"应只限于被害人因人身权利受到犯罪行为侵犯和财物被犯罪行为损毁而遭受的物质损失，不包括因犯罪分子非法占有、处置被害人财产而使其遭受的物质损失"，同时，该会议纪要首次将刑法和司法解释等规定的赃款赃物的处理规则—追缴与责令退赔措施明文规定为限制附带民事诉讼范围的替代措施，要求"对因犯罪分子非法占有、处置被害人财产而使其遭受的物质损失，应当根据刑法第六十四条的规定处理，即应通过追缴赃款赃物、责令退赔的途径解决。如赃款赃物尚在的，应一律追缴；已被用掉、毁坏或挥霍的，应责令退赔。无法退赃的，在决定刑罚时，应作为酌定从重处罚

① 2011年最高人民法院、最高人民检察院颁发的《关于办理诈骗刑事案件具体应用法律若干问题的解释》(法释〔2011〕7号)第10条的规定。

的情节予以考虑”。[①]

2. 司法解释

2000年,最高人民法院制定的《关于刑事附带民事诉讼范围问题的规定》承继了《全国法院维护农村稳定刑事审判工作座谈会纪要》的精神,对附带民事诉讼范围明确限定为“因人身权利受到犯罪侵犯而遭受物质损失或者财物被犯罪分子毁坏而遭受物质损失的可以提起附带民事诉讼”。[②]同时,还规定了追缴、退赔的内容,即“犯罪分子非法占有、处置被害人财产而使其遭受物质损失的,法院应当依法予以追缴或者责令退赔。经过追缴或者退赔仍不能弥补损失,被害人向法院民事审判庭另行提起民事诉讼的,法院可以受理”。[③] 对经过追缴或者退赔仍不能弥补损失的,允许被害人单独提起民事诉讼,暗含排除被害人提起附带民事诉讼之意。但是,法院民事审判庭不是必须受理,而是可以受理,是否受理的决定权还是在法院。

3. 司法政策

2006年11月8日,时任最高人民法院副院长姜兴长在第五次全国刑事审判工作会议上的总结讲话[④]的第四个问题,即“积极做好刑事附带民事赔偿工作”中,提出对审理附带民事赔偿问题应当明确五项指导原则。这五项指导原则与附带民事诉讼范围及其替代措施有关的是:“附带民事诉讼的赔偿范围,只限于犯罪行为直接造成的物质损失……对于犯罪分子非法占有、处置被害人财产而使其遭受物质损失的,法院应当依法予以追缴或者责令退赔,经过追缴或者责令退赔仍不能弥补损失的,被害人及其亲属可以向法院另行提起民事诉讼。”姜兴长同志上列讲话中提到的有关附带民事诉讼范围及其替代措施问题与最高人民法院之前相关的会议纪要、司法解释的基本内容和精神是一致的,但其讲话没有进一步谈到法院民事审判庭是否仍然具有受理的主动权的问题。

---

① 最高人民法院《全国法院维护农村稳定刑事审判工作座谈会纪要》(法〔1999〕217号,1999年10月27日)第3条第5项的规定。

② 最高人民法院于2000年制定的《关于刑事附带民事诉讼范围问题的规定》第1条的规定。该规定明确自当年12月19日起施行。

③ 最高人民法院于2000年制定的《关于刑事附带民事诉讼范围问题的规定》第5条的规定。

④ 时任最高人民法院副院长姜兴长在第五次全国刑事审判工作会议上的总结讲话(节录):“关于当前刑事审判需要着重抓好的几项工作”,参见中华人民共和国最高人民法院刑事审判第一、二、三、四、五庭主办《刑事审判参考》(2006年第5集,总第52集),法律出版社2007年版,第78~86页。

三、替代措施的现行规范[①]

2012 年《刑事诉讼法》对于附带民事诉讼范围的规定,没有对追缴与责令退赔制度的内容加以规范化。有关追缴与责令退赔的现行规范仍然存在于我国刑法、相关部门的联合或单独规定、司法解释以及最高人民法院有关部门的答复中,但其作为附带民事诉讼的替代措施的规范,则体现在最高人民法院的司法解释和其内设部门的批复中。

1. 司法解释

关于将追缴或责令退赔制度规定为附带民事诉讼替代措施的现行司法解释,主要由适用刑事诉讼法的解释和执行刑事裁判涉及财产部分的解释两部分内容组成。

(1)适用刑事诉讼法的司法解释。最高人民法院于 2012 年通过的《关于适用〈中华人民共和国刑事诉讼法〉的解释》除规定了附带民事诉讼的限制范围,即被害人因人身权利受到犯罪侵犯或者财物被犯罪分子毁坏而遭受物质损失的,有权在刑事诉讼过程中提起附带民事诉讼之外,[②]还完整地规定了追缴与责令退赔制度的内容:被告人非法占有、处置被害人财产的,应当依法予以追缴或者责令退赔;被害人提起附带民事诉讼的,法院不予受理;追缴、退赔的情况,可以作为量刑情节考虑。[③] 同时,针对国家财产、集体财产遭受损失而由检察院提起附带民事诉讼的请求范围问题,该解释也予以限定,规定被告人非法占有、处置国家财产、集体财产的,应当适用追缴和责令退赔程序,而不适用附带民事诉讼。[④] 对于非法占有、处置被害人财产的行为能否单独提起民事诉讼的问题,司法解释删去了此前其规定

---

① 2018 年全国人民代表大会常务委员会第六次会议作出《关于修改〈中华人民共和国刑事诉讼法〉的决定》,第三次对刑事诉讼法进行修改后,修改后的 2018 年刑事诉讼法没有增加有关附带民事诉讼替代措施的内容。最高人民法院到本文交付出版的 2019 年 5 月为止也没有对适用刑事诉讼法作出新的解释。所以,目前适用有关附带民事诉替代措施的现行规范,仍然是本书所介绍的最高人民法院于 2012 年 11 月 5 日通过的《关于适用〈中华人民共和国刑事诉讼法〉的解释》和 2014 年 9 月通过的《最高人民法院关于刑事裁判涉财产部分执行的若干规定》等。

② 2012 年 11 月 5 日最高人民法院通过的《关于适用〈中华人民共和国刑事诉讼法〉的解释》第 138 条第 1 款的规定。

③ 2012 年 11 月 5 日最高人民法院通过的《关于适用〈中华人民共和国刑事诉讼法〉的解释》第 139 条的规定。

④ 2012 年 11 月 5 日最高人民法院通过的《关于适用〈中华人民共和国刑事诉讼法〉的解释》第 142 条的规定。

的被害人可以向法院提起民事诉讼的规定。对此问题存在不同的理解。支持的观点认为，在司法解释没有否定性规定的情况下，被害人可以根据民事诉讼法的规定单独提起民事诉讼。否定的观点认为，最高人民法院 2000 年 12 月颁布的《关于刑事附带民事诉讼范围问题的规定》中曾规定："经过追缴或者退赔仍不能弥补损失，被害人向法院民事审判庭另行提起民事诉讼的，法院可以受理。"但是，2013 年 1 月实施的刑事诉讼法司法解释并未沿用上述规定，所以被害人不能单独提起民事诉讼解决其未能弥补的损失只能通过追缴或责令退赔程序解决。

（2）执行刑事裁判涉及财产部分的司法解释。2014 年最高人民法院通过的《关于刑事裁判涉财产部分执行的若干规定》涉及了追缴与责令退赔的内容。该规定明确了刑事裁判涉及财产部分的执行内容，是指发生法律效力的刑事裁判主文确定的，包括责令退赔和其他应当由法院执行的相关事项等。[①] 同时要求，刑事裁判涉及财产部分的裁判内容应当明确、具体，涉案财物或者被害人人数众多，不宜在判决主文中详细列明的，可以概括叙明并另附清单；判决追缴或者责令退赔的，应当明确追缴或者退赔的金额或财物的名称、数量等相关情况。[②] 结合这两条规定的内容，可以确认追缴与责令退赔判决的执行程序已经纳入该解释范围，这解决了多年追缴与责令退赔由何机关负责执行的争议问题。关于追缴与责令退赔的立案问题，该规定要求由法院刑事审判部门及时将刑事裁判涉及财产部分移送立案部门，立案部门审查符合要求的，应当立案并移送执行机构。[③] 对于赃款赃物及其收益，该规定要求法院应当一并予以追缴；被执行人将赃款赃物投资或者置业的，对因此而形成的财产及其收益，法院应当予以追缴；被执行人将赃款赃物与其他合法财产共同投资或者置业的，对因此而形成的财产中与赃款赃物对应的份额及其收益，法院应予以追缴；对于被害人的损

① 2014 年 9 月 1 日由最高人民法院审判委员会第 1625 次会议通过，并自 2014 年 11 月 6 日起施行的《最高人民法院关于刑事裁判涉财产部分执行的若干规定》第 1 条第 2 项和第 5 项的规定。

② 2014 年 9 月 1 日由最高人民法院审判委员会第 1625 次会议通过，并自 2014 年 11 月 6 日起施行的《最高人民法院关于刑事裁判涉财产部分执行的若干规定》第 6 条第 1 款和第 3 款的规定。

③ 2014 年 9 月 1 日由最高人民法院审判委员会第 1625 次会议通过，并自 2014 年 11 月 6 日起施行的《最高人民法院关于刑事裁判涉财产部分执行的若干规定》第 7 条的规定。

失,应当按照刑事裁判认定的实际损失予以发还或者赔偿。① 关于被执行人将刑事裁判认定为赃款赃物的涉案财物用于清偿债务、转让或者设置其他权利负担,该规定要求具有下列情形之一的,法院应当予以追缴:第三人明知是涉案财物而接受的,第三人无偿或者以明显低于市场价的价格取得涉案财物的,第三人通过非法债务清偿或者违法犯罪活动取得涉案财物的,第三人通过其他恶意方式取得涉案财物的。而对于第三人善意取得涉案财物的,执行程序中不予以追缴;如果作为原所有人的被害人对该涉案财物主张权利的,法院应当告知其通过诉讼程序处理。② 作为涉案财物原所有人的被害人对该涉案财物主张权利要通过诉讼程序处理,显然不是通过附带民事诉讼程序进行,因为到刑事裁判涉及财产部分的执行程序时,该案的刑事诉讼程序早已经结束。那么,只能是通过民事诉讼程序,以涉案财物的善意取得第三人为被告,非法处置该涉案财物的犯罪分子为第三人来解决。

2. 最高人民法院研究室的相关批复

2013 年最高人民法院研究室对河南省高级人民法院所作的《关于适用刑法第六十四条有关问题的批复》中指出:根据刑法第 64 条和最高人民法院《关于适用〈中华人民共和国刑事诉讼法〉的解释》第 138 条、第 139 条的规定,被告人非法占有、处置被害人财产的,应当依法予以追缴或者责令退赔。据此,追缴或者责令退赔的具体内容,应当在判决主文中写明;其中,判决前已经发还被害人的财产,应当注明。被害人提起附带民事诉讼,或者另行提起民事诉讼请求返还被非法占有、处置的财产的,法院不予受理。③ 该批复就之前最高人民法院有关适用刑事诉讼法的司法解释没有明确的问题给出明确的答案:法院适用追缴或责令退赔措施是强制性义务,且必须在判决书主文中表明对非法占有、处置被害人财产的追缴或责令退赔之内容。而被害人就追缴或责令退赔判决的事项提起附带民事诉讼或者另行提起民事诉讼,法院不予以受理。当然,该批复不允许被害人就追缴或责令退赔判

① 2014 年 9 月 1 日由最高人民法院审判委员会第 1625 次会议通过,并自 2014 年 11 月 6 日起施行的《最高人民法院关于刑事裁判涉财产部分执行的若干规定》第 10 条的规定。

② 2014 年 9 月 1 日由最高人民法院审判委员会第 1625 次会议通过,并自 2014 年 11 月 6 日起施行的《最高人民法院关于刑事裁判涉财产部分执行的若干规定》第 11 条的规定。

③ 最高人民法院研究室《关于适用刑法第六十四条有关问题的批复》(法〔2013〕229 号)。

决事项提起民事诉讼的意见很快被最高人民法院2014年通过的《最高人民法院关于刑事裁判涉财产部分执行的若干规定》第11条规定的，被害人对善意取得非法占有、处置涉案财物的第三人通过诉讼程序解决争议的内容所否定。对此批复意见法院内部也有不同的观点。[①] 从法律规范性文件的效力上看，最高人民法院研究室的批复显然不具有法律效力，对下级法院的审判也不具有拘束力。但是，由于其通常为最高人民法院司法解释的拟办部门，他们的观点显然对下级法院的法律适用具有一定的权威性和影响力。所以，在司法实践和法学研究过程中都不能忽视该批复的观点。

第四节　替代措施的不同主张

1999年10月27日，最高人民法院颁发的《全国法院维护农村稳定刑事审判工作座谈会纪要》缩小了附带民事诉讼范围，将其限定于被害人因人身权利受到犯罪行为侵犯和财物被犯罪行为损毁而遭受的物质损失，而对因犯罪分子非法占有、处置被害人财产而使其遭受的物质损失，则规定通过追缴赃款赃物、责令退赔违法所得的途径解决。此后，历次相关司法解释均贯彻了该精神，对此，法学界提出了许多不同的意见。

一、立法层面问题

有学者认为，现阶段我国法院通行的做法是限制附带民事诉讼的受理范围，即将附带民事诉讼案件受理范围限于被害人因人身权利受到犯罪行为侵犯而遭受的物质损失和财物被犯罪行为损毁而遭受的物质损失，不包括因犯罪分子非法占有、处置被害人财产而使其遭受的物质损失。对后者造成的物质损失，通过刑法规定的追缴或责令退赔的途径返还给被害人，并将被告人的退赔情况作为量刑的酌定情节考虑。持该论者指出，这一做法在司法实践中将造成混乱局面，有损被害人的合法权益，与附带民事诉讼制度的立法宗旨相悖。其理由为限制附带民事诉讼受理范围缺乏有力的立法根据。规定附带民事诉讼替代措施的理论根据是《刑法》第64条："犯罪分子违法所得的一切财物，应当予以追缴或者责令退赔；对被害人的合法财

① 《最高人民法院关于在审理民事纠纷案件中涉及刑事犯罪若干问题的规定》（征求意见稿）。讨论中有人认为，该批复内容与《最高人民法院关于刑事附带民事诉讼范围问题的规定》（法释〔2000〕47号）第5条规定不一致，虽系个案答复，并不是司法解释，但出台后带来了适用上的歧义。

产，应当及时返还，违禁品和供犯罪所用的本人财物，应当予以没收……”这涉及对被害人物质损失的救济问题，而支持规定附带民事诉讼替代措施的观点认为，在贪污、盗窃、诈骗等犯罪案件中，追缴赃款赃物及责令退赔是司法机关的职责，不需要被害人或公诉机关提出申请，而要由法院直接判决，因此，被害人不能提起附带民事诉讼。持该观点的学者认为，刑法规定追缴或责令退赔并没有剥夺遭受物质损失的公民和单位提起附带民事诉讼的权利，因为刑事诉讼法只把因犯罪行为遭受物质损失作为提起附带民事诉讼的诉讼标的要件，而没有把某些案件的物质损失赔偿排除于附带民事诉讼之外。此外，追缴、责令退赔是一项司法行政性质的强制措施，不能作为对被告人和被害人之间民事责任的最终解决方式。所以，司法机关依法追缴赃款赃物并不能代替被害人提起附带民事诉讼。①

还有学者认为，被害人对财产被犯罪分子非法占有、处置而遭受的物质损失仍无权提起附带民事诉讼，该规定不符合现行法律规定。具体理由为：司法解释对犯罪行为作了限制性规定，仅局限在侵犯人身权利的犯罪及财物被毁坏的犯罪这样狭窄的范围内，明显影响了其他刑事案件被害人选择附带民事诉讼的权利，违背了我国《刑事诉讼法》第 77 条中“被害人由于被告人的犯罪行为而遭受物质损失的，在刑事诉讼过程中有权提起附带民事诉讼”的明确规定。尽管我国《刑法》第 64 条规定：“犯罪分子违法所得的一切财物，应当予以追缴或者责令退赔；对被害人的合法财产，应及时返还。”但此条和《刑事诉讼法》第 77 条的规定并不冲突，因为追缴、退赔、返还和被害人提起附带民事诉讼是两种性质不同、内容各异的救济方法。前者属司法机关必须履行的职责，而后者乃法律赋予被害人的一种诉讼权利，二者并行不悖，互不矛盾。可见，以《刑法》第 64 条为理由，限制其他财产犯罪案件被害人选择附带民事诉讼的权利，是不当的。②

二、权利保障层面问题

有学者认为，司法解释将因犯罪分子非法占有、处置财产而使被害人遭受的物质损失纳入追缴、责令退赔措施中，虽然可以弥补被害人的损失，但

---

① 参见李强国：《法院不应限制刑事附带民事诉讼受案范围》，载《江苏公安专科学校学报》2001 年第 3 期。

② 参见褚玉龙：《对最高人民法院〈关于刑事附带民事诉讼范围问题的规定〉的质疑》，载《律师世界》2001 年第 4 期。

是对于追缴、退赔仍然不足以弥补损失的，却规定不能提起附带民事诉讼，而只能另行向法院提起民事诉讼，这会导致以下问题：

第一，不能充分保证被害人的合法权利。追缴的前提是赃物尚存在，但如果赃物因已被挥霍、灭失等而导致被告人及其亲属不积极退赔或无能力退赔，那么被害人的损失赔偿就难以通过此项措施来实现。再则，追缴、退赔只能解决被害人的实际损失的问题，并不能解决被害人的必然损失的赔偿问题。另外，被害人提起附带民事诉讼不需要缴纳诉讼费用，而另行提起民事诉讼则需要缴纳诉讼费，这无疑在增加被害人经济负担的同时，又造成同属犯罪行为所导致的诉讼却需要采取不同解决方式的不公正现象。

第二，有造成被害人不能有效行使诉权的可能性。司法解释规定对于追缴、退赔仍然不能弥补损失，被害人因此而向法院另行提起民事诉讼的，法院可以受理。司法解释对此情况采取授权式规范模式，即法院可以受理也可以不受理，而没有必须受理的义务。至于何种情形予以受理，何种情形不予以受理，以及不予以受理的后果如何，被害人可以采取何种救济措施，司法解释均没有明确规定。如果法院对被害人此种民事诉讼不予以受理，则被害人的物质损失就无法获得补偿。①

还有学者认为，最高人民法院于 2000 年通过的《关于刑事附带民事诉讼范围问题的规定》明确要求"经过追缴或者退赔仍不能弥补损失，被害人向法院民事审判庭另行提起民事诉讼的，法院可以受理"结束了我国司法实践中长期以来对财产犯罪案件被害人的损失不得提起民事诉讼，只能通过追赃来解决的做法。但被害人对财产被犯罪分子非法占有、处置而遭受的物质损失，只能通过替代措施解决而无权提起附带民事诉讼的规定，则有悖于法理，在实践中也不利于充分保护被害人利益。具体理由为：

第一，有悖于法理。从理论上讲，被害人要求犯罪行为人承担民事责任有附带民事诉讼、单独提起民事诉讼两种诉讼模式。被害人可以选择最有利于自己的一种模式行使权利，也可以放弃此权利。法院应当充分尊重被害人的选择，不能以任何理由予以限制或剥夺，更不能用追赃的办法替代被害人的附带民事诉讼权利。从性质上讲，追赃是司法机关对被害人损失实

---

① 参见庄乾龙：《对〈最高人民法院关于附带民事诉讼范围问题的规定〉若干问题的疑问》，载《阿坝师范高等专科学校学报》2011 年第 4 期。

施救济的职责和义务，司法机关不得拒绝履行；而附带民事诉讼是被害人依法享有的诉讼权利，被害人可以放弃该项权利。从目的来看，追赃是使被非法占有的财产恢复到原占有状态，退赔是使被非法处置的财产得到价值上的补偿。而被害人附带民事诉讼的目的是让被告人赔偿全部损失，包括已经遭受的实际损失和必然遭受的损失。二者虽同为救济途径，但它们之间是有差异的，作用也是不同的，不能相互替代。

第二，不利于更有效、全面地保护被害人。一是追缴被害人的损失虽为一种及时的救济方法，但其前提是赃物尚客观存在。如果赃物已被转移、挥霍、灭失，被告人及其亲属又不积极配合退赔，或无能力退赔，则赔偿损失就会落空。况且追缴、退赔解决的是物归原主、照价赔偿等直接损失的问题，不能解决被害人的间接损失问题。二是有关解释虽已规定经过追缴或退赔仍然不能弥补损失的，被害人可以另行提起民事诉讼，但从实践效果看，远不如在追究刑事责任的同时对民事部分合并审理和判决。另行起诉导致法院对同一犯罪事实重新审理，既浪费诉讼资源，也影响办案效果，还造成被害人讼累。三是刑事、民事合并审理，被告人及其亲属为了减轻刑事处罚，会充分考虑赔偿问题。如果刑事部分先行判决，被害人对民事部分再另行起诉，被告人及其亲属会产生拒赔心理，且判决后也难以执行。四是被害人另行起诉，必须向法院预缴一定数量的诉讼费，增加了被害人的经济负担。①

三、程序方面问题

有学者认为，对于犯罪分子非法占有、处置的被害人财产，法院应当根据刑法的规定予以追缴或者责令退赔，不能再通过附带民事诉讼途径得到补偿，这一观点是不合理的。其理由为：

第一，对犯罪分子违法所得的一切财物予以追缴或者责令退赔与提起附带民事诉讼性质不同、内容各异，不能相互替代。追缴和责令退赔是一项司法强制措施，其出发点和归属是剥夺犯罪分子的违法所得，不让其在经济上获益；提起附带民事诉讼是被害人的一种诉讼权利，其目的在于请求被告人赔偿损失。

---

① 参见褚玉龙：《对最高人民法院〈关于刑事附带民事诉讼范围问题的规定〉的质疑》，载《律师世界》2001年第4期。

第二，司法机关追缴或责令退赔后仍不能弥补的损失，让被害人对此提起普通民事诉讼，必然造成对同一案件重复审理，不符合诉讼经济的原则，也不利于案件的及时处理。

第三，在财产被犯罪分子非法占有、处置的情况下，被害人无权提起附带民事诉讼，不利于全面、及时、有效地保护被害人。

第四，以防止刑事案件的过分迟延为由拒绝使此部分损失得到刑事审判的救济，不符合设立附带民事诉讼制度之初衷。因为单从刑事诉讼的角度来看是增加了负担，但从刑事诉讼和民事诉讼的合并上来看，则是效率的体现。①

也有学者认为，用追缴、责令退赔的方式保护被害人的合法权益，有程序上难以克服的弊端：一是法院只能判决责令被告人本人退赔，而不能直接判决被告人以外的负有赔偿责任的人员退赔。二是被害人不参与附带民事诉讼活动，导致法院在认定退赔数额上往往不准确。三是附带民事诉讼可以通过调解方式解决，而根据《刑法》第 64 条的规定，则只能强制判决。四是根据刑法所作的责令退赔的判决存在一系列未能明确的问题，包括何人可以提起强制执行程序，被害人能否以该判决为根据申请强制执行，被害人对责令退赔的数额有异议能否提出上诉，公安司法机关没有履行追缴、责令退赔职责而给被害人造成损失应承担何种责任，追缴、责令退赔不能达到弥补被害人损失的被害人有无其他救济措施。此外，还不利于保护被害人的合法权益。而设立附带民事诉讼制度的国家、地区，其附带民事诉讼受理范围均比较宽泛。②

第五节　需要探究的问题

通过以上法律规范和理论争论的阐述和梳理，对于司法限定附带民事诉讼范围及其替代措施规范的内容与历史演变以及理论上的不同观点有了较为清晰的认识。但是，关于这一做法的实践效果如何，还需要进行实证研究。为此，笔者从中寻找出若干有待考证的具体问题，试图通过 H 市两级

---

① 参见刘璐：《刑事附带民事诉讼物质损失赔偿范围研究》，载《人民检察》2003 年第 6 期。

② 参见李强国：《法院不应限制刑事附带民事诉讼受案范围》，载《江苏公安专科学校学报》2001 年第 3 期。

法院审理的附带民事诉讼案件和涉及适用追缴、责令退赔措施的案件具体数量、比率、案例，以及法官、律师等人员的观点等情况，来检验这些问题的真伪。

一、司法控制附带民事诉讼范围的理由与必要性

司法机关态度鲜明地坚持限制附带民事诉讼范围，那么，支持其态度的理由是什么？目前没有找到正式的规范文件予以证实这个问题，但是通过学者的文章以及司法机关及其工作人员编撰的相关书籍中的观点，对此能够有所了解。支持限制附带民事诉讼范围的理由可以分为三种：一是认为刑事诉讼法规定的附带民事诉讼范围过于宽泛，案件数量增多，不利于及时审判。正如有的学者所说的，法院限制附带民事诉讼受案范围的原因，主要是基于刑事诉讼法有关附带民事诉讼规定的外延较大，而提起附带民事诉讼的被害人越来越多，请求赔偿数额越来越大，附带民事诉讼案件的审理出现许多不一致的情况。① 二是认为附带民事诉讼范围过宽，出现了各种复杂类型的案件，刑事法官难以审判。有的学者提出，刑事法官大多缺乏民事审判经验，对附带民事赔偿问题也只能尽量简单处理。② 三是认为刑事诉讼法和刑法的规定较为宽泛，易引起适用上的分歧。持该种观点的为司法机关的工作人员，认为："根据刑事诉讼法和刑法的规定，凡是因犯罪行为给被害人造成物质损失的，被害人均可提起附带民事诉讼。这种规定过于笼统，未明确可提起附带民事诉讼的案件范围，易引起适用上的分歧。实践中，多数法院将附带民事诉讼的案件范围限定为伤害案件及侵犯财产的案件。也有的法院认为强奸、侮辱、诽谤等其他刑事案件也可以提起附带民事诉讼。"③学者和司法机关的工作人员提出的这些理由是否足以构成对附带民事诉讼范围限制的必要性条件，对此，笔者认为需要考察以下几个方面问题：一是司法实践中附带民事诉讼案件数量是否因法定附带民事诉讼范围过宽而导致不断增长。主要考察附带民事诉讼案件的可能性和实际状况，以及司法控制附带民事诉讼范围前的 20 年中是否出现附带民事诉讼案件剧增的现象，探究有无限制的必要性。二是当事人及其法律关系复杂的

---

① 参见李强国：《法院不应限制刑事附带民事诉讼受案范围》，载《江苏公安专科学校学报》2001 年第 3 期。

② 参见康玉梅：《刑事附带民事诉讼的赔偿范围探讨》，载《湖北社会科学》2012 年第 4 期。

③ 张军主编：《新刑事诉讼法法官培训教材》，法律出版社 2012 年版，第 234 页。

案件。主要考察是否存在大量复杂而难以进行附带民事诉讼审判，或者适用法律会产生分歧的案件，以此探究有无大量实体法律关系和程序法律关系复杂的案件，是否具有适当限制附带民事诉讼范围的必要。

二、司法控制附带民事诉讼范围的过程与可行性

根据限制规范历史沿革的脉络，可以看到司法机关对于附带民事诉讼范围限制的形成过程是在刑事诉讼法规定的相对宽泛范围经过长时间实践后，首先通过审判工作会议纪要的形式进行司法机关内部限制，然后在实际限制一段时间后才进一步规范为司法解释的形式。此后，随着刑事诉讼法的修改，也重新颁布新的司法解释予以限定。通过这一限制的形成过程，能够显示出司法机关坚持限定附带民事诉讼范围的态度：其认为对附带民事诉讼范围的限定是有成效的，达到预期效果的，所以应当继续坚持该项规定。具体表现为：首先，最高人民法院采用了没有法律效力的会议纪要形式，下发各级法院并要求予以贯彻执行。[①] 这说明最高人民法院此时是想通过各级法院的司法实践来检验该项限制的效果。其次，最高人民法院很快在会议纪要之后的一年多就通过了正式具有法律效力的司法解释，将会议纪要规定的限制内容规范化，显示出最高人民法院在一年多的各级法院实践的基础上，确认该制度具有可行性。对此，支持该做法的学者认为，司法解释的确缩小了关于物质损失的范围，但从司法实际运作情况来看，这种范围是比较务实和理性的，且该范围的类别已经涵盖了最主要的两大类案件，即人身损害和财物毁坏的赔偿，能够满足绝大部分被害人的基本赔偿请求。[②] 最后，刑事诉讼法修改后，最高人民法院重新出台司法解释继续坚持限制附带民事诉讼范围，表明其确信该做法经过 13 年的实践应当予以肯定。限制附带民事诉讼范围的以上做法是否可行和需要，笔者认为还需要通过对司法实践的实际运行情况进行考察来判断。需要考察的问题主要有：一是不同法院之间附带民事诉讼可能性范围或实际范围的案件情况。主要考察中级法院与基层法院之间，区、县基层法院之间附带民事诉讼可能性范围或实际范围的案件情况，以及所涉及的犯罪类别情况，以此探究不同法院之间附带民事诉讼可能性与实际的差异和对司法控制附带民事诉讼范

---

① 最高人民法院《关于印发〈全国法院维护农村稳定刑事审判工作座谈会纪要〉的通知》（法〔1999〕217 号，1999 年 10 月 27 日），载《最高人民法院公报》1999 年第 6 期。

② 参见康玉梅：《刑事附带民事诉讼的赔偿范围探讨》，载《湖北社会科学》2012 年第 4 期。

围的需求状况。二是不同年度附带民事诉讼可能性或实际范围案件的实际变化情况。主要考察不同年度附带民事诉讼可能性与实际范围的案件以及所涉及犯罪类别的变化情况,以此探究司法控制是否可行,以及司法控制的案件类型是否需要限制。

三、替代措施的实施状况

司法机关限定附带民事诉讼范围并规定追缴或责令退赔措施替代附带民事诉讼,那么,在考察限制附带民事诉讼的可行性等问题的同时,也必须考察替代措施发挥作用的整体状况。为此,需要探究以下几个问题:一是附带民事诉讼与追缴、责令退赔的适用情况。主要考察造成物质损失结果而具有法定提起附带民事诉讼可能案件中,除了附带民事诉讼赔偿的适用之外,司法机关主动适用追缴与责令退赔措施的案件情况,以及附带民事诉讼与追缴、责令退赔措施适用效果的比较,以此来探究替代措施与附带民事诉讼何者更有利于保护被害人的权益。二是追缴、责令退赔的实施与犯罪种类以及具体罪名之间的关系。主要考察追缴与责令退赔措施适用的犯罪案件种类,在侵犯人身权利的犯罪、侵犯财产权利的犯罪、侵犯人身权利和财产权利的犯罪以及侵犯其他权利的犯罪四种不同种类以及不同具体罪名的案件中的分布情况,以此了解其实施的实际效果是否能够全面实现弥补被害人所遭受物质损失的结果。三是追缴、责令退赔实施阶段与实施效果。主要考察追缴或者责令退赔措施的实施,具体是在刑事诉讼的侦查阶段,或者审查起诉阶段,或者是审判阶段的实施情况,以及刑事诉讼不同阶段的实施与追缴或者责令退赔措施实施效果的关系,以此探求被告人违法所得的追回或退赔的实际情况。

四、替代措施实施不能的救济与执行

从理论上或者实践中能够发现,财产类犯罪且适用追缴或责令退赔措施的案件被告人通常多数为经济拮据而无固定收入的人员,客观上导致追缴或责令退赔措施无法完全得以实现。如果不能够通过追缴或责令退赔措施实现被害人权益,那么就要考察被害人是否能够有效地通过其他途径获得救济。或者说,要求判决追缴或责令退赔的规范是否能够在实践中得以落实,以及判决的执行情况是否能够真正实现被害人的权益。具体而言,有以下几个问题:一是未能追缴与退赔案件的被害人索赔或提起附带民事诉讼的情况。主要是考察经过侦查机关、审查起诉机关和审判机关的追缴或责令退赔之后，被告人的违法所得予以全部追缴或者责令退赔、部分追缴或者责令退赔以及没有追缴或者退赔的情况下，被害人向侦查机关、审查起诉机关和审判机关提出索赔的案件数量、比率等情况，或者提起附带民事诉讼的情况。二是未能追缴与退赔违法所得案件的判决情况。主要考察经过侦查机关、审查起诉机关和审判机关的追缴或者责令退赔后，针对大部分追缴与退赔、小部分追缴与退赔和没有追缴与退赔三种情况，法院是否判决继续追缴与责令退赔。三是追缴或责令退赔判决的执行情况。主要考察法院受理和法院执行人员执行该类案件判决的情况，以此可以获知没有能够实际追缴或责令退赔违法所得的案件在法院判决后是否能够顺利进入执行程序，以及该判决是否能够得以有效执行。

五、替代措施对权利和激励赔偿功能的影响

限制附带民事诉讼范围将部分刑事诉讼法律规定可以提起附带民事诉讼的被害人排除在附带民事诉讼之外，规定追缴或责令退赔作为替代措施来解决这部分被害人的物质损失赔偿请求，并将追缴或退赔情况纳入量刑情节考虑，目的是以此激励被告人能够积极赔偿被害人的物质损失。该激励被告人积极赔偿被害人物质损失的良好意愿是否能够在实践中得以实现，需要司法实践的检验。为此，笔者认为需要对被害人在追缴或责令退赔的公权力行使过程中的诉讼权利保障情况，以及追缴或责令退赔情节对被告人的赔偿激励功能作用发挥情况进行考察。具体来说，有以下几个问题：一是追缴或责令退赔审判程序中的被害人诉讼权利保障。主要考察法院审判的追缴或责令退赔的案件中，开庭之前法院是否通知被害人出庭，被害人是否参加了庭审，法院作出的追缴或责令退赔判决是否送达被害人的情况。二是追缴或责令退赔情况作为对被告人量刑的情节，其鼓励被告人弥补被害人物质损失作用的发挥状况如何。主要考察法院判决时，对于全部追缴或责令退赔、大部分追缴或责令退赔、小部分追缴或责令退赔、没有追缴或责令退赔的被告人，在裁量刑罚过程中有没有充分考虑该情节对于刑罚适用所应当起到的从重、从轻、减轻或者免除处罚的作用，从而达到鞭策、鼓励被告人积极赔偿被害人物质损失的功能。

第二章　附带民事诉讼之可能案件与实际案件考察

刑事案件是否存在被害人的物质损失结果，是法院判断是否将其作为附带民事诉讼案件受理的条件之一。所谓物质损失，是指由犯罪行为引起的，被害人因人身权利、财产权利遭受侵害已经受到的经济损失和必然遭受的经济损失。① 具体包括：一是犯罪行为侵犯财产所有权而使被害人遭受的直接物质损失如盗窃、诈骗、抢夺、侵占、毁坏的财物损失等；二是犯罪行为侵犯人身权利致使被害人身体伤害、残疾所造成的医疗费、护理费、误工费、残疾者生活补助费等损失，以及造成被害人死亡的丧葬费等损失。由于我国刑事诉讼法规定，被害人由于被告人的犯罪行为而遭受物质损失的，在刑事诉讼过程中，有权提起附带民事诉讼，所以，研究法院受理的刑事案件中究竟存在多少已经造成物质损失结果及其所涉及犯罪类别和具体罪名的情况，对于探究提起附带民事诉讼可能案件数量情况和对附带民事诉讼范围进行司法控制的必要性，均具有积极的意义。所谓提起附带民事诉讼的案件，是指当事人在法院刑事诉讼过程中，就遭受犯罪侵犯而导致的物质损失结果向法院提出要求犯罪行为人及其负有赔偿责任的人予以赔偿的诉讼请求，而法院审查后予以受理的案件。法院受理的这类案件体现的是附带民事诉讼的实际状况，其在抽查的 H 市两级法院审理的案件中的数量分布和涉及犯罪类别及其具体罪名等情况，可以反映出司法实践中具有附带民事诉讼可能案件究竟有多少会成为附带民事诉讼的实际案件。

第一节　可能案件与实际案件

所谓附带民事诉讼之可能，是指法院受理的刑事案件中，存在被告人的犯

① 参见祝铭山主编：《中国刑事诉讼法教程》，中国政法大学出版社 1998 年版，第 182 页。

罪行为造成了被害人的物质损失结果而具有提起附带民事诉讼之可能的状况。所谓附带民事诉讼之实际，是指法院受理的被告人的犯罪行为造成了被害人的物质损失结果而具有提起附带民事诉讼可能的刑事案件中，被害人向法院实际提起附带民事诉讼的状况。本节将抽查的H市两级法院的全部案件作为研究的样本，将是否造成物质损失案件与是否提起附带民事诉讼案件情况进行交叉分组下的频数分析，[①]找出其中的规律性表现，探求司法实践中附带民事诉讼的可能状况和实际状况。

一、附带民事诉讼之可能案件

造成物质损失结果案件数量的实际状况属于我国刑事诉讼法规定的提起附带民事诉讼案件数量的可能状态，而没有造成物质损失结果案件数量的实际状况则表明实践中存在的不具有附带民事诉讼可能案件的数量情况。本部分主要考察抽查的样本案件中，被告人的行为给被害人造成物质损失结果和没有给被害人造成物质损失结果的案件数量情况。被告人的行为导致被害人物质损失结果，是被害人得以提起附带民事诉讼的一个重要条件，而法院受理的案件中存在被指控犯罪行为造成被害人物质损失结果的案件越多，则客观上被害人提起附带民事诉讼的可能性也就越大，法院受理的附带民事诉讼案件也就会越多。据此，考察法院受理的案件中给被害人造成物质损失结果的案件数量情况，有助于掌握附带民事诉讼潜在请求权利的数量，进而为确定法院可能承受的附带民事诉讼范围提供数量支持。

1. 可能案件较非可能案件的数量多且比率高

附带民事诉讼的可能案件，是指法院受理的刑事案件被告人的犯罪行为造成被害人物质损失结果，而被害人具有提起附带民事诉讼可能的案件。[②] 不具有提起附带民事诉讼可能的案件，或者称附带民事诉讼的非可能案件，是指法院受理的刑事案件被告人的犯罪行为没有实际造成被害人的物质损失结果，而不具有提起附带民事诉讼可能的案件。[③] 笔者对H市两级法院抽查的有效案

---

① 薛薇编著：《基于SPSS的数据分析》（第3版），中国人民大学出版社2014年版，第83页。编著者认为："交叉分组下的频数分析又称列联表分析，它包括两大基本任务：第一，根据收集到的样本数据编制交叉列联表；第二，在交叉列联表的基础上，对两两变量间是否存在一定的相关性进行分析。"

② 本书对此简称造成物质损失的案件，或者造成物质损失结果的案件，或者具有提起附带民事诉讼可能案件。

③ 本书对此简称没有造成物质损失的案件，或者没有造成物质损失结果的案件，或者不具有提起附带民事诉讼可能案件。

件样本数量为2781件，其中，造成被害人物质损失结果而具有附带民事诉讼的可能案件总数量为2509件，占该市法院被抽查的全部案件总数量的比率为90.2%；没有造成被害人物质损失结果而不具有附带民事诉讼可能的案件数量仅为272件，占该市法院被抽查的全部案件总数量的比率为9.8%。前者较后者的案件数量多出高达2237件。

2. 可能案件未成为实际案件的数量多且比率高

附带民事诉讼可能案件成为实际案件，是指法院受理刑事案件被告人的犯罪行为造成被害人物质损失结果，被害人就该物质损失结果而实际向受理该刑事案件的法院提起附带民事诉讼赔偿请求，且该法院经过审查并予以受理的案件。H市两级法院审理的造成被害人物质损失结果而具有提起附带民事诉讼可能案件总数量为2509件，其中没有实际提起附带民事诉讼的案件数量为1999件，即这些具有附带民事诉讼可能案件并没有成为附带民事诉讼实际案件，其占该市法院审理的造成物质损失结果而具有附带民事诉讼可能案件总数量的比率为79.7%，占该市法院审理的造成物质损失结果和未造成物质损失结果而没有提起附带民事诉讼的案件总数量2271的比率为88.0%，占该市法院被抽查的全部案件总数量2781件的比率为71.9%。

二、附带民事诉讼之实际案件

被告人的犯罪行为造成被害人的物质损失结果，产生了大量的具有提起附带民事诉讼的可能案件，而这些附带民事诉讼可能案件多数并没有成为实际案件，那么，成为实际案件的情况则是本部分要考察的内容。附带民事诉讼的可能案件成为实际案件的数量和其所占抽查案件数量的比率，可以在一定程度上反映出法院审判的刑事案件中实际有多少附带民事诉讼的情况。而该类案件数量与其所占造成物质损失结果案件的比率则能够体现出提起附带民事诉讼的实际与可能的关系，也就是说，这能够体现司法实践中提起附带民事诉讼的实际案件数量与具有提起附带民事诉讼可能案件数量的相互状况。

1. 实际案件在全部案件中的数量少且比率低

附带民事诉讼实际案件，是指法院受理的被告人犯罪行为造成被害人物质损失，被害人实际向该法院提起附带民事诉讼请求，法院予以受理的案件。H市两级法院审理的一审刑事案件被抽查的2781件案件样本中，被害人向法院提出赔偿请求而成为附带民事诉讼实际案件的数量为510件，占该市法院被抽查案件总数量 2781 件的比率为 18.3%，较被害人没有提起附带民事诉讼的案件数量 2271 件少了 1761 件，较被害人没有提起附带民事诉讼案件数量所占该市法院被抽查案件总数量的比率 81.7%降低了 63.4%。由此可见，H 市两级法院审理的一审刑事案件中，被害人提起附带民事诉讼而成为实际的案件数量和比率少于和低于没有提起附带民事诉讼的案件数量和比率。

2. 实际案件从可能案件转化而成的数量少且比率低

H 市两级法院审理的一审造成物质损失结果而具有附带民事诉讼可能性的刑事案件总数量 2509 件中，被害人向法院提出赔偿请求而成为附带民事诉讼实际案件的数量有 510 件，占该市法院审理一审造成物质损失结果而具有附带民事诉讼可能性的刑事案件总数量的比率为 20.3%。该案件数量和比率情况与该市法院审理的造成物质损失结果而没有提起附带民事诉讼的案件数量 1999 件相比少了 1489 件，与该市法院审理的造成物质损失结果而没有提起附带民事诉讼案件数量所占该市法院审理的具有附带民事诉讼可能案件总数量的比率 79.7%相比降低了 59.4%。

此外，H 市两级法院审理的一审刑事案件中，没有造成物质损失结果的案件数量为 272 件，占全部被抽查案件总数量的 9.8%，其均未提起附带民事诉讼。

综合以上两方面的考察情况，可以发现 H 市两级法院被抽查的案件中，具有提起附带民事诉讼的可能案件数量比率居于高位，不具有提起附带民事诉讼可能案件数量比率较低，但这些可能案件真正转化成实际案件数量比率也居于低位。同时，还可以发现 H 市两级法院被抽查的造成物质损失结果而具有附带民事诉讼可能的大量刑事案件中，只有较少部分实际提起了附带民事诉讼，而没有造成物质损失结果的案件则没有一件提起附带民事诉讼。也就是说，造成物质损失结果的案件具有附带民事诉讼可能性，但这些数量繁多的具有提起附带民事诉讼可能的案件并没有成为附带民事诉讼实际案件，被害人并没有提起附带民事诉讼，而没有造成物质损失结果的案件则显然不具有附带民事诉讼可能性，更谈不上成为附带民事诉讼实际的问题。（见图 2-1 和表 2-1）

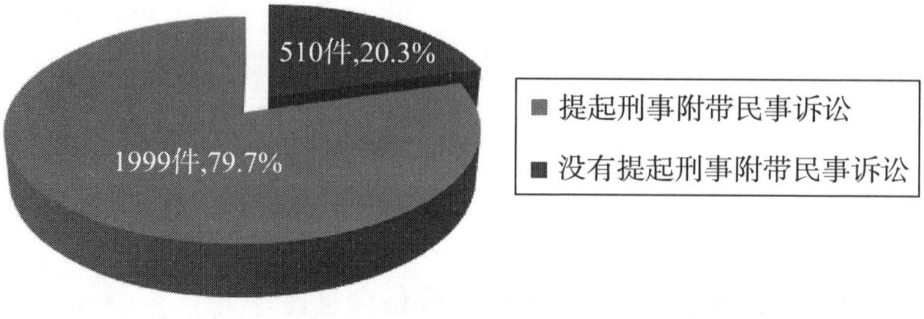

图 2-1　造成物质损失案件提起附带民事诉讼的比例

表 2-1　造成物质损失案件提起附带民事诉讼案件的数量与比率①

造成物质损失案件		提起附带民事诉讼		总计
		是	否	
是	计数(件)	510	1999	2509
	在造成物质损失内的占比(%)	20. 3	79. 7	100. 0
	在提起附带民事诉讼内的占比(%)	100. 0	88. 0	90. 2
	占总数的占比(%)	18. 3	71. 9	90. 2
否	计数(件)	0	272	272
	在造成物质损失内的占比(%)	0	100. 0	100. 0
	在提起附带民事诉讼内的占比(%)	0	12. 0	9. 8
	占总数的占比(%)	0	9. 8	9. 8
总计	计数(件)	510	2271	2781
	在造成物质损失内的占比(%)	18. 3	81. 7	100. 0
	在提起附带民事诉讼内的占比(%)	100. 0	100. 0	100. 0
	占总数的占比(%)	18. 3	81. 7	100. 0

第二节　可能案件所涉犯罪类别

为了本书的研究需要,笔者根据犯罪行为侵犯权利的不同对所调查的H市两级法院审理的案件进行了分类,分为侵犯人身权利的犯罪类别、侵犯

① 表中数据为抽查的H市两级法院1980年、1996年、1997年、1999年、2001年、2003年、2004年、2011年、2012年、2013年和2014年1~6月适用一审程序审理的案件,均以件为统计单位。

财产权利的犯罪类别、侵犯人身权利和财产权利的犯罪类别以及侵犯其他权利的犯罪类别。附带民事诉讼可能案件所涉犯罪类别，是考察造成物质损失结果而具有附带民事诉讼可能案件所涉及侵犯人身权利犯罪、侵犯财产权利犯罪、侵犯人身权利和财产权利犯罪以及侵犯其他权利犯罪等类别的情况。与之相对应的为附带民事诉讼非可能案件所涉犯罪类别，是考察没有造成物质损失结果而不具有提起附带民事诉讼可能案件所涉及侵犯人身权利犯罪、侵犯财产权利犯罪、侵犯人身权利和财产权利犯罪以及侵犯其他权利犯罪类别的情况。为了弄清楚造成物质损失结果而具有提起附带民事诉讼可能案件中，哪些是司法限定其提起附带民事诉讼的案件类别，就有必要研究其中各个犯罪类别的不同情况。

一、侵犯人身权利犯罪类别居首位

通过对 H 市两级法院审理的一审刑事案件的考察，笔者发现造成物质损失结果而具有附带民事诉讼可能案件总数量 2509 件中，涉及侵犯人身权利犯罪类别的案件数量和多项比率居于首位。在该市两级法院审理的造成物质损失结果的案件中，涉及侵犯人身权利犯罪类别的案件数量为 1031 件，占该市法院审理的侵犯人身权利犯罪类别的造成和没有造成物质损失结果的案件总数量 1170 件的比率为 88.1%，占该市法院审理的造成物质损失结果的案件总数量 2509 件的比率为 41.1%，占该市法院审理的全部案件总数量 2781 件的比率为 37.1%。除其所占侵犯人身权利犯罪的造成和没有造成物质损失结果的案件总数量比率居于各种类犯罪案件比率的第三位之外，其他案件数量及比率均居第一位。

相比之下，在没有造成物质损失结果的案件中，侵犯人身权利犯罪案件数量和多项比率也居于非可能案件的首位。H 市两级法院审理的没有造成物质损失结果的犯罪案件中，涉及侵犯人身权利犯罪案件数量为 139 件，占该市法院审理所涉侵犯人身权利犯罪的造成和没有造成物质损失结果的总数量 1170 件的比率为 11.9%，占该市法院审理的没有造成物质损失结果的案件总数量 272 件的比率为 51.1%，占该市法院审理的全部案件总数量比率为 5.0%。除其所占涉侵犯人身权利犯罪的造成和没有造成物质损失结果的总数量比率低于侵犯其他权利犯罪的比率而居于第二位之外，其他案件数量和比率均居于第一位。

二、侵犯财产权利犯罪类别居次位

通过对H市两级法院审理的一审刑事案件的考察，笔者发现造成物质损失结果而具有附带民事诉讼可能案件总数量2509件中，涉及侵犯财产权利犯罪案件数量和多项比率居于次位。该市两级法院审理的造成物质损失结果的案件中，涉及侵犯财产权利犯罪类别的案件数量为864件，占该市法院审理的侵犯财产权利犯罪造成和没有造成物质损失结果的案件总数量908件的比率为95.2%，占该市法院审理的造成物质损失结果的案件总数量2509件的比率为34.4%，占该市法院审理的全部案件总数量2781件的比率为31.1%。除其所占侵犯财产权利犯罪造成和没有造成物质损失结果的案件总数量比率居于各种类犯罪案件比率的第一位之外，其他两项案件数量和比率均居侵犯人身权利犯罪类别之下，但居于其他各犯罪类别之上。

相比之下，在没有造成物质损失结果的案件中，侵犯财产权利犯罪类别的数量和比率居于非可能案件的第三位。该市两级法院审理的没有造成物质损失结果的犯罪案件中，涉及侵犯财产权利犯罪类别的案件数量为44件，占该市法院审理涉及侵犯财产权利犯罪类别的造成和没有造成物质损失结果的案件总数量908件的比率为4.8%，占该市法院审理的没有造成物质损失结果的案件总数量比率为16.2%，占该市法院审理的全部案件总数量比率为1.6%。除其所占涉及侵犯财产权利犯罪类别的造成和没有造成物质损失结果总数的比率低于另外三种犯罪类别的案件比率而居于第四位之外，其他案件数量和比率均居于第三位。

三、侵犯人身权利和财产权利犯罪类别居三位

通过对H市两级法院审理的一审刑事案件的考察，笔者发现存在造成物质损失结果的案件中，涉及侵犯人身权利和财产权利犯罪案件数量和多项比率居于可能案件的第三位。该市两级法院审理的造成物质损失结果的案件中，涉及侵犯人身权利和财产权利犯罪类别的案件数量为562件，占该市法院审理所涉该类别犯罪的造成和没有造成物质损失结果的案件总数量595件的比率为94.5%，占该市法院审理的造成物质损失结果的案件总数量比率为22.4%，占该市法院审理的全部案件总数量比率为20.2%。除其所占侵犯人身权利和财产权利犯罪类别的造成和没有造成物质损失结果的案件总数量比率居于各种犯罪类别案件比率的第二位之外，其他两项案件

数量和比率均居前两种类犯罪的案件之下，但居于侵犯其他权利犯罪类别的案件之上。

相比之下，在没有造成物质损失结果的案件中，涉及侵犯人身权利和财产权利犯罪类别的案件数量和多项比率居于非可能案件的末位。该市两级法院审理的没有造成物质损失结果的案件中，涉及侵犯人身权利和财产权利犯罪类别的案件数量为33件，占该市法院审理所涉该犯罪类别的造成和没有造成物质损失结果的案件总数量595件的比率为5.5%，占该市法院审理的没有造成物质损失结果的案件总数量比率为12.1%，占该市法院审理的全部案件总数量的比率为1.2%。除其所占涉及该犯罪类别的造成和没有造成物质损失结果的案件总数的比率高于侵犯财产权利犯罪类别案件的比率居于第三位之外，其他案件数量和比率均居于最后一位。

四、侵犯其他权利犯罪类别居末位

通过对H市两级法院审理的一审刑事案件的考察，笔者发现存在造成物质损失结果的案件中，涉及侵犯其他权利犯罪类别的案件数量和比率居于可能案件的末位。该市两级法院审理的造成物质损失结果的案件中，涉及侵犯其他权利犯罪类别的案件数量为52件，占该市法院审理该类别犯罪造成和没有造成物质损失结果的案件总数量108件的比率为48.1%，占该市法院审理的造成物质损失结果的案件总数量比率为2.1%，占该市法院审理的全部案件总数量的比率为1.9%。其案件数量和各项比率均居前三种类犯罪的案件之下。

相比之下，在没有造成物质损失结果的案件中，涉及侵犯其他权利犯罪类别的案件数量和多项比率居于非可能案件的次位。该市两级法院审理的没有造成物质损失结果的犯罪案件中，涉及侵犯其他权利犯罪类别的案件数量为56件，占该市法院审理的该类别犯罪造成和没有造成物质损失结果的案件总数量108件的比率为51.9%，占该市法院审理的没有造成物质损失结果的案件总数量比率为20.6%，占该市法院审理的全部案件总数量比率为2.0%。除其所占涉及侵犯其他权利犯罪类别造成和没有造成物质损失结果总数量比率高于其他三种犯罪类别的案件居于第一位之外，其他案件数量和比率均居于第二位。

综合以上四个方面的考察，可以发现H市两级法院审理的附带民事诉讼可能案件与非可能案件涉及的犯罪类别均为四个种类,但是,两者涉及犯罪类别的数量多少、比率高低的顺序是不完全相同的。附带民事诉讼可能案件所涉犯罪种类的数量、比率的位序分别为侵犯人身权利犯罪、侵犯财产权利犯罪、侵犯人身权利和财产权利犯罪以及侵犯其他权利犯罪;而附带民事诉讼非可能案件所涉犯罪种类的数量位序排列略有不同,只是侵犯其他权利的犯罪案件数量提到了第二位,居于侵犯人身权利犯罪之后和侵犯财产权利之前。据此可见,附带民事诉讼可能案件主要涉及侵犯人身权利犯罪、侵犯财产权利犯罪、侵犯人身权利和财产权利犯罪三个类别的案件更多一些,而附带民事诉讼非可能案件则主要涉及侵犯人身权利犯罪类别的案件更多,涉及其他犯罪种类的案件相对较少一些。(见图 2-2 和表 2-2)

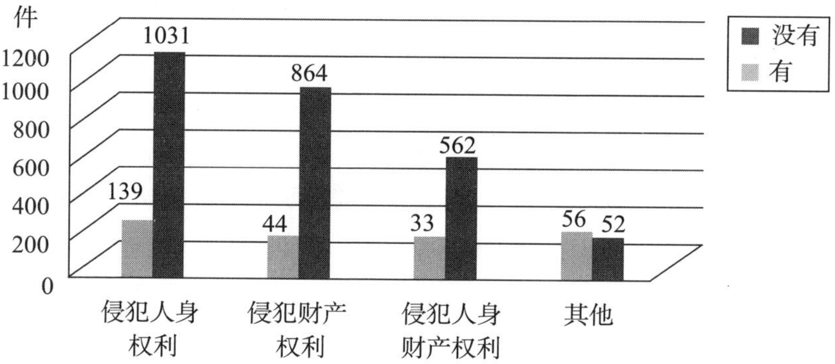

图 2-2 造成物质损失案件涉犯罪类别的数量

表 2-2 造成物质损失案件涉犯罪类别的数量与比率①

案件类别	统计项目	造成物质损失		总计
		有	没有	
侵犯人身权利	计数(件)	1031	139	1170
	在犯罪种类内的占比(%)	88.1	11.9	100.0
	在造成物质损失内的占比(%)	41.1	51.1	42.1
	占总计的占比(%)	37.1	5.0	42.1

① 表中数据为 H 市两级法院 1980 年、1996 年、1997 年、1999 年、2001 年、2003 年、2004 年、2011 年、2012 年、2013 年和 2014 年 1~6 月适用一审程序审理的案件,均以件为统计单位。

续表

案件类别	统计项目	造成物质损失		总计
		有	没有	
侵犯财产权利	计数(件)	864	44	908
	在犯罪种类内的占比(%)	95.2	4.8	100.0
	在造成物质损失内的占比(%)	34.4	16.2	32.7
	占总计的占比(%)	31.1	1.6	32.7
侵犯人身、财产权利	计数(件)	562	33	595
	在犯罪种类内的占比(%)	94.5	5.5	100.0
	在造成物质损失内的占比(%)	22.4	12.1	21.4
	占总计的占比(%)	20.2	1.2	21.4
侵犯其他权利	计数(件)	52	56	108
	在犯罪种类内的占比(%)	48.1	51.9	100.0
	在造成物质损失内的占比(%)	2.1	20.6	3.9
	占总计的占比(%)	1.9	2.0	3.9
总计	计数(件)	2509	272	2781
	在犯罪种类内的占比(%)	90.2	9.8	100.0
	在造成物质损失内的占比(%)	100.0	100.0	100.0
	占总计的占比(%)	90.2	9.8	100.0

第三节　实际案件与非实际案件所涉犯罪类别

前面考察了H市两级法院附带民事诉讼可能案件及其所涉犯罪类别的详细情况和实际案件在整个抽查案件中的数量及其占据比率等基本的情况。在此基础之上，本节将对该市法院提起和没有提起附带民事诉讼案件所涉及的不同犯罪类别以及提起附带民事诉讼所涉及具体罪名的数量和比率情况，展开进一步探究，以此揭示实践中何种类犯罪案件更易被当事人提起附带民事诉讼。由于提起附带民事诉讼所涉及的具体罪名较多，如果将罪名逐一进行SPSS数据分析，那么会导致分析的表格十分庞大，并且数据分散，对于司法限定附带民事诉讼的犯罪类型研究也没有更大的意义。所以,在这里笔者仍然将犯罪种类划分为侵犯人身权利的犯罪、侵犯财产权利的犯罪、侵犯人身权利和财产权利的犯罪以及侵犯其他权利的犯罪四种类别。对于其中侵犯人身权利犯罪类别、侵犯人身权利和财产权利的犯罪类别,由于其提起附带民事诉讼的案件数量、比率居高,且后者中难以分清是因财产权利还是因人身权利遭受侵犯而提起附带民事诉讼,故对该两类犯罪类别进行了具体罪名的研究。

一、侵犯人身权利犯罪类别居首位

通过对H市两级法院审理的造成物质损失结果而具有附带民事诉讼可能案件的考察,笔者发现涉及侵犯人身权利犯罪类别而提起附带民事诉讼的案件,其数量和所占比率均明显居于附带民事诉讼实际案件的第一位。该市两级法院审理的造成物质损失结果的案件总数量中,涉及侵犯人身权利犯罪类别的案件总数量为1031件,其中提起附带民事诉讼的案件数量为418件,占其所涉侵犯人身权利犯罪类别造成物质损失结果的案件总数量比率为40.5%,占所有犯罪类别造成物质损失结果而提起附带民事诉讼案件总数量510件的比率为82.0%,占造成物质损失结果的案件总数量2509件的比率为16.7%。该犯罪类别的数量比率均为四类别犯罪的第一位。

相比之下,在造成物质损失结果而具有提起附带民事诉讼可能,但并没有实际提起附带民事诉讼的案件中,涉及侵犯人身权利犯罪类别的案件数量和所占比率则居于附带民事诉讼非实际案件的第二位。该市两级法院审理的造成物质损失结果的案件中,涉及侵犯人身权利犯罪类别而没有提起附带民事诉讼的案件数量为613件,占所涉侵犯人身权利犯罪类别造成物质损失结果的案件总数量比率为59.5%,占各类犯罪造成物质损失结果而没有提起附带民事诉讼案件总数量1999件的比率为30.7%,占造成物质损失结果的案件总数量2509件的比率为24.4%。除其所占涉侵犯人身权利犯罪类别造成物质损失结果的案件数量比率低于涉侵犯人身权利和财产权利犯罪类别、侵犯其他权利犯罪类别的比率之外,其他案件数量和比率均为该四种犯罪类别的第二位。

二、侵犯人身权利和财产权利犯罪类别居次位

通过对H市两级法院审理的造成物质损失结果而具有附带民事诉讼可能案件的考察,笔者发现涉及侵犯人身权利和财产权利犯罪类别而提起附带民事诉讼的案件,其数量和比率均居于附带民事诉讼实际案件的第二位。

该市两级法院审理的涉及侵犯人身权利和财产权利犯罪类别造成物质损失结果的案件总数量562件中,提起附带民事诉讼的案件数量为89件,占造成物质损失结果所涉侵犯人身权利和财产权利犯罪类别的案件总数量比率为15.8%,占所有犯罪类别提起附带民事诉讼案件总数量比率为17.5%,占造成物质损失案件总数量比率为3.5%。由此可见,该犯罪类别的数量和比率与其他三种犯罪类别相比均位居第二位。

相比之下,在造成物质损失结果而具有提起附带民事诉讼可能,但并没有提起附带民事诉讼的案件中,涉及侵犯人身权利和财产权利犯罪类别的案件数量和比率居于附带民事诉讼非实际案件的第三位。该市两级法院审理的涉及侵犯人身权利和财产权利犯罪类别造成物质损失结果的案件总数量中,没有提起附带民事诉讼的案件数量为473件,占造成物质损失结果涉侵犯人身权利和财产权利犯罪类别的案件比率为84.2%,占所有犯罪类别没有提起附带民事诉讼案件总数量比率为23.7%,占造成物质损失案件总数量比率为18.9%。除其所占造成物质损失结果涉及侵犯人身权利和财产权利犯罪类别的案件比率高于涉及侵犯人身权利犯罪类别之外,其他数量和比率均位居第三位次。

三、侵犯财产权利犯罪类别居三位

通过对H市两级法院审理的造成物质损失结果而具有附带民事诉讼可能案件的考察,笔者发现涉及侵犯财产权利犯罪类别的案件,其提起附带民事诉讼的数量和比率居实际案件的第三位次。该市两级法院审理的涉及侵犯财产权利犯罪类别造成物质损失结果的案件总数量864件中,提起附带民事诉讼的案件数量仅为2件,占造成物质损失结果涉侵犯财产权利犯罪类别的案件数量比率为0.2%,占所有犯罪类别提起附带民事诉讼案件总数量比率为0.4%,所占造成物质损失结果的案件总数量比率为0.1%。

相比之下,在造成物质损失结果而具有提起附带民事诉讼可能,但并没有提起附带民事诉讼的案件中,涉及侵犯财产权利犯罪类别的案件数量和比率居于附带民事诉讼非实际案件的第一位。该市两级法院审理的涉及侵犯财产权利犯罪类别造成物质损失案件总数量中,没有提起附带民事诉讼的案件数量为862件,占造成物质损失结果涉侵犯财产权利犯罪类别的案件比率为99.8%,占所有犯罪类别没有提起附带民事诉讼案件总数量比率为43.1%,占造成物质损失结果的案件总数量比率为34.4%。

四、侵犯其他权利犯罪类别居末位

通过对H市两级法院审理的造成物质损失结果而具有附带民事诉讼可能案件的考察，笔者发现涉及侵犯其他权利犯罪类别而提起附带民事诉讼的案件，其数量和比率均居于附带民事诉讼实际案件的末位。该市两级法院审理的涉及侵犯其他权利犯罪类别而造成物质损失结果的案件总数量52件中，提起附带民事诉讼的案件数量仅为1件，占造成物质损失结果涉侵犯其他犯罪类别案件总数量比率为1.9%，占所有犯罪类别提起附带民事诉讼案件总数量比例为0.2%，占造成物质损失结果案件总数量比率为0.0004%。

相比之下，在造成物质损失结果而具有附带民事诉讼可能性，但并没有提起附带民事诉讼的案件中，涉及侵犯其他权利犯罪类别的案件，其数量和比率居于附带民事诉讼非实际案件的末位。该市两级法院审理的涉及侵犯其他权利犯罪类别而造成物质损失结果的案件总数量52件中，没有提起附带民事诉讼的案件数量为51件，占造成物质损失结果涉侵犯其他权利犯罪类别的案件总数量比率为98.1%，占所有犯罪类别没有提起附带民事诉讼案件总数量比率为2.6%，占造成物质损失结果的案件总数量比率为2.0%。除其所占造成物质损失结果涉侵犯其他权利犯罪类别的案件比率高于涉及侵犯人身权利犯罪类别、侵犯人身权利和财产权利犯罪类别两类之外，其他数量和比率均居于第四位。（见图2-3和表2-3）

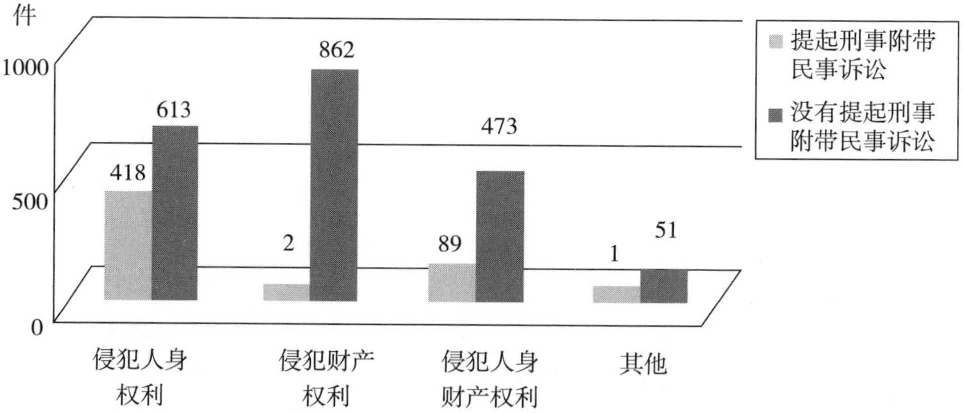

图2-3 提起附带民事诉讼案件涉犯罪类别的数量

表 2-3　提起附带民事诉讼案件涉犯罪类别的数量与比率①

案件类别	统计项目	提起附带民事诉讼		总计
		是	否	
侵犯人身权利	计数(件)	418	613	1031
	在犯罪种类内的占比(%)	40.5	59.5	100.0
	在提起附带民事诉讼内的占比(%)	82.0	30.7	41.1
	占总计的占比(%)	16.7	24.4	41.1
侵犯财产权利	计数(件)	2	862	864
	在犯罪种类内的占比(%)	0.2	99.8	100.0
	在提起附带民事诉讼内的占比(%)	0.4	43.1	34.4
	占总计的占比(%)	0.1	34.4	34.4
侵犯人身和财产权利	计数(件)	89	473	562
	在犯罪种类内的占比(%)	15.8	84.2	100.0
	在提起附带民事诉讼内的占比(%)	17.5	23.7	22.4
	占总计的占比(%)	3.5	18.9	22.4
侵犯其他权利	计数(件)	1	51	52
	在犯罪种类内的占比(%)	1.9	98.1	100.0
	在提起附带民事诉讼内的占比(%)	0.2	2.6	2.1
	占总计的占比(%)	0.0004	2.0	2.1
总计	计数(件)	510	1999	2509
	在犯罪种类内的占比(%)	20.3	79.7	100.0
	在提起附带民事诉讼内的占比(%)	100.0	100.0	100.0
	占总计的占比(%)	20.3	79.7	100.0

五、实际案件所涉具体罪名

通过前四部分的研究内容可以看出，附带民事诉讼实际案件主要集中在侵犯人身权利犯罪、侵犯人身权利和财产权利犯罪两个类别。而这两个

① 表中数据为抽查的 H 市两级法院 1980 年、1996 年、1997 年、1999 年、2001 年、2003 年、2004 年、2011 年、2012 年、2013 年和 2014 年 1~6 月适用一审程序审理的造成物质损失结果的案件，均以件为统计单位。

类别犯罪涉及哪些具体的罪名，则有待进一步的调查，并据此弄清实践中附带民事诉讼实际案件所涉及具体犯罪行为的分布状况。

1. 侵犯人身权利犯罪涉故意杀人罪、故意伤害罪居多

H 市两级法院审理的涉及侵犯人身权利犯罪类别而提起附带民事诉讼的案件总数量 418 件中，故意杀人罪的案件数量为 159 件，占所涉侵犯人身权利犯罪类别而提起附带民事诉讼案件总数量比率为 38.0%；故意伤害罪的案件数量为 242 件，占所涉侵犯人身权利犯罪类别而提起附带民事诉讼案件总数量比率为 57.9%；其他犯罪为绑架罪、强奸罪等，共有案件数量为 17 件，占所涉侵犯人身权利犯罪类别而提起附带民事诉讼案件总数量比率为 4.1%。由此可见，故意杀人罪和故意伤害罪两者的案件数量占据 H 市两级法院审理的该类案件总数的比率为 95.9%，居于绝对多数。（见表 2-4）

表 2-4 侵犯人身权利犯罪提起附带民事诉讼的罪名频率①

案件类型		频率	百分比	有效百分比	累积百分比
有效	故意杀人	159	13.6	38.0	38.0
	故意伤害	242	20.7	57.9	95.9
	绑架	2	0.2	0.5	96.4
	强奸	3	0.3	0.7	97.1
	其他	10	0.9	2.4	99.5
	故意杀人、强奸	2	0.2	0.5	100.0
	总计	418	35.7	100.0	—
缺失	系统	752	64.3	—	—
总计		1170	100.0	—	—

2. 侵犯人身权利和财产权利犯罪涉交通肇事罪、抢劫罪和寻衅滋事罪居多

H 市两级法院审理的涉及侵犯人身权利和财产权利犯罪类别而提起附带民事诉讼的案件总数量 89 件中，交通肇事罪的案件数量为 37 件，占所涉侵

① 表中有效数据为抽取的 H 市两级法院审理的一审因侵犯人身权利犯罪而提起附带民事诉讼的案件，均以件为统计单位。其中的绑架罪 2 件均为没有能够获取财物的犯罪，故统计在侵犯人身权利犯罪类别中。

犯人身权利和财产权利犯罪类别而提起附带民事诉讼案件总数量比率为41.6%；抢劫罪的案件数量为20件，占所涉侵犯人身权利和财产权利犯罪类别而提起附带民事诉讼案件总数量比率为22.5%；寻衅滋事罪的案件数量为14件，占所涉侵犯人身权利和财产权利犯罪类别而提起附带民事诉讼案件总数量比率为15.7%；其他犯罪为放火罪、盗窃罪、故意杀人罪、故意伤害罪、抢劫罪、绑架罪等，共有案件数量为18件，占所涉侵犯人身权利和财产权利犯罪类别而提起附带民事诉讼案件总数量比率为20.1%。可见，交通肇事罪、抢劫罪和寻衅滋事罪的案件数量比率占据H市两级法院审理的该类别案件的总数量比率为79.8%，较其他11个罪名明显居于多数。（见表2-5）

表2-5　侵犯人身和财产权利犯罪提起附带民事诉讼的罪名频率①

案件类型		频率	百分比	有效百分比	累积百分比
有效	故意杀人	3	0.5	3.4	3.4
	故意伤害	3	0.5	3.4	6.7
	交通肇事	37	6.2	41.6	48.3
	抢劫	20	3.4	22.5	70.8
	放火	2	0.3	2.2	73.0
	寻衅滋事	14	2.4	15.7	88.8
	其他	3	0.5	3.4	92.1
	故意杀人寻衅滋事	1	0.2	1.1	93.3
	故意杀人强奸	1	0.2	1.1	94.4
	故意伤害抢劫	1	0.2	1.1	95.5
	抢劫强奸	1	0.2	1.1	96.6
	盗窃放火	1	0.2	1.1	97.8
	盗窃绑架	1	0.2	1.1	98.9
	故意杀人抢劫绑架	1	0.2	1.1	100.0
	总计	89	15.0	100.0	—

①　表中数据为抽取的H市两级法院审理的一审因侵犯人身权利和财产权利犯罪而提起附带民事诉讼的案件，均以件为统计单位。表中所涉故意杀人、故意伤害等案，均因被告人实施杀人或伤害行为，同时实施毁坏财物行为；而盗窃和放火，盗窃和绑架案，则因实施放火、绑架致人伤亡和毁坏财物行为。两者均以侵犯人身和财产权而附带民事诉讼，故统计在该表中。

续表

案件类型		频率	百分比	有效百分比	累积百分比
缺失	系统	506	85.0	—	—
总计		595	100.0	—	—

综合以上五个方面所述,H市两级法院审理的附带民事诉讼可能案件在转化为附带民事诉讼实际案件后,其所涉及的犯罪类别主要是侵犯人身权利犯罪类别、侵犯人身权利和财产权利犯罪类别;而附带民事诉讼非实际案件所涉及的犯罪类别较为广泛,包括侵犯人身权利犯罪类别、侵犯财产权利犯罪类别、侵犯人身权利和财产权利犯罪类别以及侵犯其他权利犯罪类别,且各类别犯罪案件数量和比率均高于提起附带民事诉讼实际案件。这反映出司法实践中附带民事诉讼的可能案件大量存在,而真正转为附带民事诉讼实际案件的数量较少。同时,也发现附带民事诉讼实际案件主要集中在故意杀人罪、故意伤害罪、交通肇事罪、抢劫罪和寻衅滋事罪五个罪名上。

第四节 侵财类犯罪未提起附带民事诉讼的原因

通过前面三节的考察可以发现,涉及侵犯财产权利犯罪类别而造成物质损失结果的案件大量存在,其案件数量为864件,占附带民事诉讼可能案件总数量的比率为34.4%,而成为附带民事诉讼实际案件的则仅仅只有2件,占附带民事诉讼可能案件总数量比率为0.1%,占附带民事诉讼实际案件数量比率为0.4%。[①] 由此引发的问题是,大量涉及侵犯财产权利犯罪类别的附带民事诉讼可能案件没有成为附带民事诉讼实际案件的原因是什么?为此,笔者制作了相关问题的调查问卷,[②]并发送被调查的97名法官、

① 参见表2-3:提起附带民事诉讼案件涉犯罪类别的数量与比率。

② 该内容来自笔者制作的附带民事诉讼调查问卷。由于侵犯财产权利犯罪类别的案件数量多,且跨越年度长,难以实现对当事人、承办案件法官等人员的逐人逐案的详细调查。因此,只能对现有办理过附带民事诉讼案件的法官、律师和其他法律服务工作者进行问卷调查,获得他们对此问题的定性意见,然后对该意见进行量化分析。笔者设计的题目内容为:"二、请您阅读以下问题,在同意的一项或几项中做出选择,并在字母上画"√":1. 盗窃、诈骗等非法占有型犯罪的被害人没有或者极少提起附带民事诉讼,造成该现象的原因是以下哪一项? A. 被害人没有主张该项权利的意识;B. 法院没有通知被害人参加诉讼;C. 法院不受理被害人的起诉;D. 通过追缴、责令退赔已经解决被害人的赔偿问题。"

90名律师和25名其他法律服务工作者。根据问卷调查的情况,发现该类案件中的盗窃、诈骗等非法占有型犯罪成为附带民事诉讼实际案件少的原因,既有制度性的原因,也有当事人和司法机关的原因。

一、制度的原因

所谓制度的原因,是指我国法律规范中有关刑事诉讼制度的内容规定使大量的涉及侵犯财产权利犯罪类别中的非法占有型犯罪案件不能或者没有成为附带民事诉讼实际案件。根据本调查发现,该制度性原因包括两个方面内容:一是刑事诉讼其他制度解决了这部分案件被害人的赔偿问题,因而其没有提起附带民事诉讼的必要性;二是刑事诉讼制度的缺失或者瑕疵导致被害人无法或者难以行使附带民事诉讼权利。

1. 替代措施已解决赔偿问题

所谓替代措施已解决赔偿问题,是指在刑事诉讼过程中司法机关通过追缴与责令退赔措施的实施,完成了刑事案件被害人所遭受犯罪侵犯而导致的物质损失的赔偿问题。通过本研究的调查,笔者发现被调查的318人次中有118人次选择该项原因选项,占全部被调查人次的比率高达37.7%,居四项调查原因之首。首先,持该观点的法官人次数量及所占各项比率均超过各个选题的相应数量和比率。调查问卷显示,有70人次的法官选择该项原因,占选择该项原因总人次的比率为59.3%,占法官被调查的总数量147人次的比率为47.6%,占法官、律师和其他法律服务工作者被调查的总人次比率为22.0%。其次,持该观点的律师占被调查的律师人次的数量比率最高。调查问卷显示,有38人次的律师选择该项原因,占选择该项原因总人次的比率为32.2%,占律师被调查总数量134人次的比率为28.4%,占法官、律师和其他法律服务工作者被调查总人次的比率为11.9%。最后,持该观点的其他法律服务工作者占被调查的该类人次的数量比率为第二位。调查问卷显示,有10人次的其他法律服务工作者选择该项原因,占选择该项原因总人次的比率为8.5%,占其他法律服务工作者被调查总数量37人次的比率为27.0%,占法官、律师和其他法律服务工作者被调查总人次的比率为3.1%。

2. 法院不受理被害人起诉

所谓法院不受理被害人起诉,是指侵犯财产权利犯罪类别中非法占有型犯罪案件被害人就该物质损失向法院提起附带民事诉讼,法院基于法律规范的禁止理由而不予受理。[①] 通过本研究的调查，笔者发现被调查的总人次中有81人次选择该项原因选项，占被调查总人次的比率达25.5%，居四项原因的第二位。首先，持该观点的法官人次数量比率居四个原因的第二位。调查问卷显示，有42人次的法官选择该项原因，占选择该项原因总人次的比率为51.9%，占法官参与调查总人次的比率为28.6%，占法官、律师和其他法律服务工作者被调查总人次的比率为13.2%。其次，持该观点的律师占被调查的律师总人次的数量比率居第二位。调查问卷显示，有35人次的律师选择该项原因，所占选择该项原因总人次的比率为43.2%，占律师被调查总人次的比率为26.1%，占法官、律师和其他法律服务工作者被调查总人次的比率为11.0%。最后，持该观点的其他法律服务工作者占被调查的该类总人次的数量比率为第四位。调查问卷显示，有4人次的其他法律服务工作者选择了该项原因，占选择该项原因总人次的比率为4.9%，占其他法律服务工作者被调查总人次的比率为10.8%，占法官、律师和其他法律服务工作者被调查总人次的比率为1.3%。

二、当事人与司法机关的原因

所谓当事人与司法机关的原因，是指法律规范赋予当事人权利和司法机关职责，但是，由于他们怠于行使权利或职责而导致涉及侵犯财产权利犯罪类别的案件不能成为附带民事诉讼实际案件。这包括被害人缺乏主张权利的意识和法院不通知被害人参加诉讼两种原因。

1. 被害人缺乏权利意识

所谓被害人缺乏主张权利的意识，是指涉及侵犯财产权利犯罪类别案件的被害人没有意识到自己可以通过附带民事诉讼来要求犯罪行为人赔偿损失，或者虽然意识到具有该项权利但却怠于行使该项权利。通过本研究的调查，笔者发现被调查的总人次中有64人次选择该项原因，占被调查总人次的比率为20.1%，居四项原因的第三位。首先，持该观点的法官人次数量比率均居四项原因的第三位。调查问卷显示，有20人次的法官选择该项原因，占选择该项原因总人次的比率为31.3%，占法官被调查总人次的

---

① 法院不受理侵犯财产权利犯罪类别的非法占有型犯罪案件被害人提起附带民事诉讼，既是一个法律制度的规范问题，也可能是一个规范司法实践问题。但由于司法解释限制此种类型案件进入附带民事诉讼范围，因此，笔者将此归类于法律制度问题进行研究。也就是说，法院不受理该类案件是归因于法律制度的禁止。

比率为 13.6%，占法官、律师和其他法律服务工作者被调查总人次的比率为 6.3%。其次，持该观点的律师占被调查律师总人次的数量比率最低。调查问卷显示，有 29 人次的律师选择该项原因，占选择该项原因总人次的比率为 45.5%，占律师被调查总人次的比率为 21.6%，占法官、律师和其他法律服务工作者被调查总人次的比率为 9.1%。最后，持该观点的其他法律服务工作者占被调查的该类人员总人次的比率为第一位。调查问卷显示，有 15 人次的其他法律服务工作者选择该项原因，占选择该项原因总人次的比率为 23.4%，占其他法律服务工作者被调查总人次的比率为 40.5%，占法官、律师和其他法律服务工作者被调查总人次的比率为 4.7%。

2. 法院不通知被害人参加诉讼

所谓法院不通知被害人参加诉讼，是指法院审理涉及侵犯财产权利犯罪类别的非法占有型犯罪案件时，不通知作为当事人之一的被害人参加刑事诉讼，导致该类别案件没有成为附带民事诉讼实际案件。通过本研究的调查，笔者发现被调查的总人次中有 55 人次选择了该项原因，占被调查总人次的比率为 17.3%，居四项原因的第四位。首先，持该观点的法官人次数量比率居四项原因的第四位。调查问卷显示，有 15 人次的法官选择该项原因，占选择该项原因总人次的比率为 27.3%，占法官被调查总人次的比率为 10.2%，占法官、律师和其他法律服务工作者被调查总人次的比率为 4.7%。其次，持该观点的律师占被调查律师总人次的数量比率居第三位。调查问卷显示，有 32 人次的律师选择该项原因，占选择该项原因总人次的比率为 58.2%，占律师被调查总人次的比率为 23.9%，占法官、律师和其他法律服务工作者被调查总人次的比率为 10.1%。最后，持该观点的其他法律服务工作者占被调查的该类人员总人次的数量比率为第三位。调查问卷显示，有 8 人次的其他法律服务工作者选择该项原因，占选择该项原因总人次的比率为 14.5%，占其他法律服务工作者被调查总人次的比率为 21.6%，占法官、律师和其他法律服务工作者被调查总人次的比率为 2.5%。

综合以上两方面所述，H 市被调查的法官、律师和其他法律服务工作者认为，导致侵犯财产权利犯罪类别的非法占有型犯罪案件没有从附带民事诉讼可能案件变为实际案件的原因，依次分别为：一是追缴或退赔已解决赔偿问题；二是法院不受理被害人起诉；三是被害人缺乏主张权利的意识；四是法院不通知被害人参加诉讼。（见图 2-4 和表 2-6）

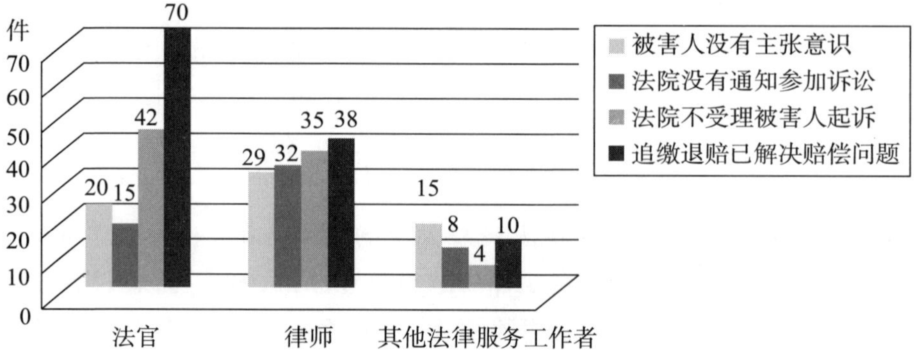

图 2-4 侵犯财产权利案件附带民事诉讼少的原因

表 2-6 侵犯财产权利犯罪案件附带民事诉讼少的原因①

原因	统计项目	法律职业			总计
		法官	律师	其他法律服务工作者	
被害人缺乏主张意识	计数(件)	20	29	15	64
	在原因内的占比(%)	31.3	45.3	23.4	—
	在法律职业内的占比(%)	13.6	21.6	40.5	—
	占总额的占比(%)	6.3	9.1	4.7	20.1
法院不通知参加诉讼	计数(件)	15	32	8	55
	在原因内的占比(%)	27.3	58.2	14.5	—
	在法律职业内的占比(%)	10.2	23.9	21.6	—
	占总额的占比(%)	4.7	10.1	2.5	17.3
法院不受理被害人起诉	计数(件)	42	35	4	81
	在原因内的占比(%)	51.9	43.2	4.9	—
	在法律职业内的占比(%)	28.6	26.1	10.8	—
	占总额的占比(%)	13.2	11.0	1.3	25.5

① 该表中内容来自附带民事诉讼范围的调查问卷,其中的计数以人次为单位。每一位参加调查问卷的填写者可以根据自己的认识在一个答案选项到四个答案选项之间任意选择,既可以单选,也可以双选或多选,其每选择一个答案选项则计入一人次。

续表

原因	统计项目	法律职业			总计
		法官	律师	其他法律服务工作者	
追缴或退赔已解决赔偿	计数(件)	70	38	10	118
	在原因内的占比(%)	59.3	32.2	8.5	—
	在法律职业内的占比(%)	47.6	28.4	27.0	—
	占总额的占比(%)	22.0	11.9	3.1	37.1
总计	计数	147	134	37	318
	占总额的占比(%)	46.2	42.1	11.6	100.0

第五节　司法控制的可能性与无须限制的实际

有学者认为:“仅从法律条文之义来看,实践中掌握的附带民事诉讼案件范围过窄而不是过宽。但如果过于扩大附带民事诉讼的案件范围,也有不切实际甚至动摇刑事诉讼和民事诉讼界限根基之危险。因此,附带民事诉讼的案件范围,应当掌握在一个合理的度。”①对该学者所提附带民事诉讼范围的合理度,笔者理解为以难度和工作量不超过刑事案件审判的主要地位为限。具体而言,一是附带民事诉讼案件总数量不宜超过刑事案件总数量的50%以上;二是每一件附带民事诉讼案件的工作量也不宜超过刑事案件本身工作量的50%以上。否则,附带民事诉讼的工作量过大,则会影响刑事案件的审判。后面将会涉及每件案件的工作量问题,现在先讨论整个刑事案件总数量中附带民事诉讼案件的数量问题。

一、司法控制附带民事诉讼范围的可能性

司法实践中的绝大多数刑事案件,根据刑事诉讼法规定的附带民事诉讼范围均具有提起附带民事诉讼的可能性,而司法解释将其中部分犯罪案件限制在附带民事诉讼范围之外,这从可能性角度看,具有减少附带民事诉讼可能案件成为实际案件数量的可能性。

① 邵世星、刘选:《刑事附带民事诉讼疑难问题研究》,中国检察出版社2002年版,第36页。

1. 法定范围致使多数案件有提起附带民事诉讼的可能性

根据我国刑事诉讼法的规定,被害人由于被告人的犯罪行为而遭受物质损失的,在刑事诉讼过程中,有权提起附带民事诉讼。[①] 该条规定的内容决定附带民事诉讼的条件有四个方面:第一,被告人的行为构成犯罪,这是提起附带民事诉讼的前提条件;第二,被告人的犯罪行为对被害人所造成的损失,必须是被害人的物质损失;第三,被害人的物质损失必须是由被告人的犯罪行为造成的,即被害人的物质损失与被告人的犯罪行为之间存在因果关系;第四,附带民事诉讼的提起,只能在刑事诉讼过程中提出。[②] 由此可以认为,附带民事诉讼的案件范围,就是指被害人因被告人的犯罪行为而遭受物质损失的案件。所谓被害人因犯罪行为遭受的物质损失,是指被害人因犯罪行为遭受的实际损失和必然遭受的损失。其中,已经遭受的实际损失是指因遭受损害而实际支出的各项费用,如医药费、交通费、丧葬费;而必然遭受的损失是指与犯罪行为存在内在的、必然的联系的间接损失,如误工费。对于可能得到的利益或要通过一定努力才可得到的利益,不能纳入赔偿范围。[③]

根据法律规定的被害人遭受犯罪行为侵害的物质损失附带民事诉讼范围的精神,从理论上讲,刑事案件中凡是被告人犯罪行为造成了公民个人或者有关公司、企业等法人或其他组织物质损失的,被害公民个人或单位均有提起附带民事诉讼的可能性。通过前面的考察可以发现的现象是:H 市两级法院自 1980 年到 2014 年 1~6 月审理的一审刑事案件,在被抽取的 2781 件案件中,造成物质损失结果而具有提起附带民事诉讼可能案件数量是 2509 件,占整个被抽取案件总数量的比率为 90.2%。[④] 也就是说,H 市两级法院审理的一审刑事案件中,被害人遭受犯罪行为侵害导致物质损失结果而具有附带民事诉讼可能案件,其占有绝对多数和绝对高的比率。因此,根据刑事诉讼法有关物质损失的附带民事诉讼受理范围的规定,H 市两级法院抽查的案件中,有 90.2%的绝大多数案件具有提起附带民事诉讼的可能

① 《刑事诉讼法》第 101 条的规定。

② 参见郎胜主编:《中华人民共和国刑事诉讼法修改与适用》,新华出版社 2012 年版,第 208 页。

③ 参见南英主编:《刑事审判方法》,法律出版社 2013 年版,第 184 页。

④ 参见表 2-1、图 2-1 造成物质损失案件提起附带民事诉讼案件的数量与比率、造成物质损失案件提起附带民事诉讼的比例。

性,仅有 9.8%的少数案件没有提起附带民事诉讼的可能性。

2. 司法控制有减少附带民事诉讼的可能性

最高人民法院于 2012 年通过的《关于适用〈中华人民共和国刑事诉讼法〉的解释》明确规定,被害人因人身权利受到犯罪侵犯或者财物被犯罪分子毁坏而遭受物质损失的,有权在刑事诉讼过程中提起附带民事诉讼。[①] 据此可以看出,司法解释将我国附带民事诉讼范围限定在更小的范围:一类为被害人人身权利受到犯罪侵犯而遭受物质损失的案件;另一类为被害人财物被犯罪分子毁坏而遭受物质损失的案件。也就是说,司法控制的附带民事诉讼范围主要涉及两类犯罪,一类为侵犯人身权利犯罪,另一类为侵犯财产权利的部分犯罪。显而易见,司法限定附带民事诉讼范围的意图,主要是减少附带民事诉讼案件的提起数量,以确保刑事案件的顺利审判。那么,司法实践中具有附带民事诉讼可能案件能够有多少可能通过司法限制而排除在附带民事诉讼实际案件的范围之外呢?

首先,本章第三节对法定附带民事诉讼可能案件所涉及的犯罪类别进行了考察,发现 H 市两级法院审理的该类案件所涉犯罪类别,包括侵犯人身权利的犯罪类别、侵犯财产权利的犯罪类别、侵犯人身权利和财产权利的犯罪类别以及侵犯其他权利的犯罪类别。其中,符合司法解释规定的附带民事诉讼范围第一类案件,即被害人人身权利受到犯罪侵犯而遭受物质损失的案件为涉及侵犯人身权利犯罪类别而造成物质损失结果的案件,其数量为 1031 件,占该市两级法院审理的造成物质损失结果案件总数量的比率为 41.1%;同样可以归属为该类的案件为涉及侵犯人身权利和财产权利犯罪类别的案件,其总数量为 562 件,占该市两级法院审理的造成物质损失结果案件总数量的比率为 22.4%。以上两类案件合计数量占该市两级法院审理的造成物质损失案件总数量的比率为 63.5%。[②]

其次,符合司法解释规定的附带民事诉讼范围的第二种类型的为毁坏财物类犯罪案件,即被害人的财物被犯罪分子毁坏而遭受物质损失的案件,属于本研究所作的四种犯罪分类中的侵犯财产权利犯罪类别、侵犯人身

① 最高人民法院于 2012 年 11 月 5 日通过的《关于适用〈中华人民共和国刑事诉讼法〉的解释》第 138 条第 1 款的规定。

② 参见表 2-2:造成物质损失案件涉犯罪类别的数量与比率。

权利和财产权利犯罪类别[①]中的部分案件。通过本章第三节的考察，笔者发现H市两级法院审理的涉及侵犯财产权利犯罪类别造成物质损失结果的案件数量为864件，占该市两级法院审理的造成物质损失结果案件总数量的比率为34.4%。[②] 但是，其中真正能够成为司法解释规定的附带民事诉讼范围第二类型案件的，只有故意毁坏财物罪和破坏生产经营罪等极少数罪名，而这些罪名的案件数量极少，比率极低。根据本研究的调查，H市两级法院审理的涉及侵犯财产权利犯罪类别造成物质损失结果的案件中，共有故意毁坏财物罪9件、破坏生产经营罪2件，占该市两级法院审理的涉及侵犯财产权利犯罪类别造成物质损失结果案件总数量比率为1.27%。扣除该11件案件后，尚有98.73%的侵犯财产权利犯罪不属于被害人财物被犯罪分子毁坏而遭受物质损失结果的案件。[③] 也就是说，该类别犯罪案件中的绝大多数会被限制在司法解释规定的附带民事诉讼范围之外。同时，调查还显示，涉及侵犯其他权利犯罪类别造成物质损失结果的案件数量为52件，占该市两级法院审理的造成物质损失结果的案件总数量比率为2.1%，而该类别的案件不符合司法解释规定的附带民事诉讼范围的两类案件要求，也被司法解释排除在附带民诉讼范围之外。[④]

综上所述，按照对附带民事诉讼范围加以司法限制的案件类型，结合调查结果显示的内容来看，H市两级法院审理的造成物质损失结果的案件中，有63.94%的案件可以提起附带民事诉讼，但有36.06%的涉及侵犯财产权利犯罪类别和涉及侵犯其他权利犯罪类别的案件应该被司法限定排除在附带民事诉讼范围之外。所以，司法限定附带民事诉讼范围具有减少附带民事诉讼案件数量的可能性。

二、司法控制附带民事诉讼范围的实际

通过前面的分析可得出，司法实践中存在绝大多数的刑事案件根据刑

① 由于侵犯人身权利和财产权利犯罪类别的案件中，虽然会有部分是非法占有或处置被害人财物的犯罪，但因为这部分案件与侵犯人身权利犯罪混合在一起，所以有关这部分案件的附带民事诉讼问题可以与侵犯人身权利犯罪部分一并研究，这里就不单独对其进行讨论。

② 参见表2-3：提起附带民事诉讼案件涉犯罪类别的数量与比率。

③ 参见案件分析一览表（三）中对H市两级法院被抽取案件调查的统计数据。

④ 参见表2-3：提起附带民事诉讼案件涉犯罪类别的数量与比率。

事诉讼法的规定可能提起附带民事诉讼,同时,也存在较多数量的刑事案件根据司法限制的规定可能提起附带民事诉讼。但是,这些较多数的案件或者大多数的案件是否实际提起附带民事诉讼以及其没有提起附带民事诉讼的原因等,则是探究对附带民事诉讼范围进行司法控制之实际效果及其必要性所要考虑的问题。

1. 法定范围未致大量附带民事诉讼实际案件

法定附带民事诉讼范围相对司法限制范围具有一定的宽泛度。因此,从理论上推论,司法限制附带民事诉讼范围之前,可能出现大量符合法定范围的案件进入诉讼,从而影响刑事案件的审判效率。但是,对本调查的相关数据进行分析发现,实践中附带民事诉讼可能案件多数并不会成为附带民事诉讼实际案件。也就是说,多数具有附带民事诉讼可能案件并没有实际提起附带民事诉讼。

通过本章第一节的考察情况可以发现,H 市两级法院审理的附带民事诉讼可能案件总数量为 2509 件,占据其审理的一审刑事案件被抽取总数量 2781 件的比率为 90.2%。但是,真正成为附带民事诉讼实际案件的也只有 510 件,占附带民事诉讼可能案件总数量的比率为 20.3%,而占其比率为 79.7%的则是附带民事诉讼可能案件并没有真正成为附带民事诉讼的实际案件。[①] 同时,通过本章第三节的考察情况还发现,附带民事诉讼可能案件成为实际案件的,其所涉及的犯罪类别占绝对数量的是侵犯人身权利犯罪类别、侵犯人身权利和财产权利犯罪类别。虽然这两种犯罪类别为附带民事诉讼实际案件数量最多的,但其成为附带民事诉讼实际案件数量比率也低于没有成为附带民事诉讼实际的案件数量比率,其中,H 市两级法院审理的涉及侵犯人身权利犯罪类别造成物质损失结果而具有附带民事诉讼可能案件总数量为 1031 件,实际提起附带民事诉讼的案件数量为 418 件,占该类案件总数量的比率为 40.5%;而没有提起附带民事诉讼的案件数量为 613 件,占该类案件总数量的比率为 59.5%。后者较前者案件数量多 195 件,比率高出 19%。该市两级法院审理的涉及侵犯人身权利和财产权利犯罪造成物质损失结果而具有附带民事诉讼可能案件总数量为 562 件,实际

① 参见表 2-1:造成物质损失案件是否提起附带民事诉讼案件的数量与比率。

提起附带民事诉讼的案件数量为 89 件，占该类案件总数量的比率为 15.8%；而没有提起附带民事诉讼的案件数量为 473 件，占该类案件总数量的比率为 84.2%。后者较前者案件数量多 384 件，比率高出 68.4%。综合来看，这两种犯罪类别具有附带民事诉讼可能案件总数量 1593 件中，没有成为附带民事诉讼实际案件的，也就是没有实际提起附带民事诉讼的案件数量为 1086 件，较实际提起附带民事诉讼的案件数量 507 件多了 579 件，所占两类案件总数量的比率后者较前者也高出36.34%。[①] 可见，无论是从案件总数量上看，还是从司法解释规定的附带民事诉讼可能案件数量上看，司法实践中真正成为附带民事诉讼实际案件的数量均在少数。此外，笔者还发现，实际成为附带民事诉讼实际案件的，其所涉及的侵犯人身权利犯罪类别主要集中在故意杀人罪、故意伤害罪两种具体罪名上，而所涉及的侵犯人身权利和财产权利犯罪类别则主要集中在交通肇事罪、抢劫罪和寻衅滋事罪三种具体罪名上，其他罪名则涉及极少的案件数量。这一现象说明，真正成为附带民事诉讼实际案件，其所涉及的罪名数量也是有限的，而涉及许多罪名的其他附带民事诉讼可能案件并没有成为附带民事诉讼实际案件。

由此可以认为，司法实践中真正进入附带民事诉讼程序的案件，绝大多数为刑事诉讼法和司法解释共同认可的附带民事诉讼范围的案件，而不是刑事诉讼法确定的较为宽泛的而超出了司法限定附带民事诉讼范围的案件。所以，法定附带民事诉讼范围没有真正导致大量附带民事诉讼实际案件的产生。

2. 司法控制范围的实际效果有限

司法限定附带民事诉讼范围的用意，是通过禁止一部分案件进入附带民事诉讼范围以此达到减少进入附带民事诉讼范围的案件数量，进而确保刑事诉讼的效率。但其所选择限制的案件类别，恰恰是实践中较少成为附带民事诉讼实际案件的犯罪类别，且实践中有多种限制该类案件进入附带民事诉讼的因素存在，所以其实施司法控制的效果也是有限的。

首先，司法解释开始限制附带民事诉讼范围之前，只有极少数被限制类

---

① 参见表 2-3：提起附带民事诉讼案件涉犯罪类别的数量与比率。

别的案件成为附带民事诉讼实际案件。我国 1979 年《刑事诉讼法》规定的法定附带民事诉讼范围，从 1980 年开始实施到最高人民法院于 1999 年和 2000 年分别制定的相关会议纪要和司法解释[①]对该范围予以限制为止，该法定附带民事诉讼范围在司法实践中始终具有实际的法律约束力。在此期间，司法解释之后予以限制的案件类型并没有出现大量涌入附带民事诉讼程序而必须加以限制的情形。相反，根据 H 市两级法院审理的一审刑事案件情况，从 1980 年到 1999 年 10 月 27 日，司法解释意图限制的涉及侵犯财产权利犯罪类别中的大部分案件、涉及侵犯其他权利犯罪类别的案件，真正成为附带民事诉讼实际案件的，仅仅只有涉及侵犯财产权利犯罪类别的诈骗罪 1 件、涉及侵犯其他权利犯罪类别的信用卡诈骗罪 1 件，共计 2 件案件，占 H 市两级法院审理的附带民事诉讼的案件总数量的比率为 0.4%，占该市法院审理的造成物质损失结果而具有提起附带民事诉讼可能案件总数量的比率为 0.1%。而这 2 件案件的审理均在司法解释尚未禁止其进行附带民事诉讼期间，所以其处理的结果可以反映出法院对于此类案件是按照法定附带民事诉讼程序进行的。其中，H 市中级法院 1999 年 10 月 14 日审判的诈骗罪案件，虽然受理了被害人的附带民事诉讼请求，也通知其作为附带民事诉讼原告人到庭参加诉讼，但是因被告人刘某被宣告无罪而判决被告人刘某不承担民事赔偿责任。[②] 对于 M 区法院 1999 年 8 月 3 日审判的信用卡诈骗罪案件，虽然被害人向检察机关提交了附带民事诉讼状，但法院在刑事案件开庭时并没有通知被害人到庭参加诉讼，也没有将其列为附带民事诉讼原告人，只是在判决确认的犯罪事实中认定了被害人所遭受的物

---

① 相关会议纪要和司法解释，是指最高人民法院于 1999 年 10 月 27 日颁布的《全国法院维护农村稳定刑事审判工作座谈会纪要》和于 2000 年制定《关于刑事附带民事诉讼范围问题的规定》。

② 诈骗罪案件详见 S 省 H 市中级法院（1999）H 刑二初字第 5 号附带民事诉讼判决书。该判决书理由部分法院认为，附带民事诉讼原告人与被告人刘某约定了收购大蒜的规格、价格及付款方式，租赁冷库收储大蒜并开具发票，双方构成了买卖关系。由于被告人没有按约定的时间、数额支付货款，属于民事违约行为，被告人在他人引见、介绍时冒用单位名义，以经理身份并称备有冷库、资金雄厚、有出口指标等，属民事欺诈行为。据此，认定被告人以非法占有为目的，骗取公民合法财物的证据不足，尚不能认定被告人刘某构成诈骗罪……由于被告人刘某不构成犯罪，附带民事诉讼原告人所造成的经济损失不应以附带民事诉讼请求赔偿的途径解决，而应按民事法律关系调查处理……

质损失,但判决书主文并没有对被害人的赔偿诉求进行处理。[①] 刑事判决之后,法院又促使附带民事诉讼原告人与附带民事诉讼被告人达成赔偿的调解协议。[②] 由此可见,司法开始限制附带民事诉讼范围之前,法院虽然也受理涉及侵犯财产犯罪类别案件的附带民事诉讼请求,但是,该类别犯罪附带民事诉讼可能案件真正成为实际案件确实只是极少数。

其次,司法控制附带民事诉讼范围之后,阻止被限制犯罪类别的案件成为附带民事诉讼实际案件的原因是多方面的。前面论证了司法控制附带民事诉讼范围之前,并没有较多的意图限制案件成为附带民事诉讼实际案件。那么,司法限定附带民事诉讼范围后,从 H 市两级法院审理的涉及侵犯财产权利犯罪类别、侵犯其他权利犯罪类别的案件情况看,这两种为司法解释有所限制的案件中,只有 2003 年的 1 件破坏生产经营罪的案件提起了附带民事诉讼,[③]而这一件案件还属于司法解释允许进入附带民事诉讼范围的犯罪。由此可见,司法解释对附带民事诉讼范围的限制发挥了作用。但通过本章第四节对 H 市的部分法官、律师和其他法律工作者的调查可以发现,1999 年 10 月 27 日最高人民法院限制附带民事诉讼范围的会议纪要颁发之后,没有一件司法控制的犯罪案件成为附带民事诉讼实际案件,其是多种因素共同作用的结果,而会议纪要或司法限定只是其中影响较小的因素之一。被调查者中,认为“法院不受理被害人的起诉”的,作为涉及侵犯财产权利犯罪类别案件提起附带民事诉讼少的原因之一,虽居四项因素的第二位,但也只占全部被调查人次的比率为 25.5%。被调查者中认为“追缴或退赔已解决赔偿问题”的,作为涉及侵犯财产权利犯罪类别案件提起附

---

① 信用卡诈骗罪案件详见 H 市法院(现 M 区法院)(1999)M 刑初字第 219 号案卷:一、刑事附带民事诉状。该诉状记载的内容为,原告人中国工商银行 H 地区中心支行要求被告人郭某返还透支本金及利息。二、S 省 H 市法院(1999)H 刑初字第 219 号刑事判决书。该判决书只有公诉机关 H 市检察院(现 M 区检察院)、被告人郭某,没有附带民事诉讼原告人及其诉讼请求内容。判决书认定,被告人郭某于 1996 年 2~3 月,利用自己的信用卡在工商银行储蓄所恶意透支 18 笔金额 18,584 余元,供其挥霍。此后,经发卡银行催缴后,被告人拒不归还透支本金和利息,造成银行损失 49,788 余元。法院认为被告人郭某构成信用卡诈骗罪,应当根据刑法规定处罚,故以被告人郭某犯信用卡诈骗罪,判处其有期徒刑 2 年,并处罚金 5 万元。

② 参见 S 省 H 市法院(现 M 区法院)(1999)H 刑初字第 219 号刑事附带民事调解书。

③ 破坏生产经营罪的案件情况详见 C 县法院(2003)C 刑初字第 108 号刑事案件卷宗。此案件被害人向 C 县法院提起附带民事诉讼,请求赔偿经济损失 5000 元。审理中,被告人赔偿被害人经济损失 1800 元,C 县法院刑事判决书确认了该事实,并据此对被告人酌情从轻处罚。同时,该刑事判决主文中没有涉及附带民事诉讼部分。

带民事诉讼少的原因之一，占全部被调查人次的比率高达 37.7%，居四项因素之首。被调查者中认为“被害人没有主张权利”的，作为涉及侵犯财产权利犯罪类别案件提起附带民事诉讼少的原因之一，占全部被调查人次的比率为 20.1%，居四项因素之第三位。被调查者中认为“法院没有通知被害人参加诉讼”的，作为涉及侵犯财产权利犯罪类别案件提起附带民事诉讼少的原因之一，占全部被调查人次的比率为 17.3%，居四项因素之第四位。由此可见，限定附带民事诉讼范围的规定落实到司法实践中的表现为“法院不受理被害人的起诉”，而此种情况作为提起附带民事诉讼少的因素之一的认可率仅为 25.5%，尚有其他三项因素还占据 74.5%的认可率。[①] 由此可以判定，司法限定附带民事诉讼范围并不是涉及侵犯财产权利犯罪类别提起附带民事诉讼少的主要因素，而涉及侵犯财产权利犯罪类别造成物质损失结果的案件数量占据司法解释规定附带民事诉讼范围之外的案件数量比率约为 94.3%。[②] 据此可见，影响财产权利犯罪类别案件提起附带民事诉讼的缘由，基本上可以推及司法控制附带民事诉讼范围之外涉及侵犯其他犯罪类别的案件。

综上所述，从可能性的角度讲，法定附带民事诉讼范围决定了绝大多数案件具有附带民事诉讼的可能性，而司法解释缩小了法定附带民事诉讼范围，具有减少附带民事诉讼案件数量的可能性。但从实际的角度讲，法定附带民事诉讼范围的实施并未使附带民事诉讼可能性变成实际的大量案件，而该现象的产生是多种因素造成的，司法控制只是原因之一，且效果也是有限的。因此，大量具有附带民事诉讼可能案件并没有转化为实际案件，所以，司法控制附带民事诉讼范围的必要性缺乏案件数量的客观数据支持。

---

① 参见表 2-6：侵犯财产权利犯罪案件附带民事诉讼少的原因，图 2-4：侵犯财产权利犯罪案件附带民事诉讼少的原因。

② 参见表 2-3：提起附带民事诉讼案件涉犯罪类别的数量与比率。侵犯财产权利犯罪造成物质损失案件数量 864 件+侵犯其他权利犯罪造成物质损失案件数量 52 件＝司法控制范围之外的案件总数量 916 件（含 9 件故意毁坏财物罪、2 件破坏生产经营罪）；侵犯财产权利犯罪造成物质损失案件数量 864 件÷司法控制范围之外的案件总数量 916 件＝侵犯财产权利犯罪造成物质损失案件数量占司法控制范围之外案件总数量的比率 94.3%。

第三章　不同法院附带民事诉讼之可能案件与实际案件

本章主要考察造成物质损失结果案件与附带民事诉讼案件以及两者所涉及的犯罪类别在不同级别法院和不同基层法院之间的分布规律。通过发现该分布规律,进一步探讨司法控制对于不同级别法院和不同地域法院的积极作用或消极作用。虽然本调查在对H市两级法院进行案件抽查时采用了不完全相同的三类方法,①但由于对四个基层法院分别采用了不同的两种方式,其相互之间可以弥补抽查方法上的不足。M区法院和C县法院的数据由于来自可能造成物质损失结果的案件,所以其造成物质损失结果及提起附带民事诉讼的数量和比率都可能会高一些;而Y区法院和J县法院的数据由于来自随机抽取,所以其造成物质损失结果及提起附带民事诉讼的案件数量和比率可能会低一些。H市中级法院的数据来自全部案件,而且为逐案调查,因此其反映的情况更加符合实际。

第一节　不同法院附带民事诉讼之可能案件与非可能案件

本节考察的是造成物质损失结果而具有附带民事诉讼可能案件与没有造成物质损失结果而不具有附带民事诉讼可能案件,两者在H市不同级别的法院和不同地域的法院之间的案件数量和比率状况,从而探知该市法院

---

① 关于本调查抽取案卷的方法,原计划是对每一个被调查的法院每一年度的全部案卷都要查看,但实际执行中由于数量大、时间紧,所以笔者对抽取方法有所调整,分为三种情况:①对H市中级法院每一抽查年度的全部案卷都进行了查看;②对M区法院、C县法院的抽取方法,是按照案由分两类案件进行抽取:一是有可能提起附带民事诉讼的侵犯人身权利、财产权利的全部案件,二是有可能存在追缴、责令退赔情形的全部侵财类案件;③对Y县法院、J县法院的抽取方法,是在应抽取年度内对全部案卷进行随机抽取50件,个别年度实际案件不足50件的,则以最终统计的实际数量为准。在随机抽取方法上按时间分割随机抽取,即一年中分12个月抽取,每个月根据案件数量多少间隔1~2件抽取1件。

具备或不具备附带民事诉讼条件的案件分布规律。其中,造成物质损失结果和没有造成物质损失结果案件在不同级别法院的分布,是考察H市中级法院与作为一个整体的其四个县区法院审判的一审刑事案件中,附带民事诉讼可能案件与非可能案件的分布规律。造成物质损失结果和没有造成物质损失结果案件在不同地域法院的分布,则是考察H市四个不同县区基层法院审判的一审刑事案件中,附带民事诉讼可能性和非可能案件的分布规律。

一、不同级别法院附带民事诉讼之可能案件与非可能案件

不同级别的中级人民法院与基层法院附带民事诉讼之可能状况,表现为中级法院审理的造成物质损失结果而具有附带民事诉讼可能案件,其数量明显多于基层法院,所占审理的造成和没有造成物质损失结果案件总数量的比率上,中级法院的该比率略高于各基层法院的平均比率。首先,从数量上看,H市中级法院审判的一审刑事案件中,造成物质损失结果的案件数量为639件,分别多于M区法院该类案件数量730件、C县法院的333件、Y县法院的411件、J县法院的396件。其次,从比率上看,H市中级法院审判的一审刑事案件中,造成物质损失结果的案件数量占其造成和没有造成物质损失结果案件总数量的比率为91.4%,较C县法院的该同类比率87.9%高出3.5%,较Y县法院的该同类比率81.2%高出10.2%,较M区法院的该同类比率95.1%低了3.7%,较J县法院的该同类比率92.3%低了0.9%。但是,H市中级法院该比率与各区县基层法院该同类平均比率89.13%相比,高出了2.27%。

与此相对应的,不同级别的中级法院与基层法院附带民事诉讼之非可能状况,表现为中级法院审理的没有造成物质损失结果刑事案件,其数量多于基层法院,而所占被抽查的造成和没有造成物质损失结果刑事案件总数量的比率上,则略低于基层法院的平均比率。首先,从数量上看,H市中级法院审判的一审刑事案件中,没有造成物质损失结果的案件数量为60件,而4个基层法院审判的一审刑事案件中,没有造成物质损失结果的案件数量共计212件,其中M区法院为38件、C县法院为46件、Y县法院为95件、J县法院为33件,平均每个基层法院53件,中级法院的该类案件数量较基层法院的平均数量多出7件。其次,从比率上看,H市中级法院审判的一审刑事案件中,没有造成物质损失结果的案件占其造成和没有造成物质

损失结果案件总数量的比率为 8.6%，与 M 区法院的该类比率 4.9%、C 县法院的该类比率 12.1%、Y 县法院的该类比率 18.8%和 J 县法院的该类比率 7.7%的平均比率 10.88%相比，低了 2.28%。

二、不同地域法院附带民事诉讼之可能案件与非可能案件

不同地域的区基层法院与县基层法院之间附带民事诉讼之可能状况，表现为区基层法院审理的造成物质损失结果的一审刑事案件，其数量明显多于各个县基层法院的数量，而所占造成和没有造成物质损失结果的案件总数量比率也高于各个县基层法院的该项比率。首先，从数量上看，M 区法院审判的一审刑事案件中，造成物质损失结果的案件数量为 730 件，分别高于 C 县法院的 333 件、Y 县法院的 411 件和 J 县法院的 396 件。其次，从比率上看，M 区法院审理的一审刑事案件中，造成物质损失结果的案件数量占其造成和没有造成物质损失结果的案件总数量比率为 95.1%，分别高于 C 县法院（87.9%）、Y 县法院（81.2%）和 J 县法院（92.3%）该类比率。

与此相对应的，不同地域基层法院之间附带民事诉讼非可能状况，表现为区基层法院审理的一审刑事案件中，没有物质损失结果的案件数量明显少于县基层法院的该数量，而其所占造成和没有造成物质损失结果的案件总数量比率也低于县基层法院的该比率。首先，从数量上看，M 区法院审判的一审刑事案件中，没有造成物质损失结果案件数量为 38 件，均少于 C 县法院（46 件）、Y 县法院（95 件）的案件数量，虽然比 J 县法院的该项案件数量（33 件）多，但较三个县法院的该项案件平均数量 57 件少了 11 件。其次，从比率上看，M 区法院审理的一审刑事案件中，没有造成物质损失结果案件占其造成和没有造成物质损失结果案件总数量比率为 4.9%，分别低于 C 县法院的该类比率（12.1%）、Y 县法院的该类比率（18.8%）和 J 县法院的该类比率（7.7%）。

综合以上两个方面，可以发现中级法院审理的具有附带民事诉讼可能案件的数量明显多于基层法院，而其在被抽查的案件总数量中所占比率则略高于各个基层法院的平均比率；区基层法院审理的具有附带民事诉讼可能案件的数量明显多于县基层法院，而其在被抽查案件总数量中所占比率也高于县基层法院。（见图 3-1 和表 3-1）

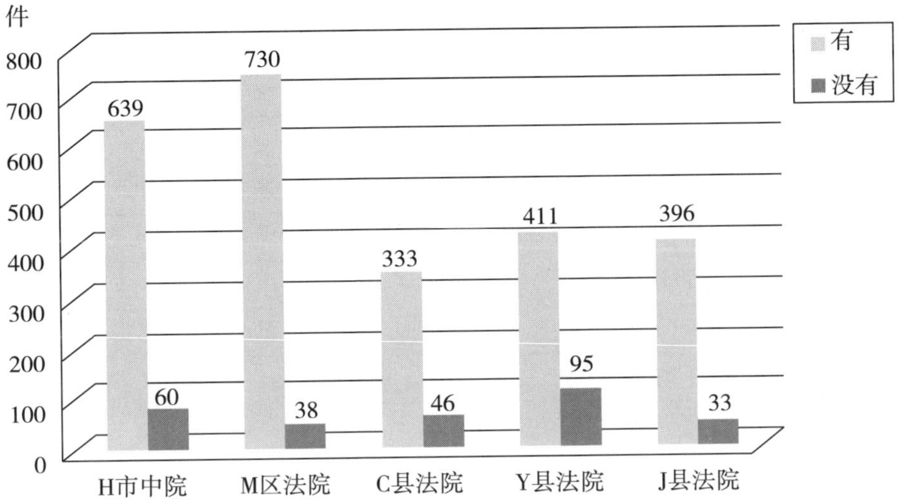

图 3-1　有无造成物质损失案件的数量

表 3-1　有无造成物质损失案件与级别、地域的关系[①]

级别与地域	统计项目	造成物质损失		总计
		有	没有	
H 市中院	计数(件)	639	60	699
	在级别与地域内的占比(%)	91.4	8.6	100.0
	在造成物质损失内的占比(%)	25.5	22.1	25.1
	占总计的占比(%)	23.0	2.2	25.1
M 区法院	计数(件)	730	38	768
	在级别与地域内的占比(%)	95.1	4.9	100.0
	在造成物质损失内的占比(%)	29.1	14.0	27.6
	占总计的占比(%)	26.2	1.4	27.6
C 县法院	计数(件)	333	46	379
	在级别与地域内的占比(%)	87.9	12.1	100.0
	在造成物质损失内的占比(%)	13.3	16.9	13.6
	占总计的占比(%)	12.0	1.7	13.6

① 表中数据为 H 市两级法院 1980 年、1996 年、1997 年、1999 年、2001 年、2003 年、2004 年、2011 年、2012 年、2013 年和 2014 年 1~6 月适用一审程序审理的案件,均以件为统计单位。

续表

级别与地域	统计项目	造成物质损失		总计
		有	没有	
Y县法院	计数(件)	411	95	506
	在级别与地域内的占比(%)	81.2	18.8	100.0
	在造成物质损失内的占比(%)	16.4	34.9	18.2
	占总计的占比(%)	14.8	3.4	18.2
J县法院	计数(件)	396	33	429
	在级别与地域内的占比(%)	92.3	7.7	100.0
	在造成物质损失内的占比(%)	15.8	12.1	15.4
	占总计的占比(%)	14.2	1.2	15.4
总计	计数(件)	2509	272	2781
	在级别与地域内的占比(%)	90.2	9.8	100.0
	在造成物质损失内的占比(%)	100.0	100.0	100.0
	占总计的占比(%)	90.2	9.8	100.0

第二节 不同法院附带民事诉讼之实际案件与非实际案件

不同法院的附带民事诉讼实际案件状况，是指法院审理的造成物质损失结果案件而实际提起附带民事诉讼的案件数量和比率，在中级法院同基层法院之间、区和县基层法院之间进行的比较。本节要探究的问题是，中级法院审理的多数量、高比率的造成物质损失结果的案件，其实际提起附带民事诉讼的案件数量、比率情况和没有实际提起附带民事诉讼的案件(非实际案件)数量、比率情况以及其同各个基层法院相比较的情况。同时，还要探究区基层法院审理的多数量、高比率的造成物质损失结果的案件，其实际提起附带民事诉讼的案件数量、比率情况和非实际案件数量、比率情况以及其同县基层法院相比较的情况。通过这些数量、比率的比较，可以发现附带民事诉讼可能案件在不同级别的地方法院和不同地域的同级基层法院之间的实际状况。

一、不同级别法院附带民事诉讼之实际案件与非实际案件

不同级别的中级法院与基层法院的附带民事诉讼实际状况，表现为 H 市中级法院审理的因造成物质损失结果而提起附带民事诉讼的案件与其所属的四个基层法院审理的该类案件相比较，在数量上和比率上均处于明显多数和高位。首先，从案件数量上比较，H 市中级法院审理的提起附带民事诉讼案件数量为 212 件，较 M 区法院的该类案件数量 118 件多出 94 件，较 C 县法院的该类案件数量 83 件多出 129 件，较 Y 县法院的该类案件数量 50 件多出 162 件，较 J 县法院的该类案件数量 47 件多出 165 件。其次，从比率上看，H 市中级法院审理的提起附带民事诉讼案件占其审理造成物质损失结果的案件总数量比率为 33.2%，较 M 区法院的该项同类比率 16.2%高出 17%，较 C 县法院的该项同类比率 24.9%高出 8.3%，较 Y 县法院的该项同类比率 12.2%高出 21%，较 J 县法院的该项同类比率 11.9%高出 21.3%。

与此相对应的，不同级别的中级法院与基层法院的附带民事诉讼非实际状况，表现为 H 市中级法院审理的造成物质损失结果而没有提起附带民事诉讼的案件数量多于其所辖四个基层法院的平均数量，其所占其审理的造成物质损失案件数量的比率低于基层法院。首先，从案件数量上比较，H 市中级法院审理的造成物质损失结果而没有提起附带民事诉讼案件数量为 427 件，较 M 区法院的该同类案件数量 612 件少了 185 件，较 C 县法院的该同类案件数量 250 件多出 177 件，较 Y 县法院的该同类案件数量 361 件多出 66 件，较 J 县法院的该同类案件数量 349 件多出 78 件，较四个基层法院该同类案件平均数量 393 件多出 34 件。其次，从比率上看，H 市中级法院审理的没有提起附带民事诉讼案件数量占其审理的造成物质损失结果的案件数量比率为 66.8%，较 M 区法院的该项同类比率 83.8%低了 17%，较 C 县法院的该项同类比率 75.1%低了 8.3%，较 Y 县法院的该项同类比率 87.8%低了 21%，较 J 县法院的该项同类比率 88.1%低了 21.3%。

二、不同地域法院附带民事诉讼之实际案件与非实际案件

不同地域的区基层法院与县基层法院附带民事诉讼实际状况，表现为 M 区法院审理的因造成物质损失结果而提起附带民事诉讼的案件在数量上明显多于其他县法院，在相关比率上略低于其他县法院。首先，从案件数量上比较，M 区法院审理的提起附带民事诉讼一审案件数量为 118 件，较 C 县法院审理的该类案件数量 83 件多出 35 件，较 Y 县法院审理的该类案件

数量 50 件多出 68 件，较 J 县法院审理的该类案件数量 47 件多出 71 件。其次，从比率上比较，M 区法院审理的附带民事诉讼案件数量占其审理的造成物质损失结果的案件总数量 730 件的比率为 16.2%，虽然较 C 县法院审理的该项案件比率 24.9%低了 8.7%，但较 Y 县法院该项同类比率 12.2%高出 4%，较 J 县法院该项同类比率 11.9%高出 4.3%，但与三个县法院该项平均比率 16.3%相略低了 0.1%。

与此相对应的，不同地域区基层法院与县基层法院附带民事诉讼非实际状况，表现为 M 区法院审理的因造成物质损失结果而没有提起附带民事诉讼的案件在数量上明显多于其他县法院，在相关比率上总体高于其他县法院。首先，从案件数量上比较，M 区法院审理的造成物质损失结果而没有提起附带民事诉讼一审案件数量为 612 件，较 C 县法院审理的该类案件数量 250 件多出 362 件，较 Y 县法院审理的该类案件数量 361 件多出 251 件，较 J 县法院审理的该类案件数量 349 件多出 263 件。其次，从比率上比较，M 区法院审理的造成物质损失结果而没有提起附带民事诉讼案件数量占其审理的造成物质损失结果的案件总数量比率为 83.8%，虽然较 Y 县法院该同类案件比率 87.8%低了 4.0%，较 J 县法院该同类案件比率 88.1%低了 4.3%，但较 C 县法院该同类案件比率 75.1%高出 8.7%，与三个县法院该同类案件平均比率 83.67%相比高出 0.13%。

综合以上两个方面所述，可以发现中级法院审理的附带民事诉讼实际案件数量和比率均明显多于和高于基层法院；区基层法院审理附带民事诉讼实际案件数量明显多于县基层法院，而所占附带民事诉讼可能案件的数量比率则略低于县基层法院。（见图 3-2 和表 3-2）

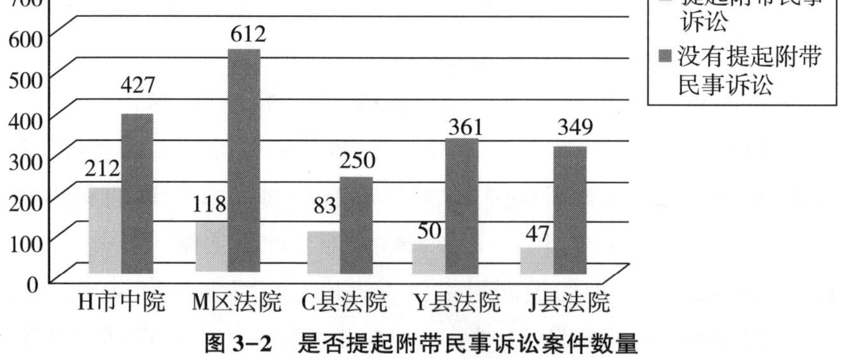

图 3-2 是否提起附带民事诉讼案件数量

表 3-2 是否提起附带民事诉讼案件与级别、地域的关系①

级别与地域	统计项目	提起附带民事诉讼		总计
		是	否	
H 市中院	计数(件)	212	427	639
	在级别与地域内的占比(%)	33.2	66.8	100.0
	在提起附带民事诉讼内的占比(%)	41.6	21.4	25.5
	占总计的占比(%)	8.4	17.0	25.5
M 区法院	计数(件)	118	612	730
	在级别与地域内的占比(%)	16.2	83.8	100.0
	在提起附带民事诉讼内的占比(%)	23.1	30.6	29.1
	占总计的占比(%)	4.7	24.4	29.1
C 县法院	计数(件)	83	250	333
	在级别与地域内的占比(%)	24.9	75.1	100.0
	在提起附带民事诉讼内的占比(%)	16.3	12.5	13.3
	占总计的占比(%)	3.3	10.0	13.3
Y 县法院	计数(件)	50	361	411
	在级别与地域内的占比(%)	12.2	87.8	100.0
	在提起附带民事诉讼内的占比(%)	9.8	18.1	16.4
	占总计的占比(%)	2.0	14.4	16.4
J 县法院	计数(件)	47	349	396
	在级别与地域内的占比(%)	11.9	88.1	100.0
	在提起附带民事诉讼内的占比(%)	9.2	17.5	15.8
	占总计的占比(%)	1.9	13.9	15.8
总计	计数(件)	510	1999	2509
	在级别与地域内的占比(%)	20.3	79.7	100.0
	在提起附带民事诉讼内的占比(%)	100.0	100.0	100.0
	占总计的占比(%)	20.3	79.7	100.0

① 表中数据为抽查的 H 市两级法院 1980 年、1996 年、1997 年、1999 年、2001 年、2003 年、2004 年、2011 年、2012 年、2013 年和 2014 年 1~6 月适用一审程序审理的造成物质损失的案件,均以件为统计单位。

第三节 不同法院附带民事诉讼之可能案件所涉犯罪

本节考察的内容,是造成物质损失结果可能提起附带民事诉讼的案件所涉及的犯罪类别(包括侵犯人身权利犯罪、侵犯财产权利犯罪、侵犯人身权利和财产权利犯罪以及侵犯其他权利犯罪)在中级法院与基层法院之间以及不同的基层法院之间的分布规律。通过对这些规律的考察,可以发现不同级别、不同地域的法院,不同犯罪类别各自具有的造成物质损失结果而可能提起附带民事诉讼案件数量以及各自所占的比率情况,从而揭示附带民事诉讼可能案件所涉及的犯罪类别。

一、不同级别法院所审案件涉犯罪类别

不同级别的中级法院与基层法院附带民事诉讼之可能所涉犯罪,是指H市中级法院与其所辖四个基层法院审理的造成物质损失结果而可能提起附带民事诉讼的案件,在所涉及的侵犯人身权利犯罪、侵犯财产权利犯罪、侵犯人身权利和财产权利犯罪以及侵犯其他权利犯罪等类别上,数量和比率的不同表现情况。

1. 中级法院所审侵犯人身权利犯罪案件数量比率显居前位

不同级别法院附带民事诉讼可能案件所涉侵犯人身权利犯罪表现在中级法院审理的造成物质损失结果的案件与基层法院相比,数量多且相关比率高。首先,从案件的数量的比较上,H市中级法院审理的造成物质损失结果的一审案件中,侵犯人身权利犯罪的案件数量为412件,较M区法院审理的该类案件数量280件多出132件,较C县法院审理的该类案件数量92件多出188件,较Y县法院审理的该类案件数量121件多出159件,较J县法院审理的该类案件数量126件多出154件。其次,从比率的比较上,H市中级法院审理该类案件数量占其审理的造成物质损失结果的案件总数量639件的比率为64.5%,较M区法院的该项同类比率38.4%高出36.1%,较C县法院的该项同类比率27.6%高出36.9%,较Y县法院的该项同类比率29.4%高出35.1%,较J县法院的该项同类比率31.8%高出

32.7%。

2. 中级法院所审侵犯财产权利犯罪案件数量比率显居后位

不同级别法院附带民事诉讼可能案件所涉侵犯财产权利犯罪，表现为中级法院审理的造成物质损失结果的案件中，涉及侵犯财产权利犯罪与基层法院相比，案件数量少、比率低。首先，从数量的比较上，H市两级法院审判的造成物质损失结果一审案件中，涉及侵犯财产权利犯罪类别的案件总数量为864件。其中，M区法院的该类案件数量为274件，C县法院的该类案件数量为171件，Y县法院的该类案件数量为165件，J县法院的该类案件数量为161件，均多于H市中级法院审理的该类案件数量93件。其次，从比率的比较上，M区法院审理的该案件数量占其审理的造成物质损失结果案件总数量比率为37.5%，C县法院的同类案件比率为51.4%，Y县法院的同类案件比率为40.1%，J县法院的同类案件比率为40.7%，均高于H市中级法院该项比率。

3. 中级法院所审侵犯人身和财产权利犯罪案件数多且比率低

不同级别法院附带民事诉讼可能案件所涉侵犯人身权利和财产权利犯罪，表现在中级法院审理的造成物质损失结果的案件中，涉及侵犯人身权利和财产权利犯罪类别的案件与基层法院相比数量多和相关比率略低。首先，从案件的数量的比较上，H市中级法院审理的造成物质损失结果的一审案件中，侵犯人身权利和财产权利犯罪类别的案件数量为117件，较M区法院审理的该类案件数量172件少了55件，较C县法院审理的该类案件数量64件多出53件，较Y县法院审理的该类案件数量105件多出12件，较J县法院审理的该类案件数量104件多出11件，较四个基层法院审理的该类案件平均数量111.25件多出5.75件。其次，从比率的比较上，H市中级法院审理该类案件数量占该法院审理的造成物质损失结果案件总数量比率为18.3%，较M区法院的该项比率23.6%低了5.3%，较C县法院的该项比率19.2%低了0.9%，较Y县法院的该项比率25.5%低了7.2%，较J县法院的该项比率26.3%低了8.0%。

4. 中级法院所审侵犯其他权利犯罪案件数多且比率略高

不同级别法院附带民事诉讼可能案件所涉侵犯其他权利犯罪类别，表现在中级法院审理的造成物质损失结果的案件中,涉及侵犯其他权利犯罪类别的案件与基层法院相比数量多和相关比率略高。首先,从案件的数量的比较上,H市中级法院审理的造成物质损失结果的一审案件中,涉及侵犯其他权利犯罪类别的案件数量为17件,较M区法院审理的该类案件数量4件多出13件,较C县法院审理的该类案件数量6件多出11件,较Y县法院审理的该类案件数量20件少了3件,较J县法院审理的该类案件数量5件多出12件,较四个基层法院审理的该类案件平均数量8.75件多出8.25件。其次,从比率的比较上,H市中级法院审理该类案件数量占该法院审理的造成物质损失结果案件总数量的比率为2.7%,较M区法院的该项同类比率0.5%高出2.2%,较C县法院的该项同类比率1.8%高出0.9%,较Y县法院的该项同类比率4.9%低了2.2%,较J县法院的该项同类比率1.3%高出1.4%,较四个基层法院该项同类平均比率2.15%高出0.53%。

二、不同地域法院所审案件涉犯罪类别

不同地域法院附带民事诉讼可能案件所涉犯罪,是指区基层法院与县基层法院审理的造成物质损失结果而可能提起附带民事诉讼案件数量和比率在涉及侵犯人身权利犯罪、侵犯财产权利犯罪、侵犯人身权利和财产权利犯罪以及侵犯其他权利犯罪类别上的不同情况。

1. 区基层法院所审侵犯人身权利犯罪案件数量比率居前位

不同地域法院附带民事诉讼可能案件所涉侵犯人身权利犯罪,表现为区基层法院审理的造成物质损失结果的案件中,涉及侵犯人身权利犯罪类别的案件数量和比率均居县基层法院之首。首先,从案件数量的比较上,M区法院审判的造成物质损失结果的案件中,涉及侵犯人身权利犯罪类别的案件数量为280件,较C县法院审判该类案件数量92件多出188件,较Y县法院审判该类案件数量121件多出159件,较J县法院审判该类案件数量126件多出154件。其次,从比率的比较上,M区法院审理该类案件数量占该法院审理的造成物质损失结果案件总数量的比率为38.4%,较C县法院的该项同类比率27.6%高出10.8%,较Y县法院的该项同类比率29.4%高出9.0%,较J县法院的该项同类比率31.8%高出6.6%。

2. 区基层法院所审侵犯财产权利犯罪案件数多且比率低

不同地域法院附带民事诉讼可能案件所涉侵犯财产权利犯罪，表现为区基层法院审理的造成物质损失结果的案件中，涉及侵犯财产权利犯罪的案件数量较县基层法院为多，但比率较县基层法院为低。首先，从案件数量的比较上，M 区法院审理的造成物质损失结果的案件中，涉及侵犯财产权利犯罪案件数量 274 件，较 C 县法院审判该类案件数量 171 件多出 103 件，较 Y 县法院审判该类案件数量 165 件多出 109 件，较 J 县法院审判该类案件数量 161 件多出 113 件。其次，从比率的比较上，M 区法院审理该类案件数量占该法院审理的造成物质损失结果案件总数量的比率为 37.5%，较 C 县法院的该项同类比率 51.4% 低了 13.9%，较 Y 县法院的该项同类比率 40.1% 低了 2.6%，较 J 县法院的该项同类比率 40.7% 低了 3.2%。

3. 区基层法院所审侵犯人身和财产权利犯罪案数多且比率略低

不同地域法院附带民事诉讼可能案件所涉侵犯人身权利和财产权利犯罪，表现为区基层法院审理的造成物质损失结果的案件中，涉及侵犯人身权利和财产权利犯罪类别的案件数量多于县基层法院，但比率略低于县基层法院。首先，从案件数量的比较上，M 区法院审理的造成物质损失结果的案件中，涉及侵犯人身权利和财产权利犯罪类别的案件数量 172 件，较 C 县法院审理该类案件数量 64 件多出 108 件，较 Y 县法院审理该类案件数量 105 件多出 67 件，较 J 县法院审理该类案件数量 104 件多出 68 件。其次，从比率的比较上，M 区法院审理该类案件数量占该法院审理的造成物质损失结果的案件总数量比率为 23.6%，较 C 县法院的该项同类比率 19.2% 高出 4.4%，较 Y 县法院的该项同类比率 25.5% 低了 1.9%，较 J 县法院的该项同类比率 26.3% 低了 2.7%，较三个县基层法院该项同类平均比率 23.67% 低了 0.01%。

4. 区基层法院所审侵犯其他权利犯罪案件数和比率居后位

不同地域法院附带民事诉讼可能案件所涉侵犯其他权利犯罪，表现为区基层法院审理的造成物质损失结果的案件中，涉及侵犯其他权利犯罪类别的案件数量比率均居县基层法院之后。首先，从案件数量的比较上，M 区法院审理的造成物质损失结果的案件中，涉及侵犯其他权利犯罪类别案件数量 4 件，较 C 县法院审理该类案件数量 6 件少了 2 件，较 Y 县法院审理该类案件数量 20 件少了 17 件，较 J 县法院审理该类案件数量 5 件少了 2 件。其次，从比率的比较上，M 区法院审理该类案件数量占该法院审理的造成物质损失结果案件总数量的比率为 0.5%，较 C 县法院的该项同类比率 1.8%低了 1.3%，较 Y 县法院的该项同类比率 4.9%低了 4.4%，较 J 县法院的该项同类比率 1.3%低了 0.8%。

综上所述，可以发现 H 市中级法院审理的附带民事诉讼可能案件中，涉及侵犯人身权利的犯罪类别案件的数量和比率明显居区县基层法院之上，而涉及侵犯财产权利类别的犯罪案件数量和比率则明显居区县基层法院之下，涉及侵犯人身权利和财产权利犯罪、侵犯其他权利犯罪类别的案件数量多于区县基层法院，但比率或低于或略高于区县基层法院。同时还发现，区基层法院审理的涉及侵犯人身权利犯罪类别的案件数量和比率均居县基层法院之上，而涉及侵犯其他权利犯罪类别的案件数量和比率则居县基层法院之下，涉及侵犯财产权利、侵犯人身权利和财产权利犯罪的案件数量居县基层法院之上，但比率居县基层法院之下。（见图 3-3 和表 3-3）

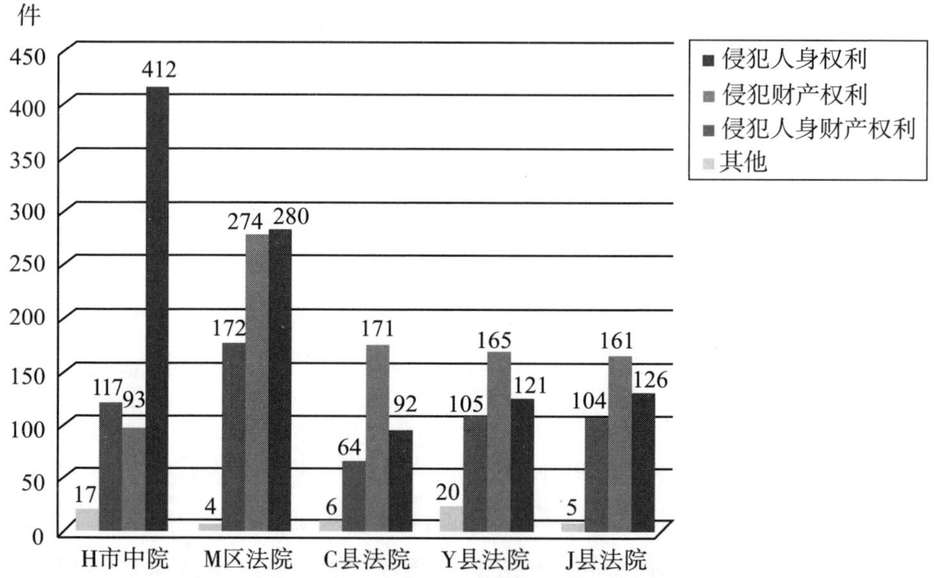

图 3-3　造成物质损失案件涉犯罪种类的地域、级别分布

表 3-3　造成物质损失案件涉犯罪种类与级别、地域的关系①

犯罪种类		级别与地域					总计
		H 市中院	M 区法院	C 县法院	Y 县法院	J 县法院	
侵犯人身权利	计数(件)	412	280	92	121	126	1031
	在犯罪种类内的占比(%)	40.0	27.2	8.9	11.7	12.2	100.0
	在级别与地域内的占比(%)	64.5	38.4	27.6	29.4	31.8	41.1
	占总数的占比(%)	16.4	11.2	3.7	4.8	5.0	41.1
侵犯财产权利	计数(件)	93	274	171	165	161	864
	在犯罪种类内的占比(%)	10.8	31.7	19.8	19.1	18.6	100.0
	在级别与地域内的占比(%)	14.6	37.5	51.4	40.1	40.7	34.4
	占总数的占比(%)	3.7	10.9	6.8	6.6	6.4	34.4
侵犯人身、财产权利	计数(件)	117	172	64	105	104	562
	在犯罪种类内的占比(%)	20.8	30.6	11.4	18.7	18.5	100.0
	在级别与地域内的占比(%)	18.3	23.6	19.2	25.5	26.3	22.4
	占总数的占比(%)	4.7	6.9	2.6	4.2	4.1	22.4

① 表中数据为 H 市两级法院 1980 年、1996 年、1997 年、1999 年、2001 年、2003 年、2004 年、2011 年、2012 年、2013 年和 2014 年 1~6 月适用一审程序审理的造成物质损失结果的案件，均以件为统计单位。

续表

犯罪种类		级别与地域					总计
		H市中院	M区法院	C县法院	Y县法院	J县法院	
侵犯其他权利	计数(件)	17	4	6	20	5	52
	在犯罪种类内的占比(%)	32.7	7.7	11.5	38.5	9.6	100.0
	在级别与地域内的占比(%)	2.7	0.5	1.8	4.9	1.3	2.1
	占总数的占比(%)	0.7	0.2	0.2	0.8	0.2	2.1
总计	总计(件)	639	730	333	411	396	2509
	在犯罪种类内的占比(%)	25.5	29.1	13.3	16.4	15.8	100.0
	在级别与地域内的占比(%)	100.0	100.0	100.0	100.0	100.0	100.0
	占总数的占比(%)	25.5	29.1	13.3	16.4	15.8	100.0

第四节　不同法院附带民事诉讼之实际案件所涉犯罪

本节要考察的内容,是造成物质损失结果而实际提起附带民事诉讼案件所涉及的犯罪类别(包括侵犯人身权利犯罪、侵犯财产权利犯罪、侵犯人身权利和财产权利犯罪以及侵犯其他权利犯罪)在中级法院与基层法院之间以及不同的基层法院之间的分布规律。通过对这些规律的考察,可以发现不同级别、不同地域的法院,不同犯罪类别各自具有的造成物质损失结果而实际提起附带民事诉讼案件数量以及各自所占的比率情况,从而揭示附带民事诉讼实际案件所涉及的犯罪类别。

一、不同级别法院所审案件涉犯罪类别

不同级别法院附带民事诉讼之实际所涉犯罪,是指中级法院与基层法院审理的造成物质损失结果而实际提起附带民事诉讼的案件,在涉及侵犯人身权利犯罪、侵犯财产权利犯罪、侵犯人身权利和财产权利犯罪以及侵犯

其他权利犯罪等类别上,其数量和比率的表现情况。

1. 中级法院所审侵犯人身权利犯罪案件数多且比率高

不同级别法院附带民事诉讼实际案件所涉侵犯人身权利犯罪的情况,表现为 H 市中级法院审理的附带民事诉讼案件中,涉及侵犯人身权利犯罪类别的案件数量和比率,明显多于和高于其四个基层法院。首先,从案件数量上看,H 市中级法院审理涉及侵犯人身权利犯罪类别的附带民事诉讼案件数量为 181 件,其该类案件数量较 M 区法院的同类案件数量 106 件多出 75 件,较 C 县法院的同类案件数量 54 件多出 127 件,较 Y 县法院的同类案件数量 41 件多出 140 件,较 J 县法院的同类案件数量 36 件多出 145 件。其次,从比率上看,H 市中级法院审理涉及侵犯人身权利犯罪类别的附带民事诉讼案件数量占该法院审理的附带民事诉讼案件总数量 212 件的比率为 85.4%,较 M 区法院的该项同类案件比率 89.8%低了 4.4%,较 C 县法院的该项同类案件比率 65.1%高出 20.3%,较 Y 县法院的该项同类案件比率 82.0%高出 3.2%,较 J 县法院的该项同类案件比率 76.6%高出 8.8%,较四个区县基层法院该项同类案件平均比率 78.38%高出 7.03%。

2. 中级和基层法院所审侵犯财产权利犯罪案件数和比率基本持平

不同级别法院的附带民事诉讼之实际所涉侵犯财产权利犯罪类别的案件情况,表现为 H 市中级法院与基层法院审理涉及侵犯财产权利犯罪类别的附带民事诉讼案件数量极少且数量、比率基本持平。首先,从数量上看,H 市中级法院审理的涉及侵犯财产权利犯罪类别的附带民事诉讼案件数量为 1 件,而四个基层法院仅有 C 县法院审理了该类案件 1 件。其次,从比率上看,H 市中级法院审理涉及侵犯财产权利犯罪类别的附带民事诉讼案件占其审理附带民事诉讼案件总数量的比率为 0.5%,而比 C 县法院该项同类比率 1.2%低了 0.7%,但与四个基层法院该项同类平均比率 0.3%相比低了 0.1%。

3. 中级法院所审侵犯人身和财产权利犯罪案件数多且比率低

不同级别法院附带民事诉讼之实际所涉侵犯人身权利和财产权利犯罪类别的案件情况,表现为 H 市中级法院审理的涉及侵犯人身权利和财产权利犯罪类别的附带民事诉讼案件,其数量多于基层法院,其比率低于基层法院。首先,从数量上看,H 市中级法院审理涉及侵犯人身权利和财产权利犯罪类别的附带民事诉讼案件数量为 30 件,较 M 区法院该同类案件数量 11

件多出19件，较C县法院该同类案件数量28件多出2件，较Y县法院该同类案件数量9件多出21件，较J县法院该同类案件数量11件多出19件。其次，从比率上看，H市两级法院审理涉及侵犯人身权利和财产权利犯罪类别的附带民事诉讼案件数量，占其所审理的附带民事诉讼案件总数量比率为14.2%，较M区法院的该项同类比率9.3%高出4.9%，较C县法院的该项同类比率33.7%少了19.5%，较Y县法院的该项同类比率18.0%少了3.8%，较J县法院的该项同类比率23.4%少了9.2%，较四个基层法院的该项同类平均比率21.1%少了6.9%。

此外，H市中级法院没有审理涉及侵犯其他权利犯罪类别而提起附带民事诉的案件，只有M区法院审理了1件此类案件。

二、不同地域法院所审案件涉犯罪类别

不同地域法院附带民事诉讼之实际所涉犯罪类别，是指区基层法院与县基层法院审理的造成物质损失结果而实际提起附带民事诉讼案件，在涉及侵犯人身权利犯罪、侵犯财产权利犯罪、侵犯人身权利和财产权利犯罪以及侵犯其他权利犯罪等类别上，其数量和相关比率的表现情况。

1. 区基层法院所审侵犯人身权利犯罪案件数多且比率高

不同地域法院的附带民事诉讼之实际所涉侵犯人身权利犯罪类别的情况，表现为M区法院审理的附带民事诉讼案件中，涉及侵犯人身权利犯罪类别的案件数量和比率明显多于和高于其他县基层法院。首先，从案件数量上比较，M区法院审理的因涉及侵犯人身权利犯罪类别而提起附带民事诉讼的案件数量为106件，较C县法院的该同类案件数量54件多出52件，较Y县法院的该同类案件数量41件多出65件，较J县法院的该同类案件数量36件多出70件。其次，从比率上比较，M区法院审理涉及侵犯人身权利犯罪类别而提起附带民事诉讼的案件占其审理的附带民事诉讼案件总数量的比率为89.8%，较C县法院的该项同类比率65.1%高出24.7%，较Y县法院的该项同类比率82.0%高出7.8%，较J县法院的该项同类比率76.6%高出13.2%。

2. 区基层法院所审侵犯人身和财产权利犯罪案件数少且比率低

不同地域法院的附带民事诉讼之实际所涉侵犯人身权利和财产权利犯罪类别的案件情况，表现为M区法院审理的涉及侵犯人身权利和财产权利而附带民事诉讼的案件，其数量和比率均少于和低于其他县法院。首先，从数量上看，M区法院审理涉及侵犯人身权利和财产权利而提起附带民事诉

讼的案件数量为11件，较C县法院该同类案件数量28件少了17件，较Y县法院的该同类案件数量9件多了2件，与J县法院的该同类案件数量11件持平，较其他三个县法院案件的平均数量16件少了5件。其次，从比率上看，M区法院审理涉及侵犯人身权利和财产权利犯罪类别而提起附带民事诉讼的案件占其审理的附带民事诉讼案件总数量的比率为9.3%，较C县法院的该项同类比率33.7%低了24.4%，较Y县法院的该项同类比率18.0%低了8.7%，较J县法院的该项同类比率23.4%低了14.1%。

此外，不同区域基层法院审理涉及侵犯财产权利犯罪类别、涉及侵犯其他权利犯罪类别而提起附带民事诉讼的案件情况，表现为数量极少，特点难以显现。只有M区法院审理了1件涉及侵犯其他权利犯罪类别而提起附带民事诉讼的案件，其他县基层法院没有该类案件。而涉及侵犯财产权利犯罪类别而提起附带民事诉讼的案件则只有C县法院审理了1件，其他基层法院均没有此类案件。

综合以上两个方面所述，可以发现H市两级法院审理附带民事诉讼实际案件中，涉及侵犯人身权利犯罪类别的案件数量和比率，中级法院位居基层法院之前，区基层法院位居县基层法院之前；涉及侵犯人身权利和财产权利犯罪类别的案件，中级法院较基层法院而言数量虽多但比率低，区基层法院与县基层法院相比则居于后位；涉及其他犯罪类别情况差异微弱。（见图3-4和表3-4）

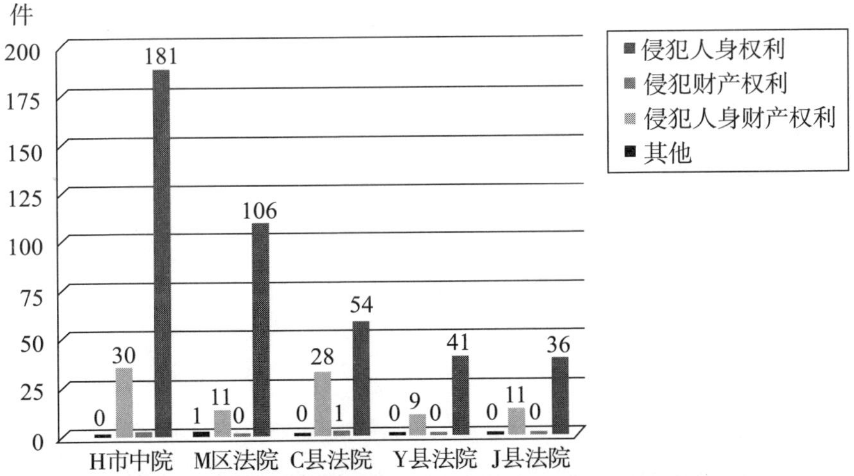

图3-4　附带民事诉讼案件涉犯罪种类的地域、级别分布

表 3-4　附带民事诉讼案件涉犯罪种类与级别、地域的关系①

案件类型		级别与地域					总计
		H 市中院	M 区法院	C 县法院	Y 县法院	J 县法院	
侵犯人身权利	计数(件)	181	106	54	41	36	418
	在犯罪种类内的占比(%)	43.3	25.4	12.9	9.8	8.6	100.0
	在级别、地域内的占比(%)	85.4	89.8	65.1	82.0	76.6	82.0
	占总数的占比(%)	35.5	20.8	10.6	8.0	7.1	82.0
侵犯财产权利	计数(件)	1	0	1	0	0	2
	在犯罪种类内的占比(%)	50.0	0.0	50.0	0.0	0.0	100.0
	在级别、地域内的占比(%)	0.5	0.0	1.2	0.0	0.0	0.4
	占总数的占比(%)	0.2	0.0	0.2	0.0	0.0	0.4
侵犯人身、财产权利	计数(件)	30	11	28	9	11	89
	在犯罪种类内的占比(%)	33.7	12.4	31.5	10.1	12.4	100.0
	在级别、地域内的占比(%)	14.2	9.3	33.7	18.0	23.4	17.5
	占总数的占比(%)	5.9	2.2	5.5	1.8	2.2	17.5

① 表中数据为抽查的 H 市两级法院 1980 年、1996 年、1997 年、1999 年、2001 年、2003 年、2004 年、2011 年、2012 年、2013 年和 2014 年 1~6 月适用一审程序审理的造成物质损失结果并提起附带民事诉讼的案件，均以件为统计单位。

续表

案件类型		级别与地域					总计
		H市中院	M区法院	C县法院	Y县法院	J县法院	
侵犯其他权利	计数(件)	0	1	0	0	0	1
	在犯罪种类内的占比(%)	0.0	100.0	0.0	0.0	0.0	100.0
	在级别、地域内的占比(%)	0.0	0.8	0.0	0.0	0.0	0.2
	占总数的占比(%)	0.0	0.2	0.0	0.0	0.0	0.2
总计	计数(件)	212	118	83	50	47	510
	在犯罪种类内的占比(%)	41.6	23.1	16.3	9.8	9.2	100.0
	在级别、地域内的占比(%)	100.0	100.0	100.0	100.0	100.0	100.0
	占总数的占比(%)	41.6	23.1	16.3	9.8	9.2	100.0

第五节　司法控制与法院实践之间的差异

本章前四节的内容考察了造成物质损失结果的一审刑事案件在不同级别和不同地域法院的分布规律以及提起附带民事诉讼和涉及犯罪类别的状况。根据这些情况，本节就司法限定附带民事诉讼范围对我国最基本刑事一审管辖法院——中级法院和基层法院的附带民事诉讼审判的影响进行分析探讨。

一、不同法院的附带民事诉讼可能案件具有差异

不同级别的法院和不同地域的法院，由于在附带民事诉讼可能案件的数量多少、比率高低、涉及犯罪的不同类别等方面存有差异，所以，附带民事诉讼范围是否需要进行司法控制或者需要限制的犯罪类别表现出不同的客观需求。

1. 不同级别法院的附带民事诉讼可能案件涉犯罪类别差异较大

通过本章第一节的考察，笔者发现H市中级法院审理的造成物质损失

结果的案件数量为639件，虽然较其所辖四个基层法院该类案件总数量的平均数467.5件多出171.5件，但是，由于H市中级法院被调查案件的总数量多于四个基层法院被调查的平均案件数量，所以仅仅从数量多尚不足以得出中级法院较基层法院的附带民事诉讼可能案件数量更多的结论。可是，笔者通过进一步研究发现，H市中级法院审判的造成物质损失结果的案件数量占其被抽取案件总数量的比率为91.4%，较四个基层法院该项同类平均比率89.13%仅仅高出2.28%。[①] 这一现象说明，中级法院和基层法院审理的造成物质损失结果而具有附带民事诉讼可能案件在其整个刑事一审案件中所占比率基本相当。也就是说，中级法院和基层法院的附带民事诉讼可能性状况基本相同，其是否需要进行司法控制所依据的案件数量和比率等客观情况基本相同。

在此分析的基础上发现两类较为明显的现象：一是涉及侵犯人身权利犯罪类别案件中，H市中级法院审理的该类案件数量为412件，较四个基层法院的平均案件数量154.5件多出257.5件；H市中级法院审理该类案件数量占该法院审理的造成物质损失结果案件总数量的比率为64.5%，较四个基层法院的该项同类平均比率31.8%高出32.7%。二是涉及侵犯财产权利犯罪类别案件中，H市中级法院审判的该类案件总数量为93件，较四个基层法院该类案件平均数量192.75件少了99.75件；H市中级法院审理的该类案件占造成物质损失结果的案件数量比率14.6%，较四个基层法院的该项同类平均比率42.4%低了27.8%。[②] 另外，将H市中级法院审理的造成物质损失涉及侵犯人身权利犯罪类别的案件与涉及侵犯人身权利和财产权利犯罪类别案件的数量相加，两者数量之和占该中级法院审理的全部造成物质损失结果的案件数量比率为82.8%，而四个基层法院的该两类案件数量之和所占其全部造成物质损失结果的案件数量比率为55.45%。[③]

---

① 参见表3-1：有无造成物质损失案件与级别、地域的关系。

② 参见表3-3：造成物质损失案件所涉犯罪种类与级别、地域的关系。

③ 之所以将涉及侵犯人身权利犯罪类别案件、涉及侵犯财产权利犯罪类别案件分别与涉及侵犯人身权利和财产权利犯罪类别的案件数量比率相加，并进行比较分析，是因为涉及侵犯人身权利和财产权利犯罪类别案件既可以划分到涉及侵犯人身权利犯罪类别中，也可以划分到侵犯财产权利犯罪类别中。所以，在比较涉及侵犯人身权利犯罪类别、涉及侵犯财产权利犯罪类别，哪类案件更多在实践中出现，哪类案件更能影响附带民事诉讼范围的案件数量时，则应当将涉及侵犯人身权利和财产权利犯罪类别的案件分别划归涉及侵犯人身权利犯罪类别案件或涉及侵犯财产权利犯罪类别的案件后进行分析。

同时,涉及侵犯财产权利犯罪类别案件与涉及侵犯人身权利和财产权利犯罪类别案件数量之和占该中级法院审理的全部造成物质损失结果的案件数量比率为32.9%,而四个基层法院的该两类案件数量之和占其审理的造成物质损失结果的案件数量比率为66.05%。[①] 这些现象表明,中级法院附带民事诉讼可能案件主要集中在涉及侵犯人身权利犯罪类别的案件中,而在涉及侵犯财产权利犯罪类别的案件中表现不突出;相反,基层法院附带民事诉讼可能案件主要集中在涉及侵犯财产权利犯罪类别的案件中,而在涉及侵犯人身权利犯罪类别的案件中表现相对不突出。

根据以上情况的分析,可以发现的规律是:中级法院与基层法院审理的具有附带民事诉讼可能案件均大量存在,中级法院此类案件数量更多一些;但中级法院审理的涉及侵犯人身权利犯罪类别的案件更多地可能进入附带民事诉讼范围,此种现象更加突出;而基层法院审理的涉及侵犯财产权利犯罪类别的案件更多地可能进入附带民事诉讼范围,此种现象更加引人关注。

2. 不同地域基层法院的可能案件数量与所涉犯罪类别有差异

通过本章第一节的考察发现,M区法院审理的造成物质损失结果的案件数量为730件,较C县法院、Y县法院和J县法院的同类案件平均数量380件多出350件;M区法院审理的造成物质损失结果的案件数量占其被抽查案件总数量的比率为95.1%,较其他三个县法院同类案件平均比率87.13%高出7.97%。[②] 这些现象表明,区基层法院相对于县基层法院而言,前者符合附带民事诉讼范围而有可能提起附带民事诉讼案件数量更多一些、比率更高一些;而后者的数量、比率虽然较前者有一定的差距,但其比率也接近九成。由此可见,单纯从附带民事诉讼可能案件的数量和比率上看,对附带民事诉讼范围予以司法控制是有一定的案件数量基础的。

在此基础之上,再来看本章第三节的考察情况,还可以发现以下两种现象:一是区基层法院审理的涉及侵犯人身权利犯罪类别而具有附带民事诉讼可能案件与县基层法院相比,其案件数量和比率均居于前位。M区法院审理的造成物质损失结果的案件,其涉及侵犯人身权利犯罪的案件数量为280件,较C县等三个县法院所审理同类案件的平均数量113件多出167

① 参见表3-3:造成物质损失案件涉犯罪种类与级别、地域的关系。

② 参见表3-1:有无造成物质损失案件与级别、地域的关系。

件；M 区法院审理该类案件数量占该法院审理的造成物质损失结果的案件总数量 730 件的比率为 38.4%，较 C 县等三个县法院的该项同类平均比率 29.6%高了 8.8%。二是区基层法院审理的所涉侵犯财产权利犯罪类别而具有附带民事诉讼可能案件与县基层法院相比，其案件数量居多但比率居后位。M 区法院审理的造成物质损失结果的案件涉及侵犯财产权利犯罪类别的案件数量为 275 件，较 C 县等三个县法院所审理同类案件平均数量 165.33 件多出 109.67 件；M 区法院审理该类案件数量占该法院审理的造成物质损失结果的案件总数量比率为 37.7%，较 C 县等三个县法院的该项同类平均比率 43.97%低了 6.27%。[①] 这些现象与涉及侵犯人身权利和财产权利犯罪类别的案件情况相结合，则可以发现 M 区法院审理的造成物质损失结果涉及侵犯人身权利犯罪类别的案件[②]数量为 452 件，占其审理的造成物质损失结果的案件比率为 62%，较 C 县等三个县法院的平均数量 204 件多出 248 件，较 C 县等三个法院的该同类平均比率 52.77%高出 9.23%；M 区法院审理的造成物质损失结果涉及侵犯财产权利犯罪类别的案件[③]数量为 447 件，占其审理的造成物质损失结果的案件比率为 61.3%，较 C 县等三个县法院的平均数量 165.3 件多出 281.7 件，较 C 县等三个县法院的该同类平均比率 67.64%低了 6.34%。[④] 这些现象表明，区基层法院与县基层法院相比，前者审理的涉及侵犯人身权利犯罪类别的附带民事诉讼可能案件，其数量和比率均居于后者前位，但其审理的涉及侵犯财产权利犯罪类别的附带民事诉讼可能案件，其数量虽多于县基层法院，但其比率却低于县基层法院。

根据以上情况的分析，可以发现的规律是：不同地域的区、县基层法院审理的具有附带民事诉讼可能案件均大量存在，但区基层法院相对于县基层法院则表现为数量更多一些。在涉及犯罪类别上，区基层法院审理的涉及侵犯人身权利犯罪类别而具有附带民事诉讼可能案件比率更高一些，县基层法院审理的涉及侵犯财产权利犯罪类别而具有附带民事诉讼可能案件

---

① 参见表 3-3：造成物质损失案件涉犯罪种类与级别、地域的关系。

② 此处涉及侵犯人身权利犯罪类别的案件，包括涉及侵犯人身权利犯罪类别案件、涉及侵犯人身权利和财产权利犯罪类别的案件。

③ 此处涉及侵犯财产权利犯罪类别的案件，包括涉及侵犯财产权利犯罪类别的案件、涉及侵犯人身权利和财产权利犯罪类别的案件。

④ 参见表 3-3：造成物质损失案件涉犯罪种类与级别、地域的关系。

比率更高一些。

二、不同法院附带民事诉讼实际案件具有差异

从前面论证的结果可以看出,假设司法控制附带民事诉讼范围具有必要性,那么,针对造成物质损失结果及其犯罪类别在不同级别和不同地域法院的分布状况,从可能的角度应当提出中级法院和基层法院审理的不同类型案件在理论上也需要不同程度的对待。下面所要研究的问题,就是从实际的角度看,司法对附带民事诉讼范围的限制对于不同级别或不同地域的法院而言,是否发生有效的作用。也就是说,司法对附带民事诉讼范围的限制是否满足了不同级别或不同地域法院的实际需求。

1. 不同级别法院附带民事诉讼实际案件具有差异

通过本章第二节的考察可以发现,不同级别法院的附带民事诉讼实际效果表现为:H 市中级法院审理的因造成物质损失结果而提起附带民事诉讼的案件与其所属的四个基层法院相比较,其审理的该类案件数量为 212 件,较 M 区等基层法院的案件平均数量 74. 5 件多出 137. 5 件; H 市中级法院审理的该类案件占其造成物质损失结果的案件总数量比率为 33. 2%,较 M 区等基层法院的该项同类平均比率 16. 3% 高出 16. 9%。[①] 此现象表明,H 市两级法院实际提起附带民事诉讼案件的数量和比率,中级法院明显高于基层法院。这说明审理无期徒刑以上重大刑事案件的中级法院,[②]其案件提起附带民事诉讼的概率较审理普通刑事案件的基层法院[③]要高许多,而对于中级法院和基层法院附带民事诉讼范围的司法限制,并没有考虑该案件疑难程度差异的因素。

再进一步分析本章第四节的相关资料,可以发现 H 市中级法院和 M 区等基层法院审理的涉及侵犯财产权利犯罪类别而提起附带民事诉讼的案件各有 1 件,而涉及侵犯其他权利犯罪类别而提起附带民事诉讼的案件只是基层法院有 1 件。如此少的案件数量,对于这两类犯罪类别基本上没有比较的价值,但可以反映出中级法院和基层法院的司法实践均没有对此两类

---

① 参见表 3-2:是否提起附带民事诉讼案件与级别、地域的关系。

② 《刑事诉讼法》第 20 条规定:"中级人民法院管辖下列第一审刑事案件:(一)危害国家安全、恐怖活动案件;(二)可能判处无期徒刑、死刑的案件。"

③ 《刑事诉讼法》第 19 条规定:"基层人民法院管辖第一审普通刑事案件,但是依照本法由上级人民法院管辖的除外。"

案件的附带民事诉讼范围进行限制的客观需要。同时,笔者还发现H市中级法院与M区等基层法院在提起附带民事诉讼案件数量比率上的差异,主要表现在涉及侵犯人身权利犯罪类别、涉及侵犯人身权利和财产权利犯罪类别上。从涉及侵犯人身权利犯罪类别而提起附带民事诉讼案件数量上比较,H市中级法院审理的该类案件数量为181件,较M区等基层法院审理的该类案件平均数量59.25件多出121.75件;从该类案件所占该法院审理的提起附带民事诉讼案件总数量的比率上比较,H市中级法院审理的该类案件数量比率为85.4%,较M区等基层法院该类案件数量平均比率78.38%高出7.03%。从涉及侵犯人身权利和财产权利犯罪类别而提起附带民事诉讼案件数量上比较,H市中级法院审理的该类案件数量为30件,较M区等基层法院审理的该类案件平均数量14.75件多出15.25件;从该类案件所占该法院审理的提起附带民事诉讼案件总数量的比率上比较,H市中级法院审理的该类案件数量比率为14.2%,较M区等基层法院该类案件数量平均比率21.1%低了6.9%。① 以上现象表明,H市中级法院和M区等基层法院审理的附带民事诉讼案件几乎全部为涉及侵犯人身权利犯罪类别,②但这并不能完全归结于为司法限定附带民事诉讼范围的结果,因为中级法院和基层法院各自审理31件涉及侵犯财产权利犯罪类别而提起附带民事诉讼的案件。中级法院审理的这件案件为司法限定之前的案件,③而基层法院审理的这件案件为司法限定之后的案件。④ 另外,基层法院还在司法限定附带民事诉讼范围规范出台之前,审理了1件涉及侵犯其他权利犯罪类别而提起附带民事诉讼的案件,审理的结果是法院主持原、被告人双方达成赔偿调解协议,并制作刑事附带民事调解书送达双方签收后

---

① 参见表3-4:附带民事诉讼案件涉犯罪种类与地域、级别的关系。

② 此处所说的涉及侵犯人身权利犯罪类别的案件,是指涉及侵犯人身权利犯罪类别的案件、涉及侵犯人身权利和财产权利类别的案件。由于后类案件既侵犯了人身权利又侵犯了财产权利,而实践中此类案件单纯因侵犯财产权利犯罪而提起附带民事诉讼的几乎没有,往往是因其中人身权利被侵犯而提起的附带民事诉讼。所以,本书在此将此类犯罪类别包含在涉及侵犯人身权利犯罪类别之中进行研究。其中,H市中级法院的该类案件所占其审理全部附带民事诉讼案件的比率为99.6%,M区等基层法院审理的该同类案件比率为99.48%。

③ 诈骗罪案件详见S省H市中级法院(1999)H刑二初字第5号附带民事诉讼判决书。

④ 破坏生产经营罪案件情况详见C县法院(2003)C刑初字第108号刑事案件卷宗。此案件符合附带民事诉讼司法解释的范围,属于毁损财物造成物质损失的范围。

结案。[①] 这些情况说明,在对附带民事诉讼范围进行司法限制之前或限制之后,附带民事诉讼实际效果略有差异。但是,司法限制附带民事诉讼范围之前,并没有存在大量的被限制的非法占有类的侵犯财产权利犯罪进入附带民事诉讼程序。

根据以上分析可以看出:中级法院和基层法院审理的大量具有附带民事诉讼可能案件,只有较少一部分成为附带民事诉讼实际案件,而中级法院审理的案件转化的概率明显高于基层法院。虽然这部分进入附带民事诉讼程序的案件属于司法解释允许进入的种类,但是,对于那些涉及侵犯财产权利犯罪类别的案件近乎全部没有进入附带民事诉讼程序的现象,并不能完全归因于司法限定,甚至可以说,司法限定的效果十分有限,否则,没有办法解释限制附带民事诉讼范围的规范实施之前,也只是出现极少数被限制案件进入附带民事诉讼范围的现象。同时,没有限制重大复杂案件提起附带民事诉讼,而对于较为普通案件却给予与重大复杂案件同等的限制。

2. 不同地域基层法院附带民事诉讼实际案件略有差异

通过本章第二节的考察情况看出,不同地域基层法院的附带民事诉讼实际效果,表现为M区法院审理的因造成物质损失结果而提起附带民事诉讼的案件与其他三个县法院相比较,M区法院审理的该类案件数量为118件,较C县等三个基层法院的案件平均数量60件多出58件;从其审理的提起附带民事诉讼的案件所占其全部造成物质损失结果的案件总数量比率的比较上,M区法院审理的该类案件的比率为16.2%,较C县等基层法院的该项同类案件平均比率16.33%略低了0.13%。[②] 这说明区基层法院审理的附带民事诉讼可能案件,其转为实际案件的概率与县基层法院基本相同。

通过本章第四节的考察,可以发现M区基层法院与C县等三个基层法院审理附带民事诉讼实际案件的不同特点,表现在涉及侵犯人身权利犯罪类别、涉及侵犯人身权利和财产权利犯罪类别的数量比率差异上。从涉及侵犯人身权利犯罪类别而提起附带民事诉讼的案件数量上比较,M区法院审理的该类案件数量为106件,较C县等三个基层法院审理的该类案件平均数量43.67件多出62件;从该类案件所占该法院审理的附带民事诉讼案

① 信用卡诈骗罪案件情况详见H市法院(现M区法院)(1999)H刑初字第219号案卷。

② 参见表3-2:是否提起附带民事诉讼案件与级别、地域的关系。

件总数量的比率上比较，M 区法院审理的该类案件数量比率为 89.8%，较 C 县等三个基层法院该项同类案件平均比率 74.56% 高出 15.24%。从涉及侵犯人身权利和财产权利犯罪类别而提起附带民事诉讼案件数量上比较，M 区法院审理的该类案件数量为 11 件，较 C 县等三个基层法院审理的该类案件平均数量 16 件多出 5 件；从该类案件所占该法院审理的附带民事诉讼案件总数量的比率上比较，M 区法院审理的该类案件数量比率为 12.4%，较 C 县等三个基层法院该类平均比率 25.03% 低了 12.63%。[①] 此现象说明基层法院审理的附带民事诉讼实际案件中，涉及侵犯人身权利犯罪类别的案件，区基层法院较县基层法院此类案件数量多、比率高，而县基层法院审理的涉及侵犯人身权利和财产权利犯罪类别的案件较区基层法院此类案件数量多、比率高。

通过比较本章第三节和第四节的考察内容，可以发现不同地域的区、县基层法院审理的附带民事诉讼实际案件占其所涉同类别犯罪的附带民事诉讼可能案件的数量和比率是有一定的差异的。M 区法院审理的附带民事诉讼实际案件中涉及侵犯人身权利犯罪类别、涉及侵犯人身权利和财产权利犯罪类别案件数量总和为 117 件，占该两类别附带民事诉讼可能案件数量总和 452 件的比率为 25.88%。C 县等三个基层法院审理的附带民事诉讼实际案件中涉及侵犯人身权利犯罪类别、涉及侵犯人身权利和财产权利犯罪类别案件数量总和为 179 件，占该两类别附带民事诉讼可能案件数量总和 612 件的比率为 29.25%。M 区法院该项案件数量比率较 C 县等基层法院的同类案件数量比率低了 3.37%。[②] 此现象表明，区基层法院审理的涉及侵犯人身权利犯罪类别，由附带民事诉讼可能转为实际案件的概率，较县基层法院略低一些。

根据以上情况的分析可以看出，区基层法院与县基层法院审理的附带民事诉讼可能案件转为附带民事诉讼实际案件的概率基本相当，其所涉及的犯罪类别也基本相同。但区基层法院审理的附带民事诉讼实际案件由其审理的同类附带民事诉讼可能案件转化而来的概率，较县基层法院的略低。

---

① 参见表 3-4：附带民事诉讼案件涉犯罪种类与地域、级别的关系。

② 参见表 3-4：附带民事诉讼案件涉犯罪种类与地域、级别的关系，表 3-3：物质损失案件涉犯罪种类与级别、地域的关系。

综上所述，一是中级法院、基层法院存在大量具有附带民事诉讼可能案件，长期以来实际成为附带民事诉讼实际的案件只是少数，而成为附带民事诉讼实际的少数案件中，向中级法院提起的数量远远超过基层法院。因此，司法限定附带民事诉讼范围并不符合我国最基本的一审管辖法院，即中级法院和基层法院的附带民事诉讼实际案件普遍相对较少的审判实践，也没有充分考虑中级法院较基层法院附带民事诉讼实际案件数量相对多的实际情况。二是中级法院、基层法院审理的少量附带民事诉讼实际案件中，涉及侵犯人身权利犯罪类别的案件数量属于绝对多数，而涉及侵犯财产权利犯罪类别或涉及侵犯其他权利犯罪类别的案件数量属于绝对少数。而对于附带民事诉讼范围的限制，限制的是司法实践中附带民事诉讼实际案件数量几乎为零的犯罪类别，而对于中级法院、基层法院涉及侵犯人身权利犯罪类别的附带民事诉讼实际案件并没有予以关注。同时，中级法院审理的重大复杂的涉及侵犯人身权利犯罪类别的大量案件没有得到适当的限制，而基层法院审理的普通的涉及侵犯财产犯罪类别的大量案件，在其还没有实际大量进入附带民事诉讼程序之时，却予以严格限制。三是不同地域的区、县基层法院审理的大量附带民事诉讼可能案件，区基层法院审理的涉及侵犯人身权利犯罪类别的案件数量多、比率更高一些，县基层法院审理的涉及侵犯财产权利犯罪类别的案件数量多、比率更高一些。同时，两者均只有少量真正转为附带民事诉讼实际案件，其概率、所涉及的犯罪类别基本相同，但区基层法院审理的附带民事诉讼可能案件转为实际案件的概率比县基层法院略低。不同地域的基层法院之间，其附带民事诉讼可能案件只有少量转为实际的共性特点，与其涉及犯罪类别、可能性转为实际概率的微弱差别相比，已经不足以否定基层法院并不存在司法限定附带民事诉讼范围的案件数据基础。

第四章　不同年度附带民事诉讼之可能案件与实际案件

以司法解释于2000年开始限制附带民事诉讼范围为界限，笔者分两个阶段对H市两级法院不同年度附带民事诉讼的可能状况和实际状况进行考察研究。第一个阶段是从1980年到1999年，第二个阶段是从2001年到2014年6月。通过对这30余年的相关案件数量、比率的增减分布情况以及该类案件所涉及犯罪类别的数量、比率增减趋势的考察，探究最高人民法院有关限制附带民事诉讼范围的司法解释的实际作用情况。

第一节　不同年度附带民事诉讼之可能案件

针对不同年度附带民事诉讼之可能状况，笔者主要考察H市两级法院被抽查的11个年份的案件数量比率在两个不同阶段的分布情况，探究其各个年份中造成物质损失结果案件的数量增加或者减少幅度，同时比较分析不同阶段、不同年份造成与没有造成物质损失结果案件的比率增长或者下降的趋势。

一、1980年到1999年附带民事诉讼之可能案件

H市两级法院自1980年至1999年被抽查的一审刑事案件总数量为1031件，其中造成物质损失结果的案件总数量为904件，占该期间被抽查案件总数量的比率为87.7%；没有造成物质损失的案件总数量为127件，占该期间被抽查案件总数量的比率为12.3%。（见图4-1、图4-2和表4-1）

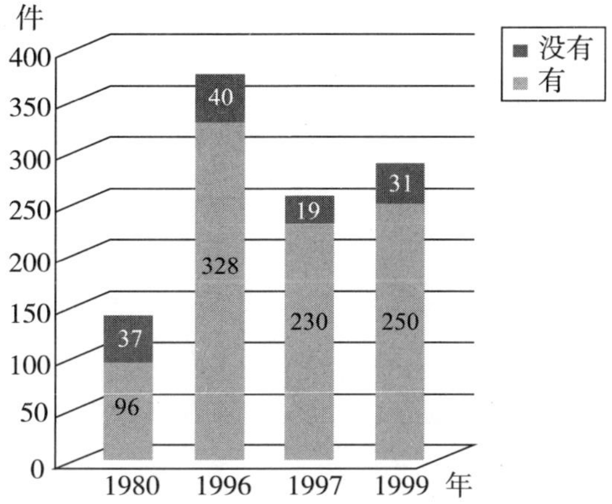

图 4-1　有无造成物质损失案件年度数量

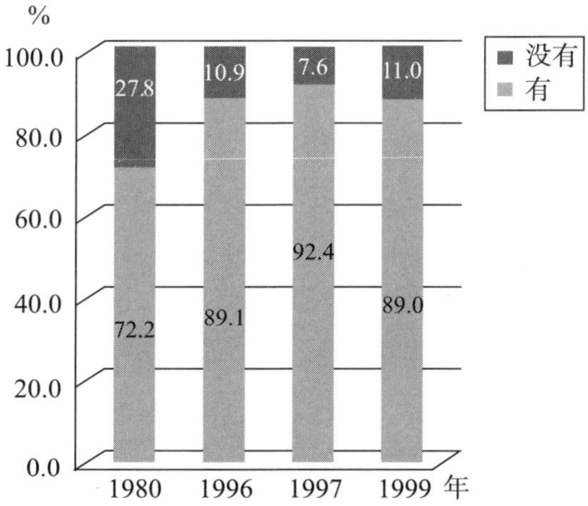

图 4-2　有无造成物质损失案件年度比率

表 4-1　有无造成物质损失案件年度数量与比率①

年度	统计项目	造成物质损失		总计
		有	无	
1980	计数(件)	96	37	133
	在年度内的占比(%)	72.2	27.8	100.0
	在造成物质损失内的占比(%)	10.6	29.1	12.9
	占总数的占比(%)	9.3	3.6	12.9

① 表中数据为 H 市两级法院适用一审程序审理的案件,均以件为统计单位。

续表

年度	统计项目	造成物质损失		总计
		有	无	
1996	计数(件)	328	40	368
	在年度内的占比(%)	89.1	10.9	100.0
	在造成物质损失内的占比(%)	36.3	31.5	35.7
	占总数的占比(%)	31.8	3.9	35.7
1997	计数(件)	230	19	249
	在年度内的占比(%)	92.4	7.6	100.0
	在造成物质损失内的占比(%)	25.4	15.0	24.2
	占总数的占比(%)	22.3	1.8	24.2
1999	计数(件)	250	31	281
	在年度内的占比(%)	89.0	11.0	100.0
	在造成物质损失内的占比(%)	27.7	24.4	27.3
	占总数的占比(%)	24.2	3.0	27.3
总计	计数(件)	904	127	1031
	在年度内的占比(%)	87.7	12.3	100.0
	在造成物质损失内的占比(%)	100.0	100.0	100.0
	占总数的占比(%)	87.7	12.3	100.0

1. 造成物质损失结果的案件呈现波浪式的增长态势

H 市两级法院在该阶段审理的造成物质损失结果的案件中，1980 年的案件数量有 96 件，占该年份审理的被抽查案件总数量 133 件的比率为 72.2%；1996 年的案件数量增加到 328 件，占该年份审理的被抽查案件总数量 368 件的比率为 89.1%；1997 年的案件数量为 230 件，占该年份审理的被抽查案件总数量 249 件的比率增长为 92.4%；1999 年的案件数量为 250 件，占该年份审理的被抽查案件总数量 281 件的比率为 89.0%。

2. 未造成物质损失结果的案件呈现降低趋势

H 市两级法院在该阶段审理的未造成物质损失结果的案件中，1980 年的案件数量为 37 件，占该年份审理的被抽查案件总数量 133 件的比率为 27.8%；1996 年的案件数量增加到 40 件，占该年份审理的被抽查案件总数量368件的比率为10.9%;1997年的案件数量为19件,占该年份审理的被抽查案件总数量249件的比率为7.6%;1999年的案件数量为31件,占该年份审理的被抽查案件总数量281件的比率为11.0%。

二、2001年到2014年6月附带民事诉讼之可能案件

H市两级法院自2001年至2014年6月被抽查的一审刑事案件总数量为1750件,其中造成物质损失结果的案件总数量为1605件,占该期间被抽查案件总数量的比率为91.7%,较前期增长了4.0%;没有造成物质损失结果的案件总数量为145件,占该期间被抽查案件总数量的比率为8.3%,较前期降低了4.0%。

1. 造成物质损失结果案件继续呈现波浪式增长态势

H市两级法院在该阶段审理的造成物质损失结果的案件中,2001年的案件数量为251件,占该年份被抽查案件总数量274件的比率为91.6%;2003年的案件数量为224件,占该年份被抽查案件总数量251件的比率为89.2%;2004年的案件数量为188件,占该年份被抽查案件总数量204件的比率为92.2%;2011年的案件数量为218件,占该年份被抽查案件总数量247件的比率为88.3%;2012年的案件数量为217件,占该年份被抽查案件总数量232件的比率为93.5%;2013年的案件数量为320件,占该年份被抽查案件总数量340件的比率为94.1%;2014年1~6月的案件数量为187件,占该半年被抽查案件总数量202件的比率为92.6%。

2. 未造成物质损失结果案件呈现波浪式降低趋势

H市两级法院在该阶段审理的未造成物质损失结果的案件中,2001年的案件数量为23件,占该年份被抽查案件总数量274件的比率为8.4%;2003年的案件数量为27件,占该年份被抽查案件总数量251件的比率为10.8%;2004年的案件数量为16件,占该年份被抽查案件总数量204件的比率为7.8%;2011年的案件数量为29件,占该年份被抽查案件总数量247件的比率为11.7%;2012年的案件数量为15件,占该年份被抽查案件总数量232件的比率为6.5%;2013年的案件数量为20件,占该年份被抽查案件总数量340件的比率为5.9%;2014年1~6月的案件数量为15件,占该半年被抽查案件总数量202件的比率为7.4%。

综合以上两方面的考察,可以发现H市两级法院在1980年到1999年所审理的刑事一审案件数量比率情况表现为:造成物质损失结果的案件数

量比率呈现出波浪式的增长态势，相应未造成物质损失结果的案件数量比率则表现为降低趋势。在 2001 年到 2014 年 6 月所审理的刑事一审案件数量比率情况表现为：造成物质损失结果的案件数量比率继续呈现波浪式的增长态势，而未造成物质损失结果的案件数量比率表现为波浪式降低趋势。（见图 4-3、图 4-4 和表 4-2）

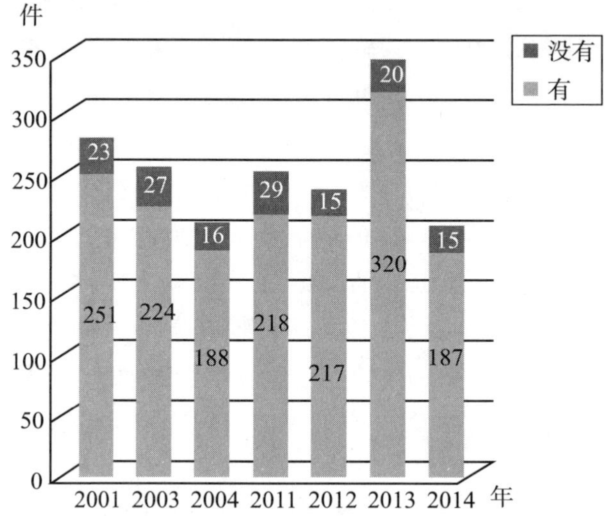

图 4-3　有无造成物质损失案件年度数量

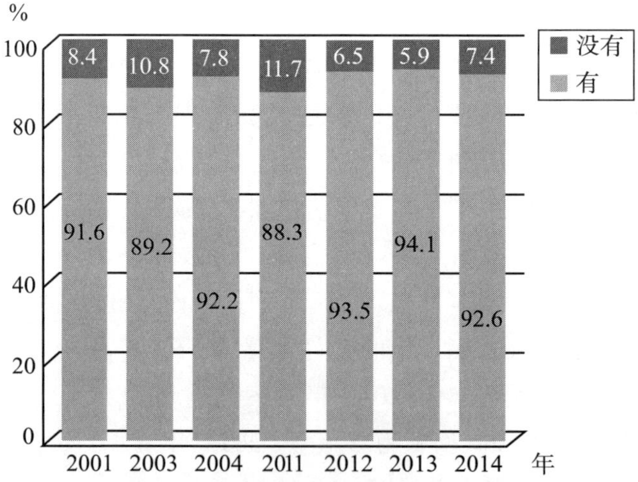

图 4-4　有无造成物质损失案件年度比率

表 4-2 有无造成物质损失案件年度数量与比率①

年度	统计项目	造成物质损失		总计
		有	无	
2001	计数(件)	251	23	274
	在年度内的占比(%)	91.6	8.4	100.0
	在造成物质损失内的占比(%)	15.6	15.9	15.7
	占总数的占比(%)	14.3	1.3	15.7
2003	计数(件)	224	27	251
	在年度内的占比(%)	89.2	10.8	100.0
	在造成物质损失内的占比(%)	14.0	18.6	14.3
	占总数的占比(%)	12.8	1.5	14.3
2004	计数(件)	188	16	204
	在年度内的占比(%)	92.2	7.8	100.0
	在造成物质损失内的占比(%)	11.7	11.0	11.7
	占总数的占比(%)	10.7	0.9	11.7
2011	计数(件)	218	29	247
	在年度内的占比(%)	88.3	11.7	100.0
	在造成物质损失内的占比(%)	13.6	20.0	14.1
	占总数的占比(%)	12.5	1.7	14.1
2012	计数(件)	217	15	232
	在年度内的占比(%)	93.5	6.5	100.0
	在造成物质损失内的占比(%)	13.5	10.3	13.3
	占总数的占比(%)	12.4	0.9	13.3
2013	计数(件)	320	20	340
	在年度内的占比(%)	94.1	5.9	100.0
	在造成物质损失内的占比(%)	19.9	13.8	19.4
	占总数的占比(%)	18.3	1.1	19.4
2014	计数(件)	187	15	202
	在年度内的占比(%)	92.6	7.4	100.0
	在造成物质损失内的占比(%)	11.7	10.3	11.5
	占总数的占比(%)	10.7	0.9	11.5

① 表中数据为H市两级法院适用一审程序审理的案件,均以件为统计单位。

续表

年度	统计项目	造成物质损失		总计
		有	无	
总计	计数(件)	1605	145	1750
	在年度内的占比(%)	91.7	8.3	100.0
	在造成物质损失内的占比(%)	100.0	100.0	100.0
	占总数的占比(%)	91.7	8.3	100.0

第二节 不同年度附带民事诉讼之实际案件

本部分内容为不同年度的附带民事诉讼实际状况,主要针对被抽取的H市两级法院1980年到1999年和2001年到2014年6月两个阶段的附带民事诉讼实际案件进行考察,找出这些案件在每一个年份中的数量和比率的变化情况,从而探求其不同阶段增加或者减少的规律。

一、1980年到1999年附带民事诉讼之实际案件

H市两级法院自1980年至1999年被抽查的造成物质损失结果的案件总数量为904件,其中提起附带民事诉讼的案件总数量为150件,占该期间造成物质损失结果案件总数量的比率为16.6%;没有提起附带民事诉讼的案件总数量为754件,占该期间造成物质损失结果的案件总数量比率为83.4%。(见图4-5、图4-6和表4-3)

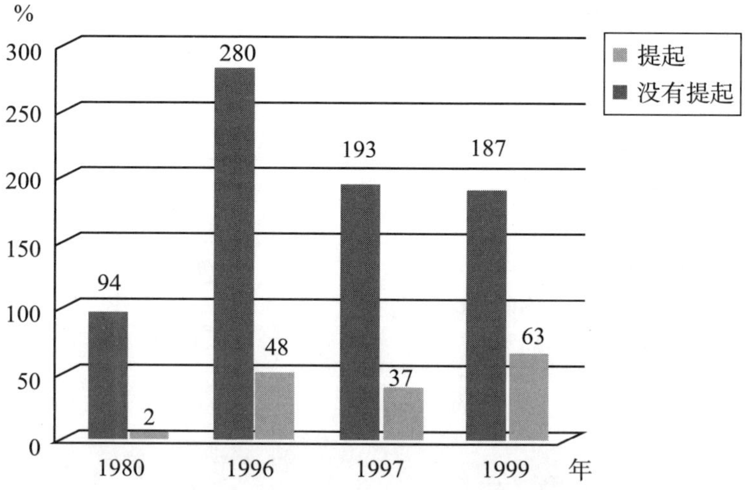

图4-5 是否提起附带民事诉讼案件年度数量

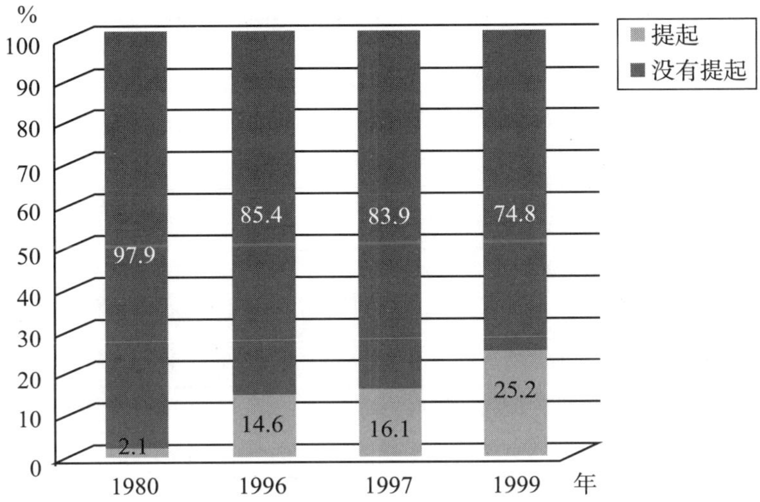

图 4-6　是否提起附带民事诉讼案件年度比率

表 4-3　是否提起附带民事诉讼案件年度数量与比率①

年度	统计项目	提起附带民事诉讼		总计
		是	否	
1980	计数(件)	2	94	96
	在年度内的占比(%)	2.1	97.9	100.0
	在提起附带民事诉讼内的占比(%)	1.3	12.5	10.6
	占总计的占比(%)	0.2	10.4	10.6
1996	计数(件)	48	280	328
	在年度内的占比(%)	14.6	85.4	100.0
	在提起附带民事诉讼内的占比(%)	32.0	37.1	36.3
	占总计的占比(%)	5.3	31.0	36.3
1997	计数(件)	37	193	230
	在年度内的占比(%)	16.1	83.9	100.0
	在提起附带民事诉讼内的占比(%)	24.7	25.6	25.4
	占总计的占比(%)	4.1	21.3	25.4

①　表中数据为抽查的 H 市两级法院适用一审程序审理的造成物质损失结果的案件，均以件为统计单位。

续表

年度	统计项目	提起附带民事诉讼		总计
		是	否	
1999	计数(件)	63	187	250
	在年度内的占比(%)	25.2	74.8	100.0
	在提起附带民事诉讼内的占比(%)	42.0	24.8	27.7
	占总计的占比(%)	7.0	20.7	27.7
总计	计数(件)	150	754	904
	在年度内的占比(%)	16.6	83.4	100.0
	在提起附带民事诉讼内的占比(%)	100.0	100.0	100.0
	占总计的占比(%)	16.6	83.4	100.0

1. 附带民事诉讼案件呈现较大幅度增长态势

H市两级法院在该阶段审理的附带民事诉讼案件中,1980年的案件数量只有2件,占该年份审理的造成物质损失结果的案件总数量96件的比率为2.1%;1996年的案件数量增加到48件,占该年份审理的造成物质损失结果的案件总数量328件的比率为14.6%,较1980年提高了12.5%;1997年的案件数量为37件,占该年份审理的造成物质损失结果的案件总数量230件的比率为16.1%;1999年的案件数量为63件,占该年份审理的造成物质损失结果的案件总数量250件的比率增至25.2%。

2. 造成物质损失而未提起附带民事诉讼案件居高但呈降势

H市两级法院在该阶段审理的造成物质损失结果而未提起附带民事诉讼案件中,1980年的案件数量有94件,占该年份审理的造成物质损失结果的案件总数量96件的比率为97.9%;1996年的案件数量增加到280件,占该年份审理的造成物质损失结果的案件总数量328件的比率降低为85.4%;1997年的案件数量为193件,占该年份审理的造成物质损失结果案件总数量230件的比率为83.9%;1999年的案件数量为187件,占该年份审理的造成物质损失结果的案件总数量250件的比率为74.8%呈持续降势。

二、2001年到2014年6月附带民事诉讼之实际案件

H市两级法院自2001年至2014年6月被抽查的造成物质损失结果的案件总数量为1605件,其中提起附带民事诉讼的案件总数量为360件,占

该期间造成物质损失结果的案件总数量的比率为 22.4%；没有提起附带民事诉讼的案件总数量为 1245 件，占该期间造成物质损失结果的案件总数量的比率为 77.6%。（见图 4-7、图 4-8 和表 4-4）

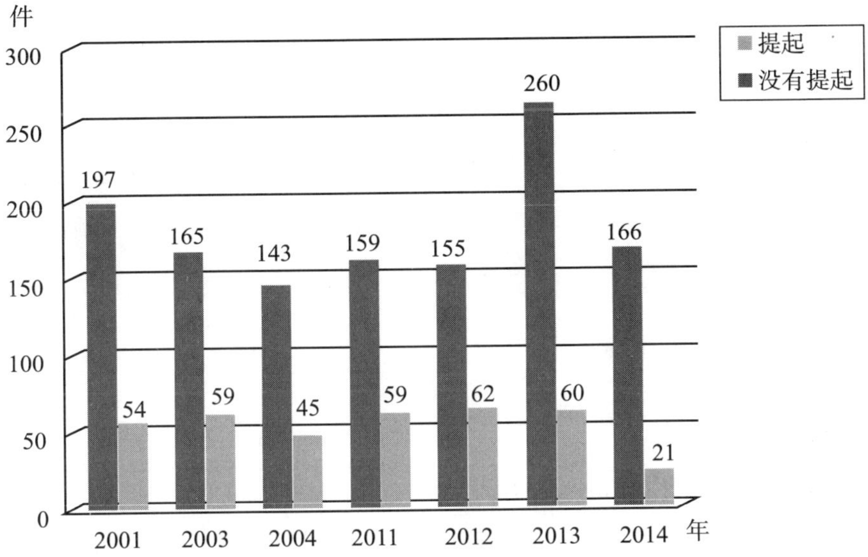

图 4-7　是否提起附带民事诉讼案件年度数量

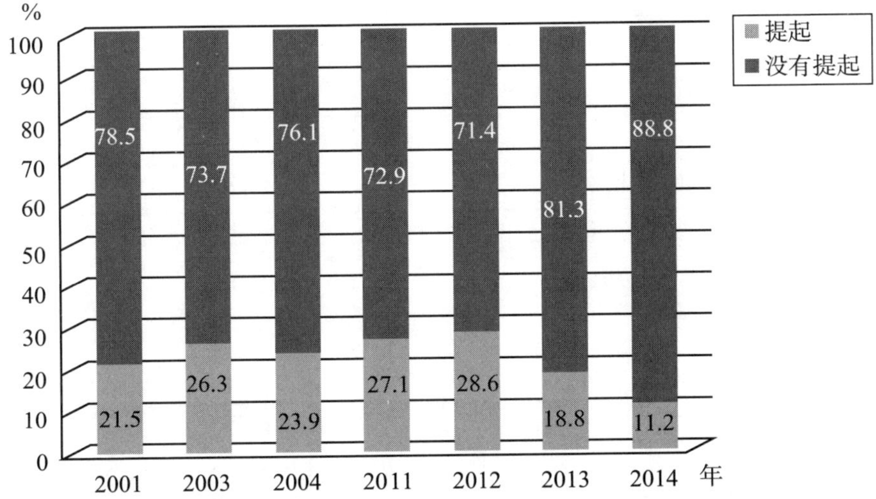

图 4-8　是否提起附带民事诉讼案件年度比率

表 4-4　是否提起附带民事诉讼案件年度数量与比率①

年度	统计项目	提起附带民事诉讼		总计
		是	否	
2001	计数(件)	54	197	251
	在年度内的占比(%)	21.5	78.5	100.0
	在提起附带民事诉讼内的占比(%)	15.0	15.8	15.6
	占总计的占比(%)	3.4	12.3	15.6
2003	计数(件)	59	165	224
	在年度内的占比(%)	26.3	73.7	100.0
	在提起附带民事诉讼内的占比(%)	16.4	13.3	14.0
	占总计的占比(%)	3.7	10.3	14.0
2004	计数(件)	45	143	188
	在年度内的占比(%)	23.9	76.1	100.0
	在提起附带民事诉讼内的占比(%)	12.5	11.5	11.7
	占总计的占比(%)	2.8	8.9	11.7
2011	计数(件)	59	159	218
	在年度内的占比(%)	27.1	72.9	100.0
	在提起附带民事诉讼内的占比(%)	16.4	12.8	13.6
	占总计的占比(%)	3.7	9.9	13.6
2012	计数(件)	62	155	217
	在年度内的占比(%)	28.6	71.4	100.0
	在提起附带民事诉讼内的占比(%)	17.2	12.4	13.5
	占总计的占比(%)	3.9	9.7	13.5
2013	计数(件)	60	260	320
	在年度内的占比(%)	18.8	81.3	100.0
	在提起附带民事诉讼内的占比(%)	16.7	20.9	19.9
	占总计的占比(%)	3.7	16.2	19.9

① 表中数据为 H 市两级法院适用一审程序审理的造成物质损失结果的案件，均以件为统计单位。

续表

年度	统计项目	提起附带民事诉讼		总计
		是	否	
2014	计数(件)	21	166	187
	在年度内的占比(%)	11.2	88.8	100.0
	在提起附带民事诉讼内的占比(%)	5.8	13.3	11.7
	占总计的占比(%)	1.3	10.3	11.7
总计	计数(件)	360	1245	1605
	在年度内的占比(%)	22.4	77.6	100.0
	在提起附带民事诉讼内的占比(%)	100.0	100.0	100.0
	占总计的占比(%)	22.4	77.6	100.0

1. 附带民事诉讼案件呈现长期小幅度增长后的大幅下降态势

H 市两级法院在该阶段审理的附带民事诉讼案件中,2001 年的案件数量有 54 件,占该年份审理的造成物质损失结果的案件总数量 251 件的比率为 21.5%;2003 年的案件数量增加到 59 件,占该年份审理的造成物质损失结果的案件总数量 224 件的比率为 26.3%;2004 年的案件数量为 45 件,占该年份审理的造成物质损失结果的案件总数量 188 件的比率为 23.9%;2011 年的案件数量为 59 件,占该年份审理的造成物质损失结果的案件总数量 218 件的比率为 27.1%;2012 年的案件数量为 62 件,占该年份审理的造成物质损失结果的案件总数量 217 件的比率为 28.6%;2013 年的案件数量为 60 件,占该年份审理的造成物质损失结果的案件总数量 320 件的比率为 18.8%;2014 年 1~6 月的案件数量为 21 件,占该半年审理的造成物质损失结果的案件总数量 187 件的比率为 11.2%。

2. 未提起附带民事诉讼案件呈长期小幅降低后大幅提升的趋势

H 市两级法院在该阶段审理的造成物质损失结果而未提起附带民事诉讼案件中,2001 年的案件数量有 197 件,占该年份审理的造成物质损失结果的案件总数量 251 件的比率为 78.5%;2003 年的案件数量为 165 件,占该年份审理的造成物质损失结果的案件总数量 224 件的比率为 73.7%;2004 年的案件数量为 143 件,占该年份审理的造成物质损失结果的案件总数量 188 件的比率为 76.1%;2011 年的案件数量为 159 件,占该年份审理的造成物质损失结果的案件总数量 218 件的比率为 72. 9%；2012 年的案件数量为 155 件，占该年份审理的造成物质损失结果的案件总数量 217 件的比率为 71. 4%；2013 年的案件数量为 260 件，占该年份审理的造成物质损失结果的案件总数量 320 件的比率为 81. 3%；2014 年 1~6 月的案件数量为 166 件，占该半年审理的造成物质损失结果的案件总数量 187 件的比率为 88. 8%。

综合以上两个方面的考察，可以发现 H 市两级法院在 1980 年到 1999 年所审理的造成物质损失结果而提起附带民事诉讼的案件数量呈现迅速增长势头，而没有提起附带民事诉讼的案件数量则表现为数量多但比率持续下降的态势；在 2001 年到 2014 年 6 月所审理的造成物质损失结果的案件中，提起附带民事诉讼的案件数量先呈现长期小幅度增长，近年则呈现大幅下降态势，没有提起附带民事诉讼的案件数量则表现为长期小幅降低，但近年大幅提升的趋势。

第三节 不同年度附带民事诉讼之可能案件所涉犯罪

造成物质损失结果的案件所涉犯罪类别的年度分布，是探究 H 市两级法院审理的该类案件中，涉及的侵犯人身权利犯罪、侵犯财产权利犯罪、侵犯人身权利和财产权利犯罪以及侵犯其他权利犯罪等类别在 1980 年至 1999 年和 2001 年至 2014 年 6 月两个期间的数量和比率的分布情况，寻找其各自的规律性特点。

一、1980 年到 1999 年附带民事诉讼之可能案件所涉犯罪类别

H 市两级法院自 1980 年至 1999 年抽查的造成物质损失结果的案件总数量为 904 件，其中涉及侵犯人身权利犯罪类别的案件数量为 301 件，占该期间造成物质损失结果的案件总数量的比率为 33. 3%；涉及侵犯财产权利犯罪类别的案件数量为 464 件，占该期间造成物质损失结果的案件总数量的比率为 51. 3%；涉及侵犯人身权利和财产权利犯罪类别的案件数量为 120 件，占该期间造成物质损失结果的案件总数量的比率为 13. 3%；涉及侵犯其他权利犯罪类别的案件数量为 19 件，占该期间造成物质损失结果的案件总数量的比率为 2. 1%。（见图 4-9、图 4-10 和表 4-5）

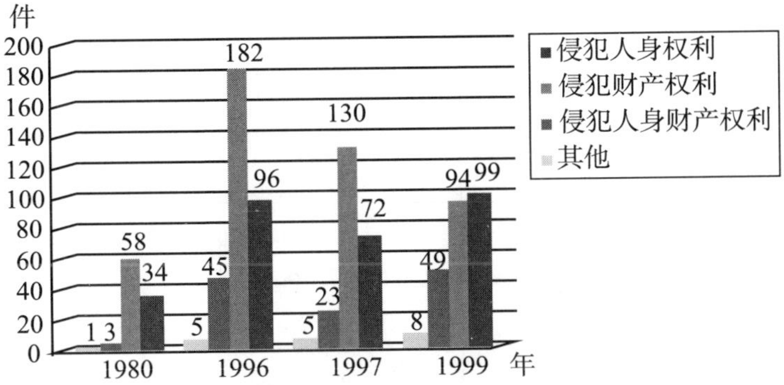

图 4-9　造成物质损失案件涉犯罪种类年度数量

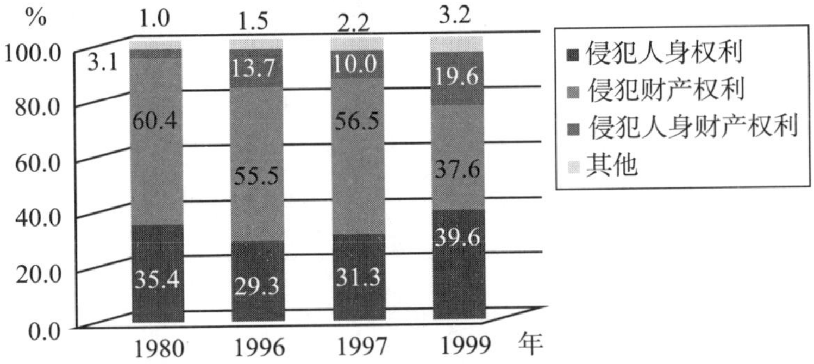

图 4-10　造成物质损失案件涉犯罪种类年度比率

表 4-5　造成物质损失案件涉犯罪种类年度数量与比率①

年度	统计项目	犯罪种类				总计
		侵犯人身权利	侵犯财产权利	侵犯人身财产权利	其他	
1980	计数(件)	34	58	3	1	96
	在年度内的占比(%)	35.4	60.4	3.1	1.0	100.0
	在犯罪种类内的占比(%)	11.3	12.5	2.5	5.3	10.6
	占总数的占比(%)	3.8	6.4	0.3	0.1	10.6
1996	计数(件)	96	182	45	5	328
	在年度内的占比(%)	29.3	55.5	13.7	1.5	100.0
	在犯罪种类内的占比(%)	31.9	39.2	37.5	26.3	36.3
	占总数的占比(%)	10.6	20.1	5.0	0.6	36.3

① 表中数据为 H 市两级法院适用一审程序审理的案件，均以件为统计单位。

续表

年度	统计项目	犯罪种类				总计
		侵犯人身权利	侵犯财产权利	侵犯人身财产权利	其他	
1997	计数(件)	72	130	23	5	230
	在年度内的占比(%)	31.3	56.5	10.0	2.2	100.0
	在犯罪种类内的占比(%)	23.9	28.0	19.2	26.3	25.4
	占总数的占比(%)	8.0	14.4	2.5	0.6	25.4
1999	计数(件)	99	94	49	8	250
	在年度内的占比(%)	39.6	37.6	19.6	3.2	100.0
	在犯罪种类内的占比(%)	32.9	20.3	40.8	42.1	27.7
	占总数的占比(%)	11.0	10.4	5.4	0.9	27.7
总计	计数(件)	301	464	120	19	904
	在年度内的占比(%)	33.3	51.3	13.3	2.1	100.0
	在犯罪种类内的占比(%)	100.0	100.0	100.0	100.0	100.0
	占总数的占比(%)	33.3	51.3	13.3	2.1	100.0

1. 涉侵犯人身权利犯罪类别案件呈现高比率起点、曲折增长的状况

H市两级法院审理的侵犯人身权利犯罪案件中，1980年的案件数量为34件，占该年度造成物质损失结果的案件总数量的比率为35.4%；1996年该类案件的数量为96件，占该年度造成物质损失结果的案件总数量的比率为29.3%；1997年该类案件的数量为72件，占该年度造成物质损失结果的案件数量的比率为31.3%；1999年该类案件的数量为99件，占该年度造成物质损失结果的案件总数量的比率为39.6%。

2. 涉侵犯财产权利犯罪类别案件呈现高比率起点、逐年降低的趋势

H市两级法院审理的侵犯财产权利犯罪类别的案件中，1980年的案件数量为58件，占该年度造成物质损失结果的案件总数量的比率为历年最高的60.4%；1996年该类案件数量为182件，占该年度造成物质损失结果的案件总数量的比率为55.5%；1997年该类案件的数量为130件，占该年度造成物质损失结果的案件总数量的比率为56.5%，降势中略有升高；1999年该类案件数量为94件，占该年度造成物质损失结果的案件总数量的比率为37.6%。

3. 涉侵犯人身权利和财产权利犯罪类别案件呈现曲折增长趋势

H市两级法院审理的涉及侵犯人身权利和财产权利犯罪类别的案件

中,1980年的案件数量为3件,占该年度造成物质损失结果的案件总数量的比率为3.1%；1996年该类案件数量为45件,占该年度造成物质损失结果的案件总数量的比率为13.7%;1997年的案件数量为23件,占该年度造成物质损失结果的案件数量的比率为10.0%,较1980年的比率仍高出许多;1999年的案件数量为49件,占该年度造成物质损失结果的案件总数量的比率为19.6%。

4.涉侵犯其他权利犯罪类别案件呈现逐年升高的发展状态

H市两级法院审理的涉及侵犯其他权利犯罪类别的案件中,1980年的案件数量为1件,占该年度造成物质损失结果的案件总数量的比率为1.0%；1996年的案件数量为5件,占该年度造成物质损失结果的案件总数量的比率为1.5%;1997年的案件数量为5件,占该年度造成物质损失结果的案件总数量的比率为2.2%;1999年的案件数量为8件,占该年度造成物质损失结果的案件总数量的比率为3.2%。

二、2001年到2014年6月附带民事诉讼之可能案件所涉犯罪类别

H市两级法院自2001年至2014年6月被抽查的造成物质损失结果的案件总数量为1605件,其中涉及侵犯人身权利犯罪类别的案件数量为730件,占该期间造成物质损失结果的案件总数量比率为45.5%;涉及侵犯财产权利犯罪类别的案件数量为400件,占该期间造成物质损失结果的案件总数量比率为24.9%;涉及侵犯人身权利和财产权利犯罪类别的案件数量为442件,占该期间造成物质损失结果的案件总数量比率为27.5%;涉及侵犯其他权利犯罪类别的案件数量为33件,占该期间造成物质损失结果的案件总数量比率为2.1%。(见图4-11、4-12和表4-6)

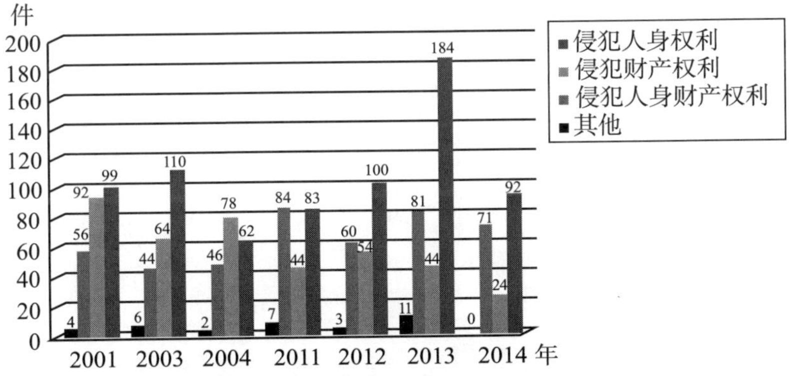

图4-11　造成物质损失案件涉犯罪种类年度数量

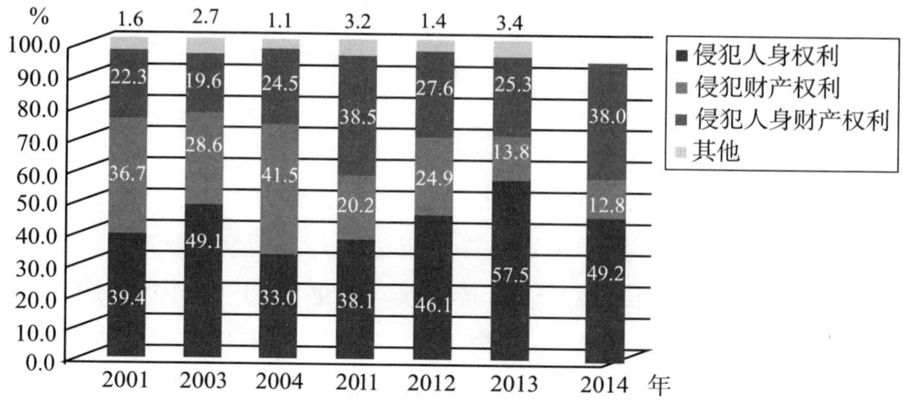

图 4-12　造成物质损失案件涉犯罪种类年度比率

表 4-6　造成物质损失案件涉犯罪种类年度数量与比率①

年度	统计项目	犯罪种类				总计
		侵犯人身权利	侵犯财产权利	侵犯人身财产权利	其他	
2001	计数(件)	99	92	56	4	251
	在年度内的占比(%)	39.4	36.7	22.3	1.6	100.0
	在犯罪种类内的占比(%)	13.6	23.0	12.7	12.1	15.6
	占总数的占比(%)	6.2	5.7	3.5	0.2	15.6
2003	计数(件)	110	64	44	6	224
	在年度内的占比(%)	49.1	28.6	19.6	2.7	100.0
	在犯罪种类内的占比(%)	15.1	16.0	10.0	18.2	14.0
	占总数的占比(%)	6.9	4.0	2.7	0.4	14.0
2004	计数(件)	62	78	46	2	188
	在年度内的占比(%)	33.0	41.5	24.5	1.1	100.0
	在犯罪种类内的占比(%)	8.5	19.5	10.4	6.1	11.7
	占总数的占比(%)	3.9	4.9	2.9	0.1	11.7

① 表中数据为 H 市两级法院适用一审程序审理的案件,均以件为统计单位。

续表

年度	统计项目	犯罪种类				总计
		侵犯人身权利	侵犯财产权利	侵犯人身财产权利	其他	
2011	计数(件)	83	44	84	7	218
	在年度内的占比(%)	38.1	20.2	38.5	3.2	100.0
	在犯罪种类内的占比(%)	11.4	11.0	19.0	21.2	13.6
	占总数的占比(%)	5.2	2.7	5.2	0.4	13.6
2012	计数(件)	100	54	60	3	217
	在年度内的占比(%)	46.1	24.9	27.6	1.4	100.0
	在犯罪种类内的占比(%)	13.7	13.5	13.6	9.1	13.5
	占总数的占比(%)	6.2	3.4	3.7	0.2	13.5
2013	计数(件)	184	44	81	11	320
	在年度内的占比(%)	57.5	13.8	25.3	3.4	100.0
	在犯罪种类内的占比(%)	25.2	11.0	18.3	33.3	19.9
	占总数的占比(%)	11.5	2.7	5.0	0.7	19.9
2014	计数(件)	92	24	71	0	187
	在年度内的占比(%)	49.2	12.8	38.0	0.0	100.0
	在犯罪种类内的占比(%)	12.6	6.0	16.1	0.0	11.7
	占总数的占比(%)	5.7	1.5	4.4	0.0	11.7
总计	计数(件)	730	400	442	33	1605
	在年度内的占比(%)	45.5	24.9	27.5	2.1	100.0
	在犯罪种类内的占比(%)	100.0	100.0	100.0	100.0	100.0
	占总数的占比(%)	45.5	24.9	27.5	2.1	100.0

1. 涉侵犯人身权利犯罪类别案件呈现波浪式增长的趋势

H 市两级法院审理的造成物质损失结果涉及侵犯人身权利犯罪类别的案件中，2001 年的案件数量为 99 件，占该年度造成物质损失结果的案件总数量 251 件的比率为 39.4%；2003 年的案件数量为 110 件，占该年度造成物质损失结果的案件总数量 224 件的比率为 49.1%；2004 年的案件数量为 62 件，占该年度造成物质损失结果的案件总数量 188 件的比率为 33.0%；

2011 年的案件数量为 83 件，占该年度造成物质损失结果的案件总数量 218 件的比率为 38.1%；2012 年的案件数量为 100 件，占该年度造成物质损失结果的案件总数量 217 件的比率为 46.1%；2013 年的案件数量为 184 件，占该年度造成物质损失结果的案件总数量 320 件的比率为 57.5%；2014 年 1~6 月的案件数量为 92 件，占该半年造成物质损失结果的案件总数量 187 件的比率为 49.2%。

2. 涉侵犯财产权利犯罪类别案件呈现总体降低偶有增高的趋势

H 市两级法院审理的造成物质损失结果涉及侵犯财产权利犯罪类别的案件中，2001 年的案件数量为 92 件，占该年度造成物质损失结果的案件总数量 251 件的比率为 36.7%；2003 年的案件数量为 64 件，占该年度造成物质损失结果的案件总数量 224 件的比率为 28.6%；2004 年的案件数量为 78 件，占该年度造成物质损失结果的案件总数量 188 件的比率为 41.5%；2011 年的案件数量为 44 件，占该年度造成物质损失结果的案件总数量 218 件的比率为 20.2%；2012 年的案件数量为 54 件，占该年度造成物质损失结果的案件总数量 217 件的比率为 24.9%；2013 年的案件数量为 44 件，占该年度造成物质损失结果的案件总数量 320 件的比率为 13.8%；2014 年 1~6 月的案件数量为 24 件，占该半年造成物质损失结果的案件总数量 187 件的比率为 12.8%。

3. 涉侵犯人身权利和财产权利犯罪类别案件呈总体增长偶有下降趋势

H 市两级法院审理的造成物质损失涉及侵犯人身权利和财产权利犯罪类别的案件中，2001 年的案件数量为 56 件，占该年度造成物质损失结果的案件总数量 251 件的比率为 22.3%；2003 年的案件数量为 44 件，占该年度造成物质损失结果的案件总数量 224 件的比率为 19.6%；2004 年的案件数量为 46 件，占该年度造成物质损失结果的案件总数量 188 件的比率为 24.5%；2011 年的案件数量为 84 件，占该年度造成物质损失结果的案件总数量 218 件的比率为 38.5%；2012 年的案件数量为 60 件，占该年度造成物质损失结果的案件总数量 217 件的比率为 27.6%；2013 年的案件数量为 81 件，占该年度造成物质损失结果的案件总数量 320 件的比率为 25.3%；2014 年 1~6 月的案件数量为 71 件，占该半年造成物质损失结果的案件总数量 187 件的比率为 38.0%。

4. 涉侵犯其他权利犯罪类别案件呈现时增时降的态势

H 市两级法院审理的造成物质损失结果涉及侵犯其他权利犯罪类别的案件中，2001 年的案件数量为 4 件，占该年度造成物质损失结果的案件总数量 251 件的比率为 1.6%；2003 年的案件数量为 6 件，占该年度造成物质损失结果的案件总数量 224 件的比率增至 2.7%；2004 年的案件数量为 2 件，占该年度造成物质损失结果的案件总数量 188 件的比率降至 1.1%；2011 年的案件数量为 7 件，占该年度造成物质损失结果的案件总数量 218 件的比率增至 3.2%；2012 年的案件数量为 3 件，占该年度造成物质损失结果的案件总数量 217 件的比率降至 1.4%；2013 年的案件数量为 11 件，占该年度造成物质损失结果的案件总数量 320 件的比率升至 3.4%；2014 年 1~6 月的案件数量为 0 件。

综合以上两方面的考察，可以发现 H 市两级法院自 1980 年到 1999 年审理的造成物质损失结果的案件所涉四方面犯罪类别中，侵犯人身权利犯罪、侵犯人身权利和财产权利犯罪、侵犯其他权利犯罪的案件数量比率呈现上升趋势，而涉及侵犯财产权利犯罪类别的案件数量则呈现下降态势；自 2001 年到 2014 年 6 月审理的造成物质损失结果的案件所涉四方面犯罪类别中，侵犯人身权利犯罪、侵犯人身权利和财产权利犯罪数量比率继续呈现上升势头，而侵犯财产权利犯罪呈现下降态势，侵犯其他权利犯罪则呈现时增时降的起伏态势。

第四节　不同年度附带民事诉讼之实际案件所涉犯罪

本部分附带民事诉讼实际案件所涉犯罪类别，主要考察 H 市两级法院在 1980 年到 1999 年和 2001 年到 2014 年 1~6 月两个阶段审理的附带民事诉讼案件所涉及侵犯人身权利犯罪、侵犯财产权利犯罪、侵犯人身权利和财产权利犯罪以及侵犯其他权利犯罪等类别案件的数量比率分布状况，并从中找出其规律性特征。

一、1980 年到 1999 年附带民事诉讼之实际案件所涉犯罪类别

H 市两级法院自 1980 年至 1999 年被抽查的造成物质损失结果而提起附带民事诉讼的案件总数量为 150 件，其中涉及侵犯人身权利犯罪类别的案件数量为 135 件，占该期间审理的附带民事诉讼案件总数量的比率为

90.0%；涉及侵犯财产权利犯罪类别的案件数量为1件，占该期间审理的附带民事诉讼案件总数量的比率为0.7%；涉及侵犯人身权利和财产权利犯罪类别的案件数量为13件，占该期间审理的附带民事诉讼案件总数量的比率为8.7%；涉及侵犯其他权利犯罪类别的案件数量为1件，占该期间审理的附带民事诉讼案件总数量的比率为0.7%。（见图4-13、图4-14和表4-7）

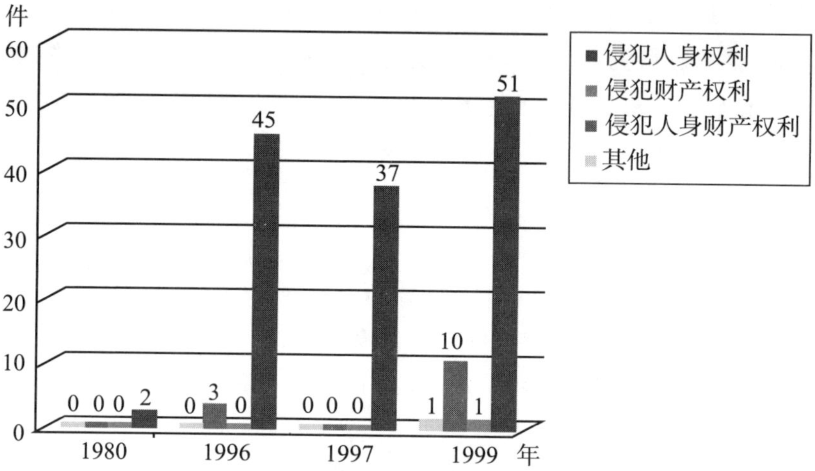

图4-13　附带民事诉讼案件涉犯罪种类年度数量

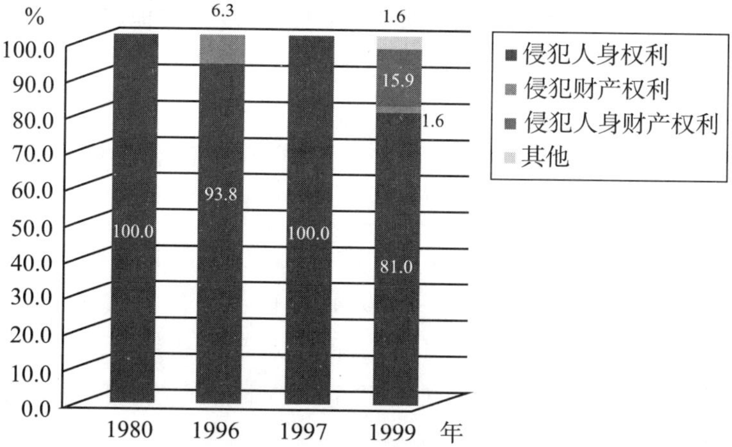

图4-14　附带民事诉讼案件涉犯罪种类年度比率

表 4-7　附带民事诉讼案件涉犯罪种类年度数量与比率①

年度	统计项目	犯罪种类				总计
		侵犯人身权利	侵犯财产权利	侵犯人身财产权利	其他	
1980	计数(件)	2	0	0	0	2
	在年度内的占比(%)	100.0	0.0	0.0	0.0	100.0
	在犯罪种类内的占比(%)	1.5	0.0	0.0	0.0	1.3
	占总数的占比(%)	1.3	0.0	0.0	0.0	1.3
1996	计数(件)	45	0	3	0	48
	在年度内的占比(%)	93.8	0.0	6.3	0.0	100.0
	在犯罪种类内的占比(%)	33.3	0.0	23.1	0.0	32.0
	占总数的占比(%)	30.0	0.0	2.0	0.0	32.0
1997	计数(件)	37	0	0	0	37
	在年度内的占比(%)	100.0	0.0	0.0	0.0	100.0
	在犯罪种类内的占比(%)	27.4	0.0	0.0	0.0	24.7
	占总数的占比(%)	24.7	0.0	0.0	0.0	24.7
1999	计数(件)	51	1	10	1	63
	在年度内的占比(%)	81.0	1.6	15.9	1.6	100.0
	在犯罪种类内的占比(%)	37.8	100.0	76.9	100.0	42.0
	占总数的占比(%)	34.0	0.7	6.7	0.7	42.0
总计	计数(件)	135	1	13	1	150
	在年度内的占比(%)	90.0	0.7	8.7	0.7	100.0
	在犯罪种类内的占比(%)	100.0	100.0	100.0	100.0	100.0
	占总数的占比(%)	90.0	0.7	8.7	0.7	100.0

1. 涉侵犯人身权利犯罪类别案件呈现高比率起点后下降趋势

H 市两级法院审理的涉及侵犯人身权利犯罪类别而提起附带民事诉讼的案件中，1980 年的案件数量为 2 件，占该年度提起附带民事诉讼案件总数量 2 件的比率为 100.0%；1996 年该类案件的数量为 45 件，占该年度审

① 表中数据为 H 市两级法院适用一审程序审理的提起附带民事诉讼的案件，均以件为统计单位。

理的附带民事诉讼案件总数量 48 件的比率为 93.8%；1997 年该类案件的数量为 37 件，占该年度审理的附带民事诉讼案件总数量 37 件的比率为 100.0%；1999 年该类案件的数量为 51 件，占该年度审理的附带民事诉讼案件总数量 63 件的比率为 81.0%。

2. 涉侵犯财产权利与侵犯其他权利犯罪类别案件量极少比率极低

H 市两级法院审理的涉及侵犯财产权利犯罪类别而提起附带民事诉讼的案件中，只有 1999 年的案件数量为 1 件，占该年度审理的附带民事诉讼案件总数量 63 件的比率为 1.6%。同时，该市两级法院审理的涉及侵犯其他权利犯罪类别而提起附带民事诉讼的案件中，也仅有 1999 年的案件数量为 1 件，占该年度审理的附带民事诉讼案件总数量 63 件的比率为 1.6%。

3. 涉侵犯人身权利和财产权利犯罪类别案件呈增长趋势

H 市两级法院审理的涉及侵犯人身权利和财产权利犯罪类别而提起附带民事诉讼的案件中，1996 年的该类案件数量为 3 件，占该年度审理的附带民事诉讼案件总数量 48 件的比率为 6.3%；1999 年的该类案件数量为 10 件，占该年度审理的附带民事诉讼案件总数量 63 件的比率为 15.9%。

二、2001 年到 2014 年 6 月附带民事诉讼之实际案件所涉犯罪类别

H 市两级法院自 2001 年至 2014 年 6 月被抽查的造成物质损失结果而提起附带民事诉讼的案件总数量为 360 件，其中涉及侵犯人身权利犯罪类别的案件数量为 283 件，占该期间审理的附带民事诉讼案件总数量的比率为 78.6%；涉及侵犯财产权利犯罪类别的案件数量为 1 件，占该期间审理的附带民事诉讼案件总数量的比率为 0.3%；涉及侵犯人身权利和财产权利犯罪类别的案件数量为 76 件，占该期间审理的附带民事诉讼案件总数量的比率为 21.1%；涉及侵犯其他权利犯罪类别的案件数量为 0 件。（见图 4-15、图 4-16 和表 4-8）

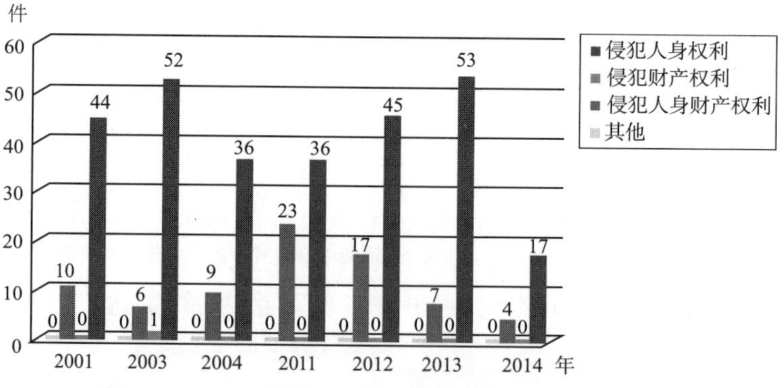

图 4-15　附带民事诉讼案件涉犯罪种类年度数量

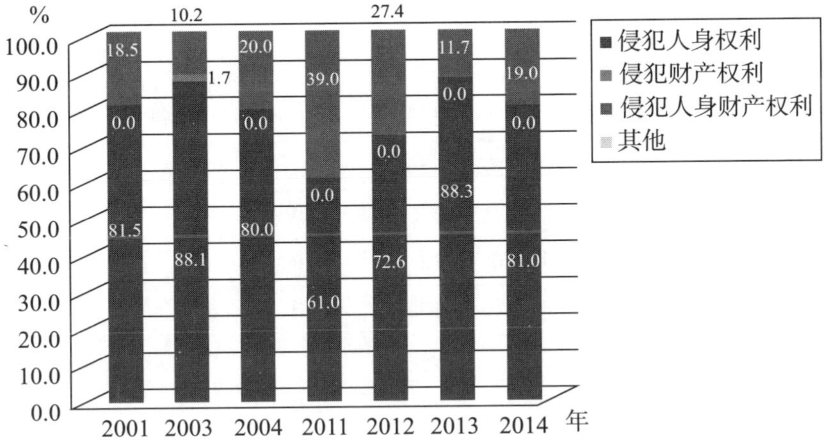

图 4-16　附带民事诉讼案件涉犯罪种类年度比率

表 4-8　附带民事诉讼案件涉犯罪种类年度数量与比率①

年度	统计项目	犯罪种类				总计
		侵犯人身权利	侵犯财产权利	侵犯人身财产权利	其他	
2001	计数(件)	44	0	10	0	54
	在年度内的占比(%)	81.5	0.0	18.5	0	100.0
	在犯罪种类内的占比(%)	15.5	0.0	13.2	0	15.0
	占总数的占比(%)	12.2	0.0	2.8	0	15.0
2003	计数(件)	52	1	6	0	59
	在年度内的占比(%)	88.1	1.7	10.2	0	100.0
	在犯罪种类内的占比(%)	18.4	100.0	7.9	0	16.4
	占总数的占比(%)	14.4	0.3	1.7	0	16.4
2004	计数(件)	36	0	9	0	45
	在年度内的占比(%)	80.0	0.0	20.0	0	100.0
	在犯罪种类内的占比(%)	12.7	0.0	11.8	0	12.5
	占总数的占比(%)	10.0	0.0	2.5	0	12.5

① 表中数据为 H 市两级法院适用一审程序审理的提起附带民事诉讼的案件,均以件为统计单位。

续表

年度	统计项目	犯罪种类				总计
		侵犯人身权利	侵犯财产权利	侵犯人身财产权利	其他	
2011	计数(件)	36	0	23	0	59
	在年度内的占比(%)	61.0	0.0	39.0	0	100.0
	在犯罪种类内的占比(%)	12.7	0.0	30.3	0	16.4
	占总数的占比(%)	10.0	0.0	6.4	0	16.4
2012	计数(件)	45	0	17	0	62
	在年度内的占比(%)	72.6	0.0	27.4	0	100.0
	在犯罪种类内的占比(%)	15.9	0.0	22.4	0	17.2
	占总数的占比(%)	12.5	0.0	4.7	0	17.2
2013	计数(件)	53	0	7	0	60
	在年度内的占比(%)	88.3	0.0	11.7	0	100.0
	在犯罪种类内的占比(%)	18.7	0.0	9.2	0	16.7
	占总数的占比(%)	14.7	0.0	1.9	0	16.7
2014	计数(件)	17	0	4	0	21
	在年度内的占比(%)	81.0	0.0	19.0	0	100.0
	在犯罪种类内的占比(%)	6.0	0.0	5.3	0	5.8
	占总数的占比(%)	4.7	0.0	1.1	0	5.8
总计	计数(件)	283	1	76	0	360
	在年度内的占比(%)	78.6	0.3	21.1	0	100.0
	在犯罪种类内的占比(%)	100.0	100.0	100.0	0	100.0
	占总数的占比(%)	78.6	0.3	21.1	0	100.0

1. 涉侵犯人身权利犯罪类别案件呈现略升略降的平缓发展状态

H市两级法院审理的涉及侵犯人身权利犯罪类别而提起附带民事诉讼的案件中,2001年的案件数量为44件,占该年度提起附带民事诉讼案件总数量54件的比率为81.5%;2003年该类案件的数量为52件,占该年度审理的附带民事诉讼案件总数量59件的比率为88.1%;2004年该类案件的数量为36件,占该年度审理的附带民事诉讼案件总数量45件的比率为

80.0%；2011 年该类案件的数量为 36 件，占该年度审理的附带民事诉讼案件总数量 59 件的比率为 61.0%；2012 年的案件数量为 45 件，占该年度审理的附带民事诉讼案件总数量 62 件的比率为 72.6%；2013 年的案件数量为 53 件，占该年度审理的附带民事诉讼案件总数量 60 件的比率为 88.3%；2014 年 1~6 月的案件数量为 17 件，占该半年审理的附带民事诉讼案件总数量 21 件的比率为 81.0%。

2. 涉侵犯人身权利和财产权利犯罪类别案件呈波浪式明显增长趋势

H 市两级法院审理的涉及侵犯人身权利和财产权利犯罪类别而提起附带民事诉讼的案件中，2001 年的该类案件数量为 10 件，占该年度审理的附带民事诉讼案件总数量 54 件的比率为 18.5%；2003 年的该类案件数量为 6 件，占该年度审理的附带民事诉讼案件总数量 59 件的比率为 10.2%；2004 年的该类案件数量为 9 件，占该年度审理的附带民事诉讼案件总数量 45 件的比率为 20.0%；2011 年的该类案件数量为 23 件，占该年度审理的附带民事诉讼案件总数量 59 件的比率为 39.0%；2012 年该类案件的数量为 17 件，占该年度审理的附带民事诉讼案件总数量 62 件的比率为 27.4%；2013 年该类案件的数量为 7 件，占该年度审理的附带民事诉讼案件总数量 60 件的比率为 11.7%；2014 年 1~6 月该类案件的数量为 4 件，占该半年审理的附带民事诉讼案件总数量 21 件的比率为 19.0%。

3. 涉侵犯财产权利犯罪类别案件仍呈量极少比率极低状况

H 市两级法院审理的涉及侵犯财产权利犯罪类别而提起附带民事诉讼的案件中，仅 2003 年有该类案件数量 1 件，占该年度审理的附带民事诉讼案件总数量 59 件的比率为 1.7%。

此外，该阶段 H 市两级法院审理的附带民事诉讼案件中，没有侵犯其他权利的犯罪案件。

综合以上两方面的考察，可以发现 H 市两级法院自 1980 年到 1999 年审理的附带民事诉讼案件数量和比率表现各异：涉及侵犯人身权利犯罪类别而提起附带民事诉讼的案件数量和比率从绝对高度降至八成许，涉及侵犯财产权利犯罪类别、侵犯其他权利犯罪类别而提起附带民事诉讼的案件数量和比率则表现为数量极少而比率极低，涉及侵犯人身权利和财产权利犯罪类别而提起附带民事诉讼的案件数量和比率呈现曲折的增长态势。自 2001 年到 2014 年的审理的附带民事诉讼案件数量和比率表现各异：涉及侵犯人身权利犯罪类别而提起附带民事诉讼的案件数量和比率呈现平缓发展状态，涉及侵犯人身权利和财产权利犯罪类别而提起附带民事诉讼的案件数量和比率呈现波浪式的明显增长趋势，涉及侵犯财产权利犯罪类别而提起附带民事诉讼的案件数量和比率则仍表现为数量极少而比率极低。

第五节 司法控制非实际所需且效果微弱

针对就附带民事诉讼受案范围加以限制的原因，有的学者认为："主要基于刑事诉讼法有关附带民事诉讼规定的外延较大，而提起附带民事诉讼的越来越多，请求赔偿数额越来越大，附带民事诉讼案件的审理出现许多不一致的情况。"①该学者认为司法控制附带民事诉讼范围的理由之一，就是实践中提起附带民事诉讼的案件越来越多，这与本章要考察的内容相关。为此，笔者将根据本章前四节对H市两级法院1980年到1999年、2001年到2014年6月两个阶段不同年度中具有附带民事诉讼可能案件和实际提起附带民事诉讼案件的考察情况，从可能的角度分析具有附带民事诉讼可能案件数量是否增加、何种类别案件在增加或减少，从实际的角度分析附带民事诉讼实际上是否在不断增加、何种类别案件在增加或减少，以此来探究附带民事诉讼范围予以司法控制的必要性和可能性。

一、案件增多未超预期且所限案件类别呈减势

从可能的角度分析附带民事诉讼范围是否需要限制，首先要考虑符合附带民事诉讼范围条件的案件数量是否明显增多到法律制定者所没有预料到的状况，其次要考虑司法意图禁止其进入附带民事诉讼范围的犯罪类型是否为造成物质损失结果案件数量不断增多的因素。

1. 造成物质损失结果案件增多，未超出立法可预见状况

通过本章第一节的考察，笔者发现H市两级法院在1980年至1999年、2001年至2014年6月两个阶段中审理的刑事一审具有附带民事诉讼可能案件，其在全部案件中的数量和比率变化情况均表现为造成物质损失结果的案件数量和比率呈现波浪式的增长态势，但是，前一阶段增长幅度较

---

① 庄乾龙：《对〈最高人民法院关于刑事附带民事诉讼范围问题的规定〉若干问题的疑问》，载《阿坝师范高等专科学校学报》2011年第4期。

大,后一阶段增长幅度较小且基本稳定。根据这一发展态势,可以发现 H 市两级法院符合附带民事诉讼范围的案件数量在其全部刑事一审案件中的占比越来越大,出现了附带民事诉讼可能案件越来越多的现象,而这种现象恰恰是司法解释要限制附带民事诉讼范围,减少附带民事诉讼案件数量的动因。

附带民事诉讼可能案件不断增多的现象是否超出刑事诉讼立法时的预料而必须要加以限制呢?笔者认为,此种现象的出现都在制定我国刑事诉讼法有关附带民事诉讼范围制度的立法机关预期之中。对此,可以通过梳理我国刑事诉讼法的几次修改,结合 H 市两级法院造成物质损失结果案件增长变化的情况来分析。1996 年全国人民代表大会对我国 1979 年刑事诉讼法进行修改时,法院审理具有附带民事诉讼可能案件占刑事一审案件的比率,根据本书的调查已经从 1980 年的 72.2%提高至 1996 年的 89.1%,[①] 但立法机关并没有因此而修改有关附带民事诉讼范围制度的条文,仍然沿用了 1979 年刑事诉讼法较为宽泛的附带民事诉讼范围的规定内容。这说明立法机关认为造成物质损失结果而具有附带民事诉讼可能案件增多,不是要通过法律对附带民事诉讼范围制度进行限制的理由,而附带民事诉讼范围制度正是在处理刑事案件过程中附带解决民事赔偿问题的最好选择。在此之后直到 1998 年,司法解释也对附带民事诉讼范围持有积极开放的态度,表现在其肯定刑事诉讼法规定的附带民事诉讼范围,同时,还规定了法院应当通知被害人有权提起附带民事诉讼等更加积极的内容。[②] 此后到 1999 年,造成物质损失结果而具有附带民事诉讼可能案件数量的平均比率维持在 90%左右,而 2001 年到 2014 年 6 月,该类案件数量的平均比率是

---

① 参见表 4-1:有无造成物质损失案件年度数量与比率。

② 1994 年 3 月 21 日,最高人民法院《关于审理刑事案件程序的具体规定》第 61 条规定:"人民法院受理刑事案件后,应当告知遭受物质损失的被害人(公民、法人和其他组织),已死亡被害人的近亲属,无行为能力或者限制行为能力被害人的法定代理人,有权提起附带民事诉讼。有权提起附带民事诉讼的人放弃诉讼权利的,应当许可。如果是国家财产、集体财产遭受损失,受损失的单位未提起诉讼的,人民检察院在提起公诉的时候,可以提起附带民事诉讼。"最高人民法院于 1998 年通过的《关于执行〈中华人民共和国刑事诉讼法〉若干问题的解释》,继续沿用了 1979 刑事诉讼法对附带民事诉讼请求范围的规定。但是,1998 年的司法解释将《关于审理刑事案件程序的具体规定》第 61 条规定的"法院受理刑事案件后,应当告知遭受物质损失的被害人等,有权提起附带民事诉讼"改为"可以告知被害人等,有权提起附带民事诉讼"。

91.7%,较1980年到1999年的平均比率87.7%高出3.3%。[①] 由此可见,造成物质损失结果而具有附带民事诉讼可能案件数量和占比升高的司法现象,没有超出立法机关制定附带民事诉讼范围制度的可能性预见,不属于其认为需要修改该规范并予以限制的理由。

2. 司法控制案件所涉犯罪类别本身占比趋于降低

前面笔者分析了造成物质损失结果而具有附带民事诉讼可能案件数量增多并不是立法机关要从法律上对附带民事诉讼范围进行限制的理由。那么,需要进一步讨论的是限定附带民事诉讼范围的理由是否成立。有关学者归纳的限制附带民事诉讼范围理由为附带民事诉讼案件越来越多,那么,据此推断要限制进入附带民事诉讼的案件数量,则要限制那些可能在一定程度上影响案件数量变化的犯罪类别,特别是那些案件数量不断增多的犯罪类别。由此,笔者根据限制附带民事诉讼范围的规定,结合H市两级法院司法实践的情况,对此问题进行分析。

首先,根据相关司法解释规定,司法控制附带民事诉讼范围为"被害人因人身权利受到犯罪侵犯或者财物被犯罪分子毁坏而遭受物质损失的,有权在刑事诉讼过程中提起附带民事诉讼",[②]而被排除在附带民事诉讼范围之外的犯罪类型为"被告人非法占有、处置被害人财产的,应当依法予以追缴或者责令退赔。被害人提起附带民事诉讼的,法院不予受理"。[③] 也就是说,非法占有、处置财产类型犯罪被排除在法定附带民事诉讼范围之外,而此类型犯罪则包含在本研究所考察的涉及侵犯财产权利犯罪类别之中。所以,通过分析涉及侵犯财产权利犯罪类别的案件数量比率的年度变化情况,可以发现司法控制附带民事诉讼范围所涉及犯罪类别是否恰当、是否具有必要性。其次,通过本章第三节的考察,笔者发现H市两级法院审理的刑事一审案件中,造成物质损失结果案件增多所涉及犯罪类别是侵犯人身权利犯罪以及与之有关的侵犯人身权利和财产权利犯罪,而侵犯其他权利犯罪案件数量比率很小,且前后两个阶段基本没有变化,所以基本可以不考

---

① 参见表4-2:有无造成物质损失案件年度数量与比率。

② 最高人民法院于2012年11月5日通过的《关于适用〈中华人民共和国刑事诉讼法〉的解释》第138条第1款的规定。

③ 最高人民法院于2012年11月5日通过的《关于适用〈中华人民共和国刑事诉讼法〉的解释》第139条的规定。

虑其影响。同时,侵犯财产权利犯罪案件数量和比率则始终呈现降低的态势。H市两级法院自1980年至1999年被抽查的造成物质损失结果的案件总数量中,涉及侵犯人身权利犯罪类别的案件数量占该期间造成物质损失结果案件总数量的比率为33.3%,涉及侵犯财产权利犯罪类别的案件数量占该期间造成物质损失结果案件总数量的比率为51.3%,涉及侵犯人身权利和财产权利犯罪类别的案件数量占该期间造成物质损失结果案件总数量的比率为13.3%。[①] 而H市两级法院自2001年至2014年被抽查的造成物质损失结果的案件总数量中,涉及侵犯人身权利犯罪类别的案件数量占该期间造成物质损失结果案件总数量的比率为45.5%,较前期增长了12.2%;涉及侵犯财产权利犯罪类别的案件数量占该期间造成物质损失结果案件总数量的比率为24.9%,较前期降低了26.4%;涉及侵犯人身权利和财产权利犯罪类别的案件数量,占该期间造成物质损失结果案件总数量的比率为27.5%,较前期增长了14.2%。[②] 两组数据的对比更加清晰地显示出予以限制的案件类型,其所归属的涉及侵犯财产权利犯罪类别的案件数量表现出逐年减少的趋势,且在具有附带民事诉讼可能案件数量中占据比率尚且不足25%;而涉及侵犯人身权利犯罪类别以及与之相关的涉及侵犯人身权利和财产权利犯罪类别的案件数量,两者之和则占据具有附带民事诉讼可能案件数量的比率高达73%。

综上所述,按照减少附带民事诉讼案件数量的限制意图来分析,其限制的犯罪案件类型也应该是司法实践中在不断增长的犯罪类别,而不应是那些案件数量趋于下降的犯罪类别。但是,该考察所揭示的规律表明:意图限制的非法占有型犯罪所涉及的侵犯财产权利犯罪类别而可能提起附带民事诉讼的案件,其实践中的数量和比率不仅没有逐年增加,反而表现出逐年减少的趋势;而不予限制的涉及侵犯人身权利犯罪类别而可能提起附带民事诉讼的案件,其在实践中的数量和比率则表现为逐年增长。因此,笔者认为司法控制的必要性、可能性令人质疑。

二、司法控制缺乏数据基础且效果微弱

从实际的角度讨论附带民事诉讼范围是否需要限制,要考虑的是不断

① 参见表4-5:造成物质损失案件涉犯罪种类年度数量与比率。

② 参见表4-6:造成物质损失案件涉犯罪种类年度数量与比率。

增加的造成物质损失结果而具有附带民事诉讼可能案件究竟有多少实际提起了附带民事诉讼，实践中是否具有足够的案件数量作为支持限制附带民事诉讼范围的数据基础。同时，还要考虑司法控制的案件类型所涉犯罪类别的案件，经过司法控制之后是否产生了该类别犯罪附带民事诉讼案件数量明显减少，并实现整个附带民事诉讼案件数量明显减少的效果。

1. 司法控制附带民事诉讼范围的基础数据缺乏

对附带民事诉讼范围加以限制的理由是司法实践中附带民事诉讼案件越来越多，需要限制一部分案件不得进入附带民事诉讼范围从而达到减少附带民事诉讼案件数量的效果。这一理由成立所依据的事实基础，是司法实践中存在附带民事诉讼案件不断增加且增加的数量明显超过司法实践的常态。对此，可以结合本章有关附带民事诉讼之实际的考察情况，分析该理由依赖的所谓附带民事诉讼案件数量增多的事实基础是否客观存在并发挥相应的影响作用。

最高人民法院于 1999 年 10 月 27 日下发了《全国法院维护农村稳定刑事审判工作座谈会纪要》[①]，通过该会议纪要率先限制了附带民事诉讼范围。2000 年，最高人民法院又制定了《关于刑事附带民事诉讼范围问题的规定》，承继了《全国法院维护农村稳定刑事审判工作座谈会纪要》对附带民事诉讼范围进行限制的精神，并明确自当年 12 月 19 日起施行。笔者以这一时间段为 H 市两级法院附带民事诉讼司法实践为例，对司法限定附带民事诉讼范围之前实践的需求以及司法控制之后实践的效果情况进行讨论。上述考察内容显示：H 市两级法院自 1980 年至 1999 年被抽查的造成物质损失结果的案件总数量中，提起附带民事诉讼的案件总数量占该期间造成物质损失结果案件总数量的比率为 16. 6%；而在 2001 年至 2014 年 6 月被抽查的造成物质损失结果的案件总数量中，提起附带民事诉讼的案件总数量占该期间造成物质损失结果案件总数量的比率为 22. 4%。可见，第二阶段附带民事诉讼案件数量占同期造成物质损失结果案件总数量比率，较第一阶段该项比率高出 5. 8%。[②] 据此能够发现，限定附带民事诉讼范围之前，大量具有附带民事诉讼可能案件仅仅只有 16. 6%的实际提起

---

① 最高人民法院《关于印发〈全国法院维护农村稳定刑事审判工作座谈会纪要〉的通知》（法〔1999〕217 号，1999 年 10 月 27 日），载《最高人民法院公报》1999 年第 6 期。

② 参见表 4-3、表 4-4：是否提起附带民事诉讼案件年度数量与比率。

了附带民事诉讼，83%以上的造成物质损失结果而具有附带民事诉讼可能案件，即使没有司法限定也并没有进入附带民事诉讼程序。2000 年司法限定附带民事诉讼范围的规范作出之后，附带民事诉讼案件数量比率不仅没有因此限制而降低，而且每年均表现出具有规律性的平稳升高的态势，只是到 2013 年和 2014 年 1~6 月才略有下降。但是，这一趋高后下降的发展态势与对附带民事诉讼范围进行限制前的一个阶段相比，附带民事诉讼案件数量所占造成物质损失结果的案件总数量比率也仅仅提高了5.8%，这属于正常增减的幅度范围。由此可见，司法控制规范没有获取足够的附带民事诉讼案件数量增长状况必须予以限制的相关案件数据支持，而且司法控制之后，也没有对附带民事诉讼案件的数量变迁产生明显的影响。

2. 司法限定附带民事诉讼范围的效果微弱

限定附带民事诉讼范围的效果得以实现，应当是需要限制的案件不能进入附带民事诉讼范围，从而确保附带民事诉讼案件数量得以有效控制。所以，考察司法控制的效果问题，必须讨论司法控制的犯罪类型是否因为限制而产生附带民事诉讼案件数量上的明显变化、附带民事诉讼案件数量和比率是否因为限制而导致减少和降低。

首先，司法限定附带民事诉讼的犯罪类型中，其附带民事诉讼的案件数量和比率在限制之前或之后并没有明显的变化。H 市两级法院自 1980 年至 1999 年被抽查的造成物质损失结果而提起附带民事诉讼的案件总数量中，涉及侵犯财产权利犯罪类别的案件数量为 1 件，占该期间审理的附带民事诉讼案件总数量的比率为 0. 7%；而自 2001 年至 2014 年 6 月被抽查的造成物质损失结果而提起附带民事诉讼的案件总数量中，涉及侵犯财产权利犯罪的案件数量也为 1 件，占该期间审理的附带民事诉讼案件总数量的比率为 0. 3%。司法限定非法占有、处置被害人财物类犯罪案件进行附带民事诉讼之后，该阶段被限制的涉及侵犯财产权利犯罪类别的案件提起附带民事诉讼的数量占比，与司法限定之前一阶段相比降低了 0. 4%。但是，由于这两个阶段的案件数量同为 1 件，是其所占的附带民事诉讼案件基数不同导致，很难将其归因于司法限制的效果。其次，司法限定附带民事诉讼范围之前或之后，依据没有被限制的犯罪类别而提起附带民事诉讼的案件数量和比率不断升高。H 市两级法院自 1980 年至 1999 年被抽查的造成物质损失结果而提起附带民事诉讼的案件总数量中，涉及侵犯人身权利犯罪类别的案件数量占该期间审理的附带民事诉讼案件总数量的比率为90.0%,涉及侵犯人身权利和财产权利犯罪类别的案件数量占该期间审理的附带民事诉讼案件总数量的比率为8.7%,两者合计数量占该阶段审理的附带民事诉讼案件总数的比率为98.7%。[①] 自2001年至2014年6月被抽查的造成物质损失结果而提起附带民事诉讼的案件总数量中,涉及侵犯人身权利犯罪类别的案件数量占该期间审理的附带民事诉讼案件总数量的比率为78.6%,涉及侵犯人身权利和财产权利犯罪类别的案件数量占该期间审理的附带民事诉讼案件总数量的比率为21.1%,两者合计数量占该阶段审理的附带民事诉讼案件总数的比率为99.7%,与司法限定前的1980年到1999年的比率相比高出1.0%。[②] 由此可见,附带民事诉讼案件数量越来越多是由涉及侵犯人身权利犯罪类别的案件提起附带民事诉讼多所致,而非司法所限制的非法占有、处置被害人财物所涉及的侵犯财产权利犯罪类别。

由此可知,正是由于司法限定的犯罪类别不是附带民事诉讼案件增多的原因,而其没有限制的犯罪类别才是附带民事诉讼案件不断增长的真正原因,所以,其对附带民事诉讼范围的限制是不会产生明显效果的。

综上所述,司法限定附带民事诉讼范围的做法,不是建立在附带民事诉讼案件大量增加而导致法院难以行使审判权的客观基础之上,并且所限制的案件犯罪类别并不是司法实践中附带民事诉讼案件不断增加而需要加以限制的犯罪类别。此外,对附带民事诉讼范围的限制也并没有在实践中起到减少附带民事诉讼案件数量的实际效果。

---

① 参见表4-7:附带民事诉讼案件涉犯罪种类年度数量与比率。根据笔者的调查,因侵犯人身权利和财产权利犯罪而提起附带民事诉讼的案件,均为因侵犯人身权利犯罪而提起并被受理的,所以,本书将因此类型犯罪而提起附带民事诉讼的案件归类于侵犯人身权利。

② 参见表4-8:附带民事诉讼案件涉犯罪种类年度数量与比率。

第五章　附带民事诉讼替代措施之实施

通过第二章有关追缴与责令退赔制度的法律渊源梳理，可以知道我国追缴与责令退赔制度的规定始于1979年刑法规定，司法解释则于2000年将其规定为限制附带民事诉讼范围之后的附带民事诉讼替代措施。那么，这一做法在司法实践中能否实现其目的，即能否有效地发挥附带民事诉讼的诉讼经济和保护被害人合法权益的功能，则是需要考察的。因此，首先要考察研究的问题，是追缴与责令退赔制度作为限制附带民事诉讼范围的替代措施在司法实践中的整体实施情况。

第一节　附带民事诉讼与替代措施

造成物质损失结果的案件是属于我国刑事诉讼法所规定的附带民事诉讼范围的案件，但是，经过司法限定附带民事诉讼范围和将追缴或责令退赔措施规定为附带民事诉讼的替代措施后，其又成为附带民事诉讼和追缴或责令退赔措施两者的适用范围。所以，要研究我国对于附带民事诉讼范围进行司法控制的效果，必须要考察造成物质损失结果的案件中，追缴或责令退赔措施与附带民事诉讼两者的适用状况，探究附带民事诉讼及其作为替代措施的追缴或责令退赔措施是否能够广泛适用于造成物质损失结果的案件。也就是说，司法限定进行附带民事诉讼的造成物质损失结果的案件被害人，其财产权利是否能够得到追缴或责令退赔措施的有效保护。

一、附带民事诉讼及相关情况

对H市两级法院附带民事诉讼及其相关情况的考察内容，包括提起附带民事诉讼的案件、既提起附带民事诉讼又适用了追缴或责令退赔措施的案件、有权提起而没有提起附带民事诉讼的案件三类情况的数量和比率。通过对这一部分内容的考察，可以更加清晰地发现立法规定的附带民事诉讼范围为司法所限定并规定替代措施后，符合司法限定的附带民事诉讼案件的实际情况和可能情况，以及附带民事诉讼与作为其替代措施的追缴或责令退赔制度的交叉适用情况。

1. 附带民事诉讼案件占造成物质损失结果案件的较少

这里所说的附带民事诉讼案件，主要是指符合司法限定的附带民事诉讼范围的案件，也包括极少数司法控制附带民事诉讼范围之外的侵犯财产权利和侵犯其他权利的案件。在H市两级法院被抽查的案件中，造成物质损失结果的案件数量为2509件，而被害人在刑事诉讼过程中提起了附带民事诉讼的案件数量为507件，[①]其所占该市两级法院审理的造成物质损失结果的案件数量的比率为20.2%。也就是说，被告人的犯罪行为导致被害人物质损失结果的发生，法律赋予遭受该物质损失结果的被害人在刑事诉讼过程中享有向被告人主张民事赔偿的权利，而在司法实践中真正行使该项诉讼权利的被害人数量较少。

2. 既提起附带民事诉讼又适用追缴或退赔措施案件极少

既提起附带民事诉讼又适用追缴或责令退赔措施的案件，主要是指涉及侵犯人身权利和财产权利犯罪类别的案件，侦查机关、审查起诉机关和审判机关在各自的相关刑事诉讼环节中，对被告人侵犯财产权利而获取的违法所得依法予以追缴或责令退赔后，被害人在该案件的审判环节又针对其人身权利遭受的物质损失向审判该被告人的管辖该刑事案件的法院提起要求赔偿人身权利遭受物质损失的附带民事诉讼请求，法院对被害人的该项附带民事诉讼请求予以受理的情况。在H市两级法院审理的造成物质损失结果的案件中，只有3件案件的被害人在侦查机关、审查起诉机关和审判机关适用追缴或退赔措施后，仍然提起附带民事诉讼，其占该市两级法院审理的造成物质损失结果的案件总数量的比率为0.1%。

3. 有权而未提附带民事诉讼案件占造成物质损失结果案件的较多

有权提起而没有提起附带民事诉讼的案件，是指根据刑事诉讼法的规定和司法限定后有关附带民事诉讼范围的规定，被害人的人身权利遭受侵害或财物毁损而遭受物质损失的，其有权利就该物质损失提起附带民事诉讼，但被害人放弃了该项诉讼权利，并没有实际提起附带民事诉讼的情形。

---

① 此处所涉及的提起附带民事诉讼案件数量507件，与本书前面所表述的提起附带民事诉讼案件数量510件的关系为：前者不包括既提起附带民事诉讼又适用追缴或责令退赔措施的案件3件，后者包括该3件案件。

在 H 市两级法院审理的造成物质损失结果的 2509 件案件中，有 1084 件案件的被害人可以根据刑事诉讼法和司法解释的规定行使附带民事诉讼请求的权利，但其并没有实际行使该项诉讼权利。此类案件数量占该市两级法院审理的造成物质损失结果的案件总数量比率为 43.2%。

二、替代措施及相关情况

本部分所要考察的内容，包括侦查机关、审查起诉机关和审判机关在刑事诉讼过程中主动适用追缴或责令退赔措施的案件和应当适用追缴或责令退赔措施而没有适用的案件数量和比率情况。

1. 追缴或退赔案件占造成物质损失结果案件的比率超过 1/4

适用追缴或责令退赔措施，是指侦查机关在侦查该案件过程中、审查起诉机关在审查起诉该案件过程中、审判机关在审判该案件过程中，针对被告人违法所得的财物，在该违法所得财物尚存的情况下主动采用追回、收缴并予以退还被害人的措施，或者该违法所得财物不存在的情况下，主动适用责成被告人用其财产退赔被害人的措施。司法机关适用追缴或责令退赔措施的结果，通常会出现全部追缴或责令退赔违法所得、大部分追缴或责令退赔违法所得、小部分追缴或责令退赔违法所得三种情况。这说明适用追缴或责令退赔措施的案件中，被害人的物质损失会得到全部弥补或者部分弥补，但并不是每一件案件的被害人的损失都能够全部获得弥补。在 H 市两级法院被抽查的造成物质损失结果的案件总数量 2509 件中，侦查机关、审查起诉机关和审判机关主动适用追缴或责令退赔措施，以此来弥补被害人物质损失的案件数量为 674 件，占该市两级法院审理的造成物质损失结果的案件总数量比率为 26.9%，与被害人提起附带民事诉讼的比率相比，高出 6.7%。

2. 未追缴或退赔案件占造成物质损失结果案件比率近 1/10

未追缴或责令退赔措施，是指根据刑法和司法解释的有关规定，对被告人实施的非法占有、处置被害人财产的犯罪行为，侦查机关、起诉机关和审判机关在处理该刑事案件过程中，应当依法对该被告人的违法所得适用强制追缴或者责令退赔措施，但在司法实践中并没有主动依法适用该追缴或责令退赔措施，或者被告人无财产可供追缴或责令退赔而导致无法适用该措施的情形。H 市两级法院审理的造成物质损失结果的案件中，应当适用而实际没有适用追缴或责令退赔措施的案件数量为 241 件，占该市两级法院审理的造成物质损失结果的案件总数量比率为9.6%，可见约有1/10案件司法机关怠于行使追缴或责令退赔措施或者无法实际实施该项措施。

综合以上两方面的考察，可以发现H市两级法院审理的造成物质损失结果的案件总数量2509件中，既提起附带民事诉讼又适用追缴或责令退赔措施的案件占比极低，有权提起而没有提起附带民事诉讼的案件占比较高，而应当适用追缴或责令退赔措施却没有采用的案件占比接近1/10。（见图5-1和表5-1）

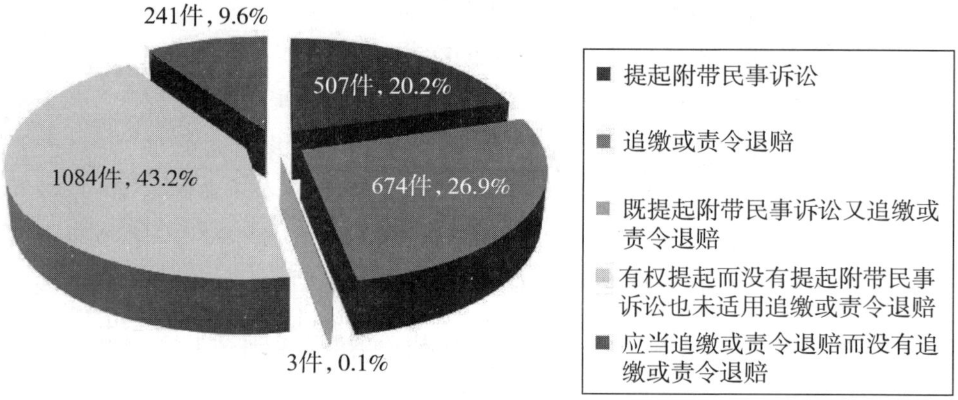

图5-1 造成物质损失案件提起附带民事诉讼与追缴或退赔适用情况

表5-1 造成物质损失案件提起附带民事诉讼与追缴或退赔适用情况①

	频率	百分比(%)
提起附带民事诉讼	507	20.2
适用追缴或责令退赔	674	26.9
既提起附带民事诉讼又适用追缴或责令退赔	3	0.1
有权提起而没有提起附带民事诉讼	1084	43.2
应当适用追缴或责令退赔而没有适用	241	9.6
合计	2509	100.0

① 表中数据为H市两级法院1980年、1996年、1997年、1999年、2001年、2003年、2004年、2011年、2012年、2013年和2014年1～6月适用一审程序审理的案件，均以件为统计单位。

第二节　替代措施实施效果与所涉犯罪类别

笔者通过前一节的研究发现,在H市两级法院审理的造成物质损失结果的案件中,对被害人的物质损失结果有数量超过52%的案件没有采取任何司法救济措施。那么,这些没有采取司法救济措施的案件包括司法解释赋予被害人附带民事诉讼权利而被害人没有提起的案件,也包括司法限定被害人提起附带民事诉讼而只能由侦查机关、审查起诉机关和审判机关采用追缴或责令退赔措施的案件。司法解释允许被害人提起附带民事诉讼而被害人没有提起的案件所涉及的犯罪类别情况。对于司法限定进入附带民事诉讼范围的部分案件,究竟有多少由侦查机关、审查起诉机关和审判机关采取了附带民事诉讼的替代措施,又有多少没有采取该项措施,或者虽然采取了该项措施但没有达到弥补损失的效果等问题,则是本节要考察的内容。对此,笔者试图通过附带民事诉讼替代措施的实施所涉及不同犯罪类别的案件情况,来考察这些问题的实际状况。

一、全部追缴或责令退赔所涉犯罪类别

所谓全部追缴或责令退赔也称为追缴或责令退赔全部违法所得,是指被害人的物质损失通过侦查机关、审查起诉机关和审判机关在刑事诉讼过程中适用追缴或责令退赔措施,追回被告人的全部违法所得退还被害人,或者责令被告人全部退赔被害人的物质损失,从而使被害人因犯罪而遭受的物质损失得以全部弥补的状况。根据笔者的调查,H市两级法院审理的造成物质损失结果,适用或者应当适用追缴或责令退赔措施的一审案件中,适用追缴或责令退赔全部违法所得的案件数量为263件,占案件总数量918件的比率为28.6%。

首先,涉及侵犯财产权利犯罪类别的案件数量为224件,占适用追缴或责令退赔全部违法所得案件总数量的比率为85.2%,占替代措施涉及侵犯财产权利犯罪类别的案件数量比率为30.9%,占适用或者应当适用追缴或退赔违法所得的案件总数量的比率为24.4%。其次,涉及侵犯人身权利和财产权利犯罪类别的案件数量为39件,占适用追缴或责令退赔全部违法所得案件总数量的比率为14.8%,占替代措施涉及侵犯人身权利和财产权利

犯罪类别的案件数量比率为20.9%,占适用或者应当适用追缴或退赔违法所得的案件总数量的比率为4.2%。此外,涉及侵犯其他权利犯罪类别的案件数量为0件。

二、大部分追缴或责令退赔所涉犯罪类别

所谓大部分追缴或责令退赔也称为追缴或责令退赔大部分违法所得,是指被害人的物质损失通过侦查机关、审查起诉机关和审判机关,在刑事诉讼过程中适用追缴或责令退赔措施,追回被告人的大部分违法所得退还被害人,或者责令被告人退赔被害人的大部分物质损失,从而使被害人因犯罪而遭受的物质损失大部分得以弥补的状况。大部分追缴或责令退赔的具体数额,是指被害人物质损失数额50%以上的部分通过追缴或责令退赔措施得以弥补。根据笔者的调查,H市两级法院审理的造成物质损失结果适用或者应当适用追缴或责令退赔措施的一审案件中,适用追缴或责令退赔大部分违法所得的案件数量为208件,占案件总数量918件的比率为22.7%。

首先,涉及侵犯财产权利犯罪类别的案件数量为169件,占适用追缴或责令退赔大部分违法所得的案件总数量比率为81.3%,占替代措施涉及侵犯财产权利犯罪类别的案件总数量比率为23.3%,占适用或者应当适用追缴或责令退赔违法所得案件总数量的比率为18.4%。其次,涉及侵犯人身权利和财产权利犯罪类别的案件数量为37件,占适用追缴或责令退赔大部分违法所得的案件总数量比率为17.8%,占替代措施涉及侵犯人身权利和财产权利犯罪类别的案件总数量比率为19.8%,占适用或者应当适用追缴或责令退赔措施案件总数量的比率为4.0%。最后,涉及侵犯其他权利犯罪类别的案件数量为2件,占适用追缴或责令退赔大部分违法所得的案件总数量的比率为1.0%,占替代措施涉及侵犯其他权利犯罪类别的案件总数量比率为33.3%,占适用或者应当适用追缴或责令退赔违法所得的案件总数量的比率为0.2%。

三、小部分追缴或责令退赔所涉犯罪类别

所谓小部分追缴或责令退赔也称为追缴或责令退赔小部分违法所得,是指被害人的物质损失通过侦查机关、审查起诉机关和审判机关,在刑事诉讼过程中适用追缴或责令退赔措施,追回被告人的小部分违法所得退

还被害人,或者责令被告人退赔被害人的小部分物质损失,从而使被害人因犯罪而遭受的物质损失小部分得以弥补的状况。小部分追缴或责令退赔,是指被害人的物质损失的具体数额通过追缴或责令退赔措施得以弥补的部分不足50%的情况。根据笔者的调查,H市两级法院审理的造成物质损失结果适用或者应当适用追缴或责令退赔措施的一审案件中,适用追缴或责令退赔小部分违法所得的案件数量为206件,占案件总数量918件的比率为22.4%。

首先,涉及侵犯财产权利犯罪类别的案件数量为161件,占适用追缴或责令退赔小部分违法所得的案件总数量比率为78.2%,占替代措施涉及侵犯财产权利犯罪类别的案件总数量比率为22.2%,占适用或者应当适用追缴或责令退赔措施案件总数量的比率为17.5%。其次,涉及侵犯人身权利和财产权利犯罪类别的案件数量为44件,占适用追缴或责令退赔小部分违法所得的案件总数量比率为21.4%,占替代措施涉及侵犯人身权利和财产权利犯罪类别总数量比率为23.5%,占适用或者应当适用追缴或责令退赔措施案件总数量的比率为4.8%。最后,涉及侵犯其他权利犯罪类别的案件数量为1件,占适用追缴或责令退赔小部分违法所得的案件总数量为0.5%,占替代措施涉及侵犯其他权利犯罪类别的案件总数量比率为16.7%,占适用或者应当适用追缴或责令退赔措施案件总数量的比率为0.1%。

四、没有追缴或责令退赔所涉犯罪类别

所谓没有追缴或责令退赔是指被害人的物质损失应当通过适用追缴或责令退赔措施加以弥补,但侦查机关、审查起诉机关和审判机关没有采取该项措施,或者采取了该项措施而没有能够追缴或责令退赔任何违法所得财物,导致被害人的物质损失没有得到任何弥补。根据笔者的调查,H市两级法院审理的造成物质损失结果而适用或者应当适用追缴或责令退赔措施的一审案件中,应当适用而没有适用追缴或责令退赔措施的案件数量为241件,占案件总数量918件的比率为26.3%。

首先,涉及侵犯财产权利犯罪类别的案件数量为171件,占没有追缴或责令退赔违法所得的案件总数量比率为71.0%,占替代措施涉及侵犯财产权利犯罪类别的案件总数量比率为23.6%,占适用或者应当适用追缴或责令退赔措施案件总数量的比率为18.6%。其次,涉及侵犯人身权利和财产

权利犯罪类别的案件数量为67件，占没有追缴或责令退赔违法所得的案件总数量比率为27.8%，占替代措施涉及侵犯人身权利和财产权利犯罪类别的案件总数量比率为35.8%，占适用或者应当适用追缴或责令退赔措施案件总数量的比率为7.3%。最后，涉及侵犯其他权利犯罪类别的案件数量为3件，占没有追缴或责令退赔违法所得的案件总数量的1.2%，占替代措施涉及侵犯其他权利犯罪类别的案件总数量比率为50.0%，占适用或者应当适用追缴或责令退赔措施案件总数量的比率为0.3%。

综合以上四个方面的考察，可以发现H市两级法院适用替代措施的实施效果与涉及犯罪类别的规律。首先，适用追缴或责令退赔全部违法所得的措施主要集中在涉及侵犯财产权利犯罪类别和侵犯人身权利和财产权利犯罪类别的两类案件上；其次，适用追缴或责令退赔大部分违法所得的措施主要集中在涉及侵犯财产权利犯罪类别和涉及侵犯人身权利和财产权利犯罪类别的两类案件上，只有极个别案件涉及侵犯其他权利犯罪类别；再次，适用追缴或责令退赔小部分违法所得的措施也主要集中在涉及侵犯财产权利犯罪类别和涉及侵犯人身权利和财产权利犯罪类别的案件，极个别涉及侵犯其他权利犯罪类别的案件；最后，没有追缴或责令退赔违法所得的案件主要集中在涉及侵犯财产权利犯罪类别、涉及侵犯人身权利和财产权利犯罪类别上，而涉及侵犯财产权利犯罪类别为多，涉及侵犯人身权利和财产权利犯罪类别的案件为次，涉及侵犯其他权利犯罪案件虽然较少，但相对于全部、大部分和小部分追缴或责令退赔违法所得的案件，其数量比率是居于第一位的。（见图5-2和表5-2）

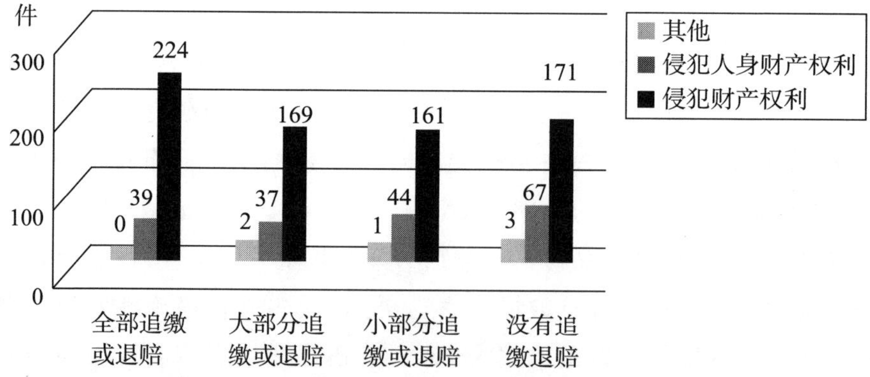

图5-2 追缴或责令退赔的实施涉犯罪种类数量

表 5-2　追缴或责令退赔的实施涉犯罪种类的数量与比率①

追缴或退赔情况	统计项目	犯罪种类			总计
		侵犯财产权利	侵犯人身财产权利	其他	
全部追缴或退赔	计数(件)	224	39	0	263
	在追缴或退赔情况内的占比(%)	85.2	14.8	0.0	100.0
	在犯罪种类内的占比(%)	30.9	20.9	0.0	28.6
	占总数的占比(%)	24.4	4.2	0.0	28.6
大部分追缴或退赔	计数(件)	169	37	2	208
	在追缴或退赔情况内的占比(%)	81.3	17.8	1.0	100.0
	在犯罪种类内的占比(%)	23.3	19.8	33.3	22.7
	占总数的占比(%)	18.4	4.0	0.2	22.7
小部分追缴或退赔	计数(件)	161	44	1	206
	在追缴或退赔情况内的占比(%)	78.2	21.4	0.5	100.0
	在犯罪种类内的占比(%)	22.2	23.5	16.7	22.4
	占总数的占比(%)	17.5	4.8	0.1	22.4
没有追缴或退赔	计数(件)	171	67	3	241
	在追缴或退赔情况内的占比(%)	71.0	27.8	1.2	100.0
	在犯罪种类内的占比(%)	23.6	35.8	50.0	26.3
	占总数的占比(%)	18.6	7.3	0.3	26.3
总计	计数(件)	725	187	6	918
	在追缴或退赔情况内的占比(%)	79.0	20.4	0.7	100.0
	在犯罪种类内的占比(%)	100.0	100.0	100.0	100.0
	占总数的占比(%)	79.0	20.4	0.7	100.0

① 表中数据为 H 市两级法院 1980 年、1996 年、1997 年、1999 年、2001 年、2003 年、2004 年、2011 年、2012 年、2013 年和 2014 年 1~6 月适用一审程序审理的案件,均以件为统计单位。

第三节　替代措施所涉具体罪名

在本章第二节有关附带民事诉讼替代措施适用所涉犯罪类别的考察基础上，本节将进一步探究其所涉及的具体罪名的数量比率情况。通过对所涉具体罪名数量比率的分布规律的分析，来研究在司法限定附带民事诉讼范围的条件下，适用附带民事诉讼替代措施的案件中是否还有能够提起附带民事诉讼可能案件，以此更加确切地掌握适用司法控制附带民事诉讼范围案件和适用附带民事诉讼替代措施案件的准确数量界限。为此，笔者根据适用或者应当适用附带民事诉讼替代措施的案件以及所涉及的盗窃、诈骗、抢劫等具体罪名的案件数量比率，制作了频率表和比率图。（见表 5-3）

表 5-3　追缴或责令退赔涉罪名频率①

犯罪类型	频率	百分比（%）	有效百分比（%）	累积百分比（%）
盗窃	626	68.2	68.2	68.2
诈骗	40	4.4	4.4	72.5
抢劫	132	14.4	14.4	86.9
抢夺	3	0.3	0.3	87.3
合同诈骗	11	1.2	1.2	88.5
贷款诈骗	5	0.5	0.5	89.0
贪污	9	1.0	1.0	90.0
受贿	2	0.2	0.2	90.2
其他	22	2.4	2.4	92.6
盗窃诈骗	3	0.3	0.3	92.9
盗窃抢劫	37	4.0	4.0	96.9
盗窃抢夺	1	0.1	0.1	97.1
盗窃其他	19	2.1	2.1	99.1
盗窃诈骗抢劫	1	0.1	0.1	99.2

① 表中数据为 H 市两级法院 1980 年、1996 年、1997 年、1999 年、2001 年、2003 年、2004 年、2011 年、2012 年、2013 年和 2014 年 1~6 月适用一审程序审理的案件，均以件为统计单位。

续表

犯罪类型	频率	百分比(%)	有效百分比(%)	累积百分比(%)
盗窃抢劫抢夺	1	0.1	0.1	99.3
诈骗其他	1	0.1	0.1	99.5
抢劫其他	2	0.2	0.2	99.7
盗窃抢劫其他	3	0.3	0.3	100.0
总计	918	100.0	100.0	

一、盗窃罪案件占比超过四分之三

盗窃罪,是指以非法占有为目的,秘密窃取数额较大的公私财物或者多次盗窃公私财物的行为。[①] 盗窃罪的犯罪对象是公私财物,而其侵犯的客体是公私财产的所有权,所以应当将其划归本研究所确定的侵犯财产权利犯罪类别。根据笔者的调查,H 市两级法院审理的适用或者应当适用追缴或责令退赔措施的案件中,涉及盗窃罪单一罪名的案件数量为 626 件,占案件总数量比率为 68.2%;数罪名中包括盗窃罪的案件数量为 65 件,占案件总数量比率为 7.0%。单一罪名的盗窃罪案件数量和数罪名的盗窃罪案件数量合计为 691 件,占该市法院适用或者应当适用追缴或责令退赔措施的案件总数量比率为 75.2%。数罪名中除去盗窃罪之外,主要涉及诈骗、抢劫、抢夺、其他等。

二、抢劫罪案件占比不足五分之一

抢劫罪,是指以非法占有为目的,以对财物的所有人或保管人当场实施暴力或者以当场实施暴力相威胁,或者以使被害人不能抗拒的方法,迫使其当场交出财物或者夺走其财物的行为。[②] 抢劫罪的犯罪客体为复杂客体,即同时侵犯公私财产权利和他人人身权利,应当归类于本研究所确定的侵犯人身权利和财产权利犯罪类别。根据笔者的调查,H 市两级法院审理的适用或者应当追缴或责令退赔措施的案件中,涉及侵犯人身权利和财产权利犯罪类别的抢劫罪单一罪名的案件数量为 132 件,占案件总数量比率为 14.4%;涉及数罪中还包含抢劫罪的案件数量为 44 件,占案件总数量比

① 参见王作富主编:《刑法分则实务研究》,中国正方出版社 2007 年版,第 1084 页。
② 参见王作富主编:《刑法分则实务研究》,中国正方出版社 2007 年版,第 1054 页。

率为4.7%。单一罪名的抢劫罪案件数量和数罪名的抢劫罪案件数量合计为176件,占该市法院审理的适用或者应当追缴和责令退赔措施的案件总数量比率为19.1%。涉及数罪名并包含抢劫罪的案件中,除去与盗窃罪案件一并被刑事追究的42件之外,还有与其他罪名一并被刑事追诉的案件2件。

三、诈骗罪、合同诈骗罪、贪污罪等案件占比极少

诈骗罪,是指以非法占有为目的,采用虚构事实或者隐瞒真相的欺骗方法,使受害人陷于错误认识并“自愿”处分财产,从而骗取数额较大的公私财物的行为。[①] 诈骗罪侵犯的直接客体是公私财产所有权,应当归类于本研究所确定的侵犯财产权利犯罪类别。根据笔者的调查,H市两级法院审理的适用或者应当适用追缴或责令退赔措施的案件中,涉及侵犯财产权利犯罪类别的诈骗罪,其单一罪名的案件数量为40件,占案件总数量比率为4.4%;其数罪名中包括诈骗罪的案件数量为5件,占案件总数量比率为0.5%。合同诈骗罪,是指以非法占有为目的,在签订、履行合同过程中,骗取对方当事人财物,数额较大的行为。合同诈骗罪的犯罪对象为公私财物,侵犯的客体为复杂客体,包括财产所有权关系和市场交易安全秩序,归类于本研究所确定的侵犯财产权利犯罪类别。根据笔者的调查,H市两级法院审理的适用或者应当适用追缴或责令退赔措施的案件中,涉及侵犯财产权利犯罪类别的合同诈骗罪,其单一罪名的案件数量为11件,占案件总数量比率为1.2%。贪污罪,是指国家工作人员利用职位上的便利,侵吞、窃取、骗取或者以其他手段非法占有公共财物的行为。[②] 贪污罪侵犯的客体为复杂客体,为国家工作人员职务行为的廉洁性和公共财产的所有权,根据本研究的需要将其划归侵犯财产权利犯罪类别。根据笔者的调查,H市两级法院审理的适用或者应当适用追缴或责令退赔措施的案件中,涉及单一罪名的贪污罪的数量为9件,占案件总数量比率为1.0%。此外,涉及贷款诈骗罪、抢夺罪、受贿罪和其他单一罪名的案件数量为32件,占案件总数量比率为3.4%。

综合以上三个方面的考察,可以发现H市两级法院适用或者应当适用

---

① 参见王作富主编:《刑法分则实务研究》,中国正方出版社2007年版,第1107页。

② 参见王作富主编:《刑法分则实务研究》,中国正方出版社2007年版,第1738页。

追缴或责令退赔措施的案件涉及犯罪类别的规律。首先,涉及侵犯财产权利犯罪类别的盗窃罪占据75%以上的主要比例,但与盗窃罪复合存在的数罪名的案件中,还存在涉及侵犯人身权利和财产权利犯罪类别的抢劫罪,属于既具有附带民事诉讼可能性也适用追缴或责令退赔措施的案件。其次,涉及侵犯人身权利和财产权利犯罪类别的抢劫罪占据19%以上的次要比例,但是,该类犯罪却属于既可以适用追缴或责令退赔措施,又可以由被害人提起附带民事诉讼的部分案件。结合本章第一节的调查可以发现,该类犯罪中既提起附带民事诉讼又适用了追缴或责令退赔措施的,仅仅只有3件案件。① 最后,涉及贷款诈骗罪、抢夺罪、受贿罪的案件与诈骗罪、合同诈骗罪和贪污罪的单一罪名案件总数量比率,则达到该市法院审理的适用或者应当适用追缴或责令退赔措施案件总数量的10.5%。

第四节　替代措施的实施阶段

本节主要考察追缴或者责令退赔措施在刑事诉讼的侦查阶段、审查起诉阶段和审判阶段的实施情况,以及不同刑事诉讼阶段对追缴或者责令退赔措施实施效果的影响。通过对这些问题的考察,探究用追缴或责令退赔措施替代附带民事诉讼,并以此来实现被害人由于犯罪行为而遭受财产损失的求偿权从而达到限制附带民事诉讼范围的目的,其在司法实践中是否实际有效地得以实现。为此,笔者将H市两级法院追缴或责令退赔措施的实施情况与其所实施的刑事诉讼阶段进行了交叉分析。

一、侦查阶段实施措施的案件占比最高

侦查是指国家法定机关在办理刑事案件过程中,为收集犯罪证据和查获犯罪人而依法进行的专门调查工作和采取的有关强制措施。② 根据我国刑事诉讼法的规定,刑事案件的侦查权主要由公安机关行使,贪污贿赂案件的侦查权由检察机关行使,其他案件侦查权的行使由法律另行规定。③ 因此,所谓侦查阶段就是指公安机关或者检察机关或者法律规定的其他侦查

---

① 参见表5-1:造成物质损失案件提起附带民事诉讼与追缴或退赔适用情况。

② 参见樊崇义主编:《刑事诉讼法学》,中国政法大学出版社2013年,第408页。

③ 《刑事诉讼法》第18条的规定。

机关,在办理刑事案件过程中,为收集犯罪证据和查获犯罪人而依法进行的专门调查工作和采取的有关强制措施。这里所说的专门调查工作,具体包括讯问犯罪嫌疑人,询问证人、被害人,勘验、检查,侦查实验,搜查,查封、扣押物证、书证,查询、冻结存款、汇款,鉴定,技术侦查,通缉等诉讼活动。[①]其中的搜查,查封、扣押物证、书证,查询、冻结存款、汇款等措施,既是对犯罪证据的收集,也是对被告人违法所得的追缴,属于侦查机关侦查犯罪过程中应当履行的职责。对于查封、扣押、冻结的被告人的违法所得财物,对被害人的合法财产及其孳息权属明确无争议,并且涉嫌犯罪事实已经查清属实的,应当在登记、拍照或者录像、估价后及时返还被害人。[②] 有关责令退赔措施,除了刑法的规范之外,公安部、最高人民检察院有关刑事诉讼的规则中没有进一步的明确要求。因此,在刑事诉讼的侦查阶段侦查机关适用追缴被告人违法所得的措施较适用责令被告人退赔被害人损失的措施,更加主动也更加普遍。

笔者根据调查发现,H 市两级法院被抽查的适用追缴或责令退赔措施的案件中,属于侦查机关在侦查阶段实施该项措施的案件为大多数,占据刑事诉讼的侦查、审查起诉和审判等三个阶段的首位,并且这些案件有98.8%以上的是由公安机关实施、1.2%的由检察机关实施。[③] 首先,侦查机关适用追缴或责令退赔全部违法所得的案件数量为 241 件,占该市两级法院审理的适用追缴或责令退赔全部违法所得案件总数量 263 件的比率为91.6%,占该市两级法院审理的侦查阶段适用追缴或责令退赔措施案件总数量 582 件的比率为 41.4%,占该市两级法院审理的适用追缴或责令退赔全部、大部分、小部分违法所得案件总数量 677 件的比率为 35.6%。其次,侦查机关适用追缴或责令退赔大部分违法所得的案件数量为 150 件,占该市两级法院审理的适用追缴或责令退赔大部分违法所得案件总数量 208 件的比率为 72.1%,占该市两级法院审理的侦查阶段适用追缴或责令退赔措施案件总数量 582 件的比率为 25.8%,占该市两级法院审理的适用追缴

① 《刑事诉讼法》第 115~154 条的规定。

② 2012 年 12 月公安部部长办公会议通过的《公安机关办理刑事案件程序规定》第 229 条的规定。

③ 参见表 5-3:追缴或责令退赔涉罪名频率,其中显示检察机关负责侦查的贪污、受贿案件所占比率为 1.2%。

或责令退赔全部、大部分、小部分违法所得案件总数量的比率为 22.2%。最后，侦查机关适用追缴或责令退赔小部分违法所得的案件数量为 191 件，占该市两级法院审理的适用追缴或责令退赔小部分违法所得案件总数量 206 件的比率为 92.7%，占该市两级法院审理的侦查阶段适用追缴或责令退赔措施案件总数量 582 件的比率为 32.8%，占该市两级法院审理的适用追缴或责令退赔全部、大部分、小部分违法所得案件总数量 677 件的比率为 28.2%。由此可见，侦查机关在侦查阶段适用追缴或责令退赔措施案件总数量为 582 件，占 H 市法院审理的适用追缴或责令退赔措施案件总数量 677 件的比率为 86.0%。

二、审查起诉阶段实施措施的案件占比很少

审查起诉是指人民检察院对侦查终结的案件进行受理，并予以审查，进而决定是否起诉的诉讼活动。[①] 人民检察院受理移送审查起诉案件，应当指定检察员或者由经检察长批准代行检察员职务的助理检察员办理，也可以由检察长办理。上述检察人员审查移送起诉的案件，应当审查的内容包括犯罪嫌疑人身份状况，犯罪事实、情节，犯罪性质和罪名，证据材料，侦查法律手续和诉讼文书，是否漏罪、漏犯，附带民事诉讼情况，强制措施的适用，侦查活动合法性以及涉案赃物处理等。其中，对于涉案赃物处理部分的审查，涉及要审查被害人合法财产的返还处理是否妥当，移送的证明文件是否完备；对于追缴的财物中属于被害人的合法财产，不需要在法庭出示的，应当及时返还被害人，并由被害人在发还款物清单上签名或者盖章，注明返还的理由，并将清单、照片附卷。[②] 同时，根据刑事诉讼法的相关规定，人民检察院审查案件，对于需要补充侦查的，可以退回公安机关补充侦查，也可以自行侦查。[③] 因此，可以看出，检察机关审查起诉过程中实施追缴措施的，通常是对侦查机关已经扣押的财产及时予以返还被害人，或者是自行补充侦查过程中扣押犯罪嫌疑人的违法所得并予以返还被害人。责令退赔措施并没有明确规定在刑事诉讼法或检察机关的相关规则中，只是根

① 参见樊崇义主编：《刑事诉讼法学》，中国政法大学出版社 2013 年版，第 455 页。

② 最高人民检察院检察委员会 2012 年 10 月 16 日修订的《检察院刑事诉讼规则》第 360 条、第 363 条和第 387 条规定的内容。

③ 《刑事诉讼法》第 171 条第 2 款规定的内容。

据刑法的相关要求，检察人员在刑事司法实践中予以实施的司法惯例。

笔者通过调查发现，H市两级法院审理的适用追缴或责令退赔措施的案件中，检察机关在审查起诉阶段实施的追缴或责令退赔措施的案件数量不足1/10，在刑事诉讼三个阶段居第二位。首先，检察机关在审查起诉阶段适用追缴或责令退赔全部违法所得的案件数量为2件，占该市两级法院审理的适用追缴或责令退赔全部违法所得案件总数量的比率为0.8%，占该市两级法院审理的在审查起诉阶段适用追缴或责令退赔案件总数量53件的比率为3.8%，占该市两级法院审理的适用追缴或责令退赔法所得案件总数量677件的比率为0.3%。其次，检察机关在审查起诉阶段适用追缴或责令退赔大部分违法所得的案件数量为46件，占该市两级法院审理的适用追缴或责令退赔大部分违法所得案件总数量的比率为22.1%，占该市两级法院审理的在审查起诉阶段适用追缴或责令退赔措施案件总数量53件的比率为86.8%，占该市两级法院审理的适用追缴或责令退赔违法所得案件总数量的比率为6.8%。最后，检察机关在审查起诉阶段适用追缴或责令退赔小部分违法所得的案件数量为5件，占该市两级法院审理的适用追缴或责令退赔小部分违法所得案件总数量的比率为2.4%，占该市两级法院审理的在审查起诉阶段适用追缴或责令退赔案件总数量53件的比率为9.4%，占该市两级法院审理的适用追缴或责令退赔违法所得案件总数量的比率为0.7%。由此可见，检察机关在审查起诉阶段适用追缴或责令退赔违法所得案件总数量为53件，占该市法院审理的适用追缴或责令退赔违法所得案件总数量的比率为7.8%。

三、审判阶段实施措施的案件占比最低

刑事审判是指法院对案件进行审理并作出裁判的诉讼行为。刑事审判，作为一个特定的诉讼行为，可以分解为审理和裁判两个阶段和行为。所谓审理，在行为上是指法院在公诉人、当事人及其他诉讼参与人的参与下，调查核实各种证据、查清案件事实并审查如何正确适用法律的活动，在阶段上可以包括开庭、法庭调查和法庭辩论等程序环节。所谓裁判，在行为上是指法院依据查清的案件事实和国家的法律，对案件的实体问题（定罪量刑）或某些程序问题作出权威性处理决定的活动，在阶段上包括评议、作

出判决和宣告判决等程序环节。[①] 刑事审判阶段法院适用追缴或责令退赔措施,包括对公诉机关或者自诉人移送的或者法院在审判阶段查封、扣押、冻结的被告人违法所得物品、现金等财务及其孳息,在不影响审判的情况下及时退还被害人,或者对尚未被追缴或未能退赔的违法所得裁定或判决予以继续追缴或责令退赔的情况。

根据笔者的调查,H 市两级法院在审判阶段实施的追缴或责令退赔措施的案件数量在刑事诉讼各个阶段的占比最低。首先,法院在审判阶段适用追缴或责令退赔全部违法所得的案件数量为 20 件,占该市两级法院审理的适用追缴或责令退赔全部违法所得案件总数量的比率为 7.6%,占该市两级法院审理的在审判阶段适用追缴或责令退赔案件总数量 42 件的比率为 47.6%,占该市两级法院审理的适用追缴或责令退赔措施案件总数量的比率为 3.0%。其次,法院在审判阶段适用追缴或责令退赔大部分违法所得的案件数量为 12 件,占该市两级法院审理的适用追缴或责令退赔大部分违法所得案件总数量的比率为 5.8%,占该市两级法院审理的在审判阶段适用追缴或责令退赔案件总数量 42 件的比率为 28.6%,占该市两级法院审理的适用追缴或责令退赔措施案件总数量的比率为 1.8%。最后,法院在审判阶段适用追缴或责令退赔小部分违法所得的案件数量为 10 件,占该市两级法院审理的适用追缴或责令退赔小部分违法所得案件总数量的比率为 4.9%,占该市两级法院审理的在审判阶段适用追缴或责令退赔案件总数量 42 件的比率为 23.5%,占该市两级法院审理的适用追缴或责令退赔措施案件总数量的比率为 1.5%。由此可见,法院在审判阶段适用追缴或责令退赔措施的案件总数量为 42 件,占该市两级法院审理的适用追缴或责令退赔措施的案件总数量 677 件的比率为 6.2%。

综合以上三个方面的考察,可以发现 H 市两级法院审理的适用追缴或责令退赔措施的案件在刑事诉讼各个阶段的实施规律为:在侦查阶段适用追缴或责令退赔违法所得的案件数量,占该市法院审理的适用追缴或责令退赔措施的案件总数量的比率最高达 86%;而在审查起诉阶段与审判阶段适用追缴或责令退赔违法所得的案件数量均不到 10%。(见图 5-3 和表 5-4)

---

① 参见樊崇义主编:《刑事诉讼法学》,中国政法大学出版社 2013 年版,第 475 页。

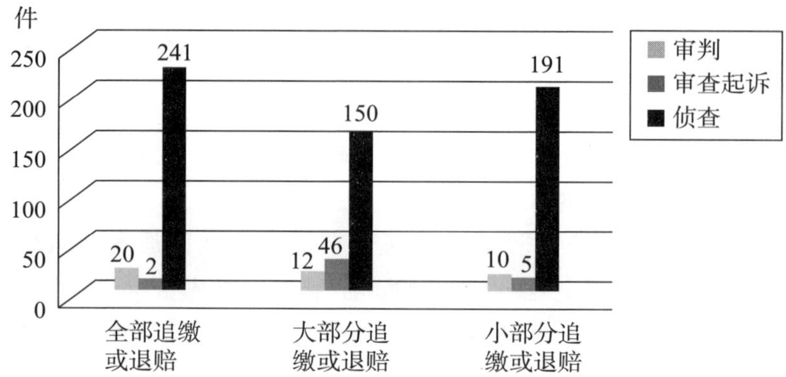

图 5-3　追缴或责令退赔情况与实施阶段的数量

表 5-4　追缴或责令退赔情况与实施阶段的数量与比率①

追缴或退赔情况	统计项目	实施阶段			总计
		侦查	审查起诉	审判	
全部追缴或退赔	计数(件)	241	2	20	263
	在追缴或退赔情况内的占比(%)	91.6	0.8	7.6	100.0
	在实施阶段内的占比(%)	41.4	3.8	47.6	38.8
	占总数的占比(%)	35.6	0.3	3.0	38.8
大部分追缴或退赔	计数(件)	150	46	12	208
	在追缴或退赔情况内的占比(%)	72.1	22.1	5.8	100.0
	在实施阶段内的占比(%)	25.8	86.8	28.6	30.7
	占总数的占比(%)	22.2	6.8	1.8	30.7
小部分追缴或退赔	计数(件)	191	5	10	206
	在追缴或退赔情况内的占比(%)	92.7	2.4	4.9	100.0
	在实施阶段内的占比(%)	32.8	9.4	23.8	30.4
	占总数的占比(%)	28.2	0.7	1.5	30.4

① 表中数据为H市两级法院1980年、1996年、1997年、1999年、2001年、2003年、2004年、2011年、2012年、2013年和2014年1~6月适用全部或者大部分或者小部分追缴或责令退赔措施审理的一审程序案件，均以件为统计单位。

续表

追缴或退赔情况	统计项目	实施阶段			总计
		侦查	审查起诉	审判	
总计	计数(件)	582	53	42	677
	在追缴或退赔情况内的占比(%)	86.0	7.8	6.2	100.0
	在实施阶段内的占比(%)	100.0	100.0	100.0	100.0
	占总数的占比(%)	86.0	7.8	6.2	100.0

第五节　替代措施适用的实效性和局限性

本章前四节通过对H市两级法院审理的造成物质损失结果案件的追缴或责令退赔措施与附带民事诉讼的适用情况，追缴或责令退赔涉及的犯罪类别和具体罪名以及追缴或责令退赔措施实施的诉讼阶段的考察，探究了H市两级法院适用追缴或责令退赔措施的效果、适用的犯罪类别、涉及的具体罪名的情况以及实施的最佳诉讼阶段，从中发现了替代措施功能的有效性和局限性。

一、替代措施较附带民事诉讼的适用更有实际效果

最高人民法院于2012年通过的《关于适用〈中华人民共和国刑事诉讼法〉的解释》，承继了其1999年颁布的《全国法院维护农村稳定刑事审判工作座谈会纪要》等规定精神，对附带民事诉讼范围予以限制，并以追缴或责令退赔措施替代部分案件附带民事诉讼。规定追缴或者责令退赔措施替代附带民事诉讼，目的在于减少非法占有、处置被害人财产类别犯罪案件附带民事诉讼的数量，其理由是认为依靠司法机关公权力实施的强行追缴或责令退赔措施对被告人量刑予以影响，从而鼓励被告人积极赔偿被害人的做法，能够有效地保障被害人此类犯罪案件中的财产权利。由此，可以将追缴或责令退赔作为替代措施的功能归结为有利于刑事诉讼的顺利进行和有效保障被害人财产权利。替代措施的实施否定了被害人在针对被告人非法占有、处置其财产犯罪类别案件中的附带民事诉讼权利，但有利于此类别刑事案件的顺利进行，对此无须加以证明便可以得出结论。需要探讨的问题

是,替代措施在实践中的实施状况是否如所设想的那样,较附带民事诉讼能够发挥更加有效的保障被害人的积极作用。

就替代措施较附带民事诉讼而言,是否能够发挥更加有效的保障被害人财产权益的积极作用,可以通过比较两者适用的案件数量和比率的情况来确定。通过本章第一节考察的情况,可以发现H市两级法院审理的造成物质损失结果案件,适用追缴或责令退赔措施比附带民事诉讼更加有效。首先,对于规定的可以纳入附带民事诉讼范围的案件类别,少数被害人采用了附带民事诉讼的权利救济方式,但多数被害人并没有使用该救济方式。笔者的调查结果显示,H市两级法院审理的造成物质损失结果的2509件一审刑事案件中,被害人通过附带民事诉讼方式解决其物质损失赔偿请求的案件数量为507件,仅占20.2%;被害人有权提起而没有提起附带民事诉讼的案件数量为1084件,所占比率高达43.2%。其次,对于规定应当采用附带民事诉讼替代措施的案件类别,多数案件司法机关适用了追缴或者责令退赔措施,只有少数案件没有适用该措施。笔者的调查显示,H市两级法院审理的造成物质损失结果的案件中,被害人的物质损失求偿权利通过附带民事诉讼替代措施得到或者部分得到救济的案件数量为674件,占据造成物质损失结果案件总数量的比率为26.9%,略高于被害人通过附带民事诉讼实现救济的案件数量占比;而侦查机关、审查起诉机关和审判机关依法应当适用替代措施弥补被害人的物质损失而实际没有适用的案件数量为241件,占造成物质损失结果的案件总数量不到1/10。最后,从以上两部分的案件数量和比率上看,H市两级法院适用追缴或责令退赔措施明显比适用附带民事诉讼具有优势。从数量上看,H市两级法院审理的造成物质损失结果的案件中,侦查机关、审查起诉机关和审判机关主动适用追缴或责令退赔措施的案件数量为674件,较被害人提起附带民事诉讼的案件数量507件多出167件。从比率上看,法律和司法解释赋予被害人具有提起附带民事诉讼权利的案件中,被害人实际行使该项诉讼权利而提起附带民事诉讼的案件比率为31%;而法律和司法解释授权司法机关主动追缴或责令退赔的案件中,司法机关实际行使职权追缴或责令退赔的案件数量比率为73.7%。后者较前者的适用比率高出42.7%。[①] 所以,笔者据此得出结

① 参见表5-1:造成物质损失案件提起附带民事诉讼与追缴或退赔适用情况。

论，追缴或责令退赔作为替代附带民事诉讼的一项措施，在实践中的适用较附带民事诉讼本身更加具有实际效果。

二、替代措施实施效果的局限性

我国现行刑法规定，犯罪分子违法所得的一切财物，应当予以追缴或者责令退赔。[①] 将追缴或者责令退赔措施适用的犯罪对象限定在犯罪分子违法所得的一切财物上。司法解释将司法机关主动实施追缴或责令退赔措施限定在一定范围的案件上，即非法占有、处置被害人财产的案件。这从司法机关的职责方面限制了追缴或者责令退赔措施实施的范围，也决定了该项措施实施效果的局限性。这一局限性从本章第一节调查的数据中可以看出，大量的造成物质损失结果的案件根据法律和司法解释的规定并不能直接适用追缴或责令退赔措施，但这并不是此处要讨论的重点问题。在此需要讨论的问题是，较附带民事诉讼适用更加具有实际效果的替代措施，其实施的实际效果是否能够全面实现弥补被害人所遭受物质损失的结果。

对于这个问题的研究，可以根据本章第二节考察的情况进行论证。综合本章第二节四个方面所述内容，发现适用替代措施的案件多数并没有能够全部实现被害人财产权利。笔者的调查显示，对于H市两级法院审理的造成物质损失结果应当适用附带民事诉讼替代措施的案件，侦查机关、审查起诉机关和审判机关适用追缴或责令退赔措施，从而弥补被害人全部物质损失的案件数量，占到适用或者应当适用追缴或责令退赔措施案件总数量的比率为28.6%；适用替代措施而弥补被害人大部分物质损失的案件数量，占到适用或者应当适用追缴或责令退赔措施案件总数量的比率为22.7%；适用替代措施而弥补了被害人小部分物质损失的案件数量，占到适用或者应当适用追缴或责令退赔措施案件总数量的比率为22.4%；没有适用替代措施而没有能够弥补被害人物质损失的案件总数量，占到适用或者应当适用追缴或责令退赔措施案件总数量的比率为26.3%。这表明替代措施虽然较附带民事诉讼的适用数量更多，适用各自范围的比率相比更高一些，但是，替代措施并不能完全弥补被害人所遭受犯罪侵犯的物质损失结果，大部分案件被害人的财产权利并没有实际得到充分实现。由此可见，要求司法机关强行适用的替代措施，其实施效果也具有局限性。

---

① 《刑法》第64条的规定。

三、替代措施适用犯罪类别和具体罪名的局限性

司法机关适用替代措施的职责范围的有限性规定，决定了该项措施实施涉及犯罪类别和具体罪名的局限性。从涉及的犯罪类别上看，以涉及侵犯财产权利犯罪类别为主，占适用或者应当适用替代措施的案件总数量的比率为79%；涉及侵犯人身权利和财产权利犯罪类别为次，占适用或者应当适用替代措施的案件总数量的比率为20.4%；涉及侵犯其他权利犯罪类别最少，占适用或者应当适用替代措施的案件总数量的占比不足1%。[①] 从涉及的具体罪名上看，H市两级法院审理的适用或者应当适用替代措施的案件中，有75.2%的案件为涉及侵犯财产权利犯罪类别的盗窃罪。有19.1%的案件为涉及侵犯人身权利和财产权利犯罪类别的抢劫罪，而这部分案件既可以由被害人提起附带民事诉讼，也可以由侦查和司法机关适用替代措施，但其中绝大多数并没有实际提起附带民事诉讼。有10.5%的案件为涉及侵犯财产权利犯罪类别的诈骗罪、合同诈骗罪和贪污罪以及涉及其他权利犯罪类别的案件。[②] 可见，对于涉及侵犯财产权利犯罪类别的盗窃罪和涉及侵犯人身权利和财产权利犯罪类别的抢劫罪适用替代措施的情况代表了H市两级法院适用追缴或责令退赔措施的整体状况。

根据以上情况可以看出，附带民事诉讼替代措施适用的犯罪行为人主要是盗窃犯罪的被告人和抢劫犯罪的被告人，并兼顾诈骗犯罪、合同诈骗犯罪以及贪污犯罪等的被告人。从犯罪学的角度分析，盗窃犯罪行为人通常为农村无正当职业的低文化程度年轻人，而其家庭经济状况多数难以满足其正常的物质需求。有的研究者认为外来人口（主要是农民工）是盗窃犯罪的主体。其理由为："当前，农村剩余劳力增多和城乡生活水平的明显差距，他们纷纷涌入城市，从事城市居民不愿做的脏活、累活、苦活，有的还找不到稳定的工作，常处于失业或半失业的状态，有的甚至连吃、住这些基本的生活需要都得不到解决，现实生活的艰辛、挫折、无助甚至绝望使他们误入歧途。"[③]也有学者认为："在实施盗窃犯罪的人中大多是些只有初中及其以下文化程度的人，由于没有多少文化知识，对于一些技术活无法胜任，而

---

① 参见表5-2：追缴或责令退赔的实施涉犯罪种类的数量与比率。

② 参见表5-3：追缴或责令退赔涉罪名频率。

③ 葛炳瑶：《2006年浙江省在押罪犯主要犯罪类型的犯罪原因调查》，载《中国司法》2008年第2期。

只能从事一些低端的劳动,但他们又怕累。在一个高速发展的城市里,他需要一些拥有高技术、高科技的产业来带动整个城市的发展,对于那些只有初中及其以下文化程度的人而言是没有什么竞争能力的,因此,他们就想要找些比较轻松的、风险小的'活'来干。"①对于抢劫犯罪行为人而言,社会保障不健全是导致他们犯罪的重要社会原因。相关研究者曾对1101名罪犯进行分析,发现除94名是城镇居民外,其余均来自农村。所以,该研究者认为:"大量农村人口为生活所迫涌入城镇打工,造成城镇劳动力过剩,形成庞大的社会闲散人员队伍,但他们又无法纳入目前的社会保障体系。这些人员无疑是社会治安和社会稳定的重大隐患。"②

从以上两种现象中不难找到其中的关联因素,即附带民事诉讼替代措施适用的具体犯罪为盗窃罪和抢劫罪,而以非法获取他人财物为目的的盗窃犯罪和主要针对财产而实施的抢劫犯罪,实施犯罪的行为人往往家庭经济状况较差,本人正当获取财物的能力较弱,所盗窃或抢劫的违法所得财物通常在犯罪完成后即被挥霍,所以司法机关在案发后难以完全追缴或责令退赔。案件被告人本身被追缴或责令退赔能力的有限性决定了追缴或责令退赔措施替代附带民事诉讼实现被害人财产损失赔偿权利的局限性,其难以全面彻底地实现被害人的财产权利。

四、替代措施有效发挥作用的诉讼阶段具有局限性

我国刑法规定的对犯罪分子违法所得的一切财物予以追缴或责令退赔,在刑事诉讼法的规定中体现为扣押物品和查询、冻结存款、汇款等侦查活动,审查起诉活动和审判活动。这些活动在实践中得以实施的通常条件为犯罪分子的违法所得财物还存在,侦查机关、审查起诉机关和审判机关能够发现并采取扣押等措施予以追回。如果不能够发现该财物的存在,且犯罪分子也没有可以退赔的财物,通常也就不采取扣押等措施。扣押、查询、冻结等措施具有查明犯罪和弥补被害人损失的双重功能,正如有学者所说的,它既可以帮助了解犯罪嫌疑人的犯罪情况,有力地证实犯罪和惩罚犯罪,也可以为国家、集体和个人挽回经济损失,维护国家、集体的经济利益和

---

① 荣逸菲:《从犯罪学角度对盗窃罪的分析》,载《商》2015年第40期。

② 葛炳瑶:《2006年浙江省在押罪犯主要犯罪类型的犯罪原因调查》,载《中国司法》2008年第2期。

公民个人的财产利益。[①]

实践中，采取扣押、查询、冻结财物措施的最有利的阶段应当是距离犯罪行为实施时间、空间最近的刑事诉讼侦查阶段，而刑事诉讼的审查起诉和审判阶段距离犯罪的时间、空间更加遥远，采用扣押、查询和冻结措施会有更大的难度。通过本章第四节的考察，能够清楚地发现这一规律。笔者的调查显示，H 市两级法院审理的应当适用追缴或责令退赔措施的案件中，在侦查阶段完成追缴或责令退赔措施的案件数量占比高达 86%，而在审查起诉和审判两个阶段完成的追缴或责令退赔措施的案件数量合计占比也仅仅为 14%。[②] 这一现象说明追缴或责令退赔措施适用的有效阶段为侦查阶段，而审查起诉和审判阶段虽然也有一些能够完成或者部分完成追缴或责令退赔措施违法所得的案件，但是，和侦查阶段的效果比相差太远。审查起诉和审判阶段实施追缴或责令退赔措施只能成为侦查阶段的补充。基于此，笔者认为，追缴或责令退赔作为附带民事诉讼的替代措施，其有效适用的诉讼阶段较为单一，限制在刑事诉讼初期的侦查阶段。

综上所述，将附带民事诉讼范围缩小后，采用追缴或责令退赔措施替代被害人提起的附带民事诉讼，对于弥补被害人的物质损失权益在实践中发挥了一定的积极功效。但是，该项措施本身的性质决定了其适用案件范围的实际实施效果具有一定局限性，也决定了其适用的具体犯罪案件具有难以弥补损失的客观性以及该项措施有效适用的刑事诉讼阶段具有单一性和局限性。

---

① 参见陈光中主编：《刑事诉讼法》北京大学出版社、高等教育出版社 2005 年，第 292 页。

② 参见表 5-4：追缴或责令退赔情况与实施阶段的数量与比率。

第六章　附带民事诉讼替代措施之救济与执行

附带民事诉讼替代措施之救济，也称为未能追缴或责令退赔违法所得部分的权利救济，是指法院一审刑事判决之前，对于被告人的犯罪行为造成被害人的物质损失，经过侦查机关、审查起诉机关和审判机关的追缴或责令退赔，仍然没有得到弥补的损失部分，被害人依法通过提出索赔要求继续追缴或责令退赔，或者附带民事诉讼请求，法院依法裁判继续追缴或责令退赔，或者判决被告人赔偿被害人物质损失，来实现被害人财产权利的救济途径。附带民事诉讼替代措施的执行，是指法院依法对被告人违法所得予以继续追缴或责令其退赔的裁判，被公权力机关予以强制实现的状况。实践中未能被追缴或责令退赔的违法所得部分，表明被害人所遭受的物质损失，在侦查、审查起诉和审判程序中通过附带民事诉讼替代措施没有得到弥补的实际情况。那么，在替代措施实施完成之后，这些遭受犯罪侵害而导致财产损失的被害人，其能够采取的其他司法救济措施情况如何，以及法院裁判继续追缴或责令退赔的实际执行情况如何，将是本章要考察的问题。对此，需要考察的问题主要是对于未能追缴或责令退赔的违法所得部分，被害人通过救济措施与司法机关采取救济措施产生的实际效果。具体而言，就是被害人的索赔情况、被害人提起附带民事诉讼情况、法院判决继续追缴或责令退赔情况以及继续追缴或责令退赔的实际执行情况。

第一节　被害人索赔

被害人索赔，是指在刑事案件中遭受被告人犯罪行为的侵害而导致财产损失的单位或个人，在侦查机关、审查起诉机关和审判机关实施追缴或责令退赔措施后，其损失仍然没有得到弥补，而向侦查机关、审查起诉机关或审判机关提出继续对被告人实施追缴或责令退赔的主张，以此实现其财物损失得以赔偿的权利。刑事诉讼过程中，被害人索赔数量的多少，既表明财产犯罪案件的被害人对其财产权利的关心和重视程度,也表明诉讼程序对于被害人权利救济的保障程度。为此,笔者对H市两级法院适用追缴或责令退赔措施的案件情况与当事人有无索赔的情况进行分析考察。

一、继续索赔的案件数量极少

H市两级法院适用或应当适用追缴或责令退赔措施的案件中,经过侦查机关、审查起诉机关和审判机关适用追缴或责令退赔措施之后,除去追缴或责令退赔全部违法所得的案件没有被害人继续索赔之外,被害人继续主张对被告人进行追缴或责令退赔予以赔偿损失的案件数量为18件,占该市法院适用或应当适用追缴或责令退赔案件总数量918件的比率为2.0%。其具体情况如下:

1.索赔数量最多的为追缴或责令退赔大部分违法所得案件

H市两级法院审理的适用追缴或责令退赔大部分违法所得的案件数量为208件,其中被害人索赔的案件数量为9件,占适用追缴或责令退赔大部分违法所得案件总数量的比率为4.3%,占整个适用或应当适用追缴或责令退赔违法所得案件中索赔总数量18件的比率为50.0%,但是,占适用或应当适用追缴或责令退赔违法所得案件总数量比率仅仅为1.0%。

2.索赔数量居第二位的为追缴或责令退赔小部分违法所得案件

H市两级法院审理的适用追缴或责令退赔小部分违法所得的案件数量为206件,其中被害人索赔的案件数量为6件,占追缴或责令退赔小部分违法所得案件总数量的比率为2.9%,占整个适用或应当适用追缴或责令退赔违法所得案件中索赔总数量18件的比率为33.3%,但是,占适用或应适用追缴或责令退赔违法所得案件总数量比率仅仅为0.7%。

3.索赔数量最少的为没有追缴或责令退赔违法所得案件

H市两级法院审理的没有适用追缴或责令退赔违法所得的案件数量为241件,其中被害人索赔的案件数量为3件,占没有适用追缴或责令退赔违法所得案件总数量的比率为1.2%,占整个适用或应当适用追缴或责令退赔违法所得案件中索赔总数量18件的比率为16.7%,但是,占适用或应当适用追缴或责令退赔违法所得案件总数量比率仅仅为0.3%。

二、未继续索赔的案件数量极多

H市两级法院审理的适用或应当适用追缴或责令退赔措施的案件中,经过侦查机关、审查起诉机关和审判机关适用追缴或责令退赔措施之后，被害人没有主张继续索赔的案件数量多达900件，占该市法院适用或者应当适用责令退赔措施的案件总数量比率为98%。除去追缴或责令退赔全部违法所得的案件总数量263件全部没有继续索赔之外，其他案件未继续索赔的情况分别如下：

1. 未索赔数量最多的为没有追缴或责令退赔违法所得案件

H市两级法院审理的没有适用追缴或责令退赔违法所得的案件总数量为241件，其中被害人未索赔的案件数量为238件，占没有追缴或责令退赔违法所得的案件数量比率为98.8%，占整个适用或应当适用追缴或责令退赔违法所得案件中未索赔的案件总数量的比率为26.4%，占该市法院适用或者应当适用追缴或责令退赔违法所得案件总数量的比率为25.9%。

2. 未索赔数量居第二位的为追缴或责令退赔小部分违法所得案件

H市两级法院审理的适用追缴或责令退赔小部分违法所得的案件总数量为206件，其中被害人未索赔的案件数量为200件，占追缴或责令退赔小部分违法所得案件总数量的比率为97.1%，占整个适用或应当适用追缴或责令退赔违法所得案件中未索赔的案件总数量的比率为22.2%，占该市法院适用或者应当适用追缴或责令退赔违法所得的案件总数量比率为21.8%。

3. 未索赔数量居第三位的为追缴或责令退赔大部分违法所得案件

H市两级法院审理的适用追缴或责令退赔大部分违法所得的案件总数量为208件，其中被害人没有索赔的案件数量为199件，占适用追缴或责令退赔大部分违法所得案件总数量的比率为95.7%，占整个适用或应当适用追缴或责令退赔违法所得案件中未索赔案件总数量的比率为22.1%，占该市法院适用或者应当适用追缴或责令退赔违法所得案件的总数量比率为21.7%。

综合以上两方面所述，可以发现H市两级法院审理的适用或应当适用追缴或责令退赔措施的一审案件中，没有适用追缴或责令退赔违法所得或者适用追缴或责令退赔大部分、小部分违法所得的，被害人向司法机关提出继续索赔的数量极少，在该类案件总数量中占据的比率仅仅为2.0%，而98.0%的绝大多数案件被害人没有提出索赔请求。同时，还发现即使在被害人提出索赔的案件中，适用追缴或责令退赔违法所得越多则提出索赔的案件越多；反之，适用追缴或责令退赔违法所得越少而提出索赔的也越少。

适用追缴或责令退赔大部分违法所得案件的被害人索赔数量，较适用追缴或责令退赔小部分违法所得案件的索赔数量多16.7%；而适用追缴或责令退赔小部分违法所得案件的被害人索赔数量，较没有适用追缴或责令退赔违法所得案件的被害人索赔数量多16.6%。（见图6-1和表6-1）

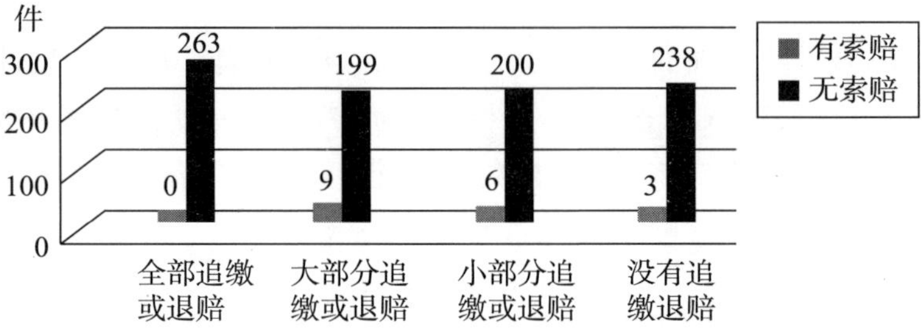

图6-1 追缴或责令退赔与有无索赔案件数量

表6-1 追缴或责令退赔与有无索赔案件的数量与比率①

追缴或退赔情况	统计项目	被害人索赔		总计
		有	无	
全部追缴或退赔	计数（件）	0	263	263
	在追缴或退赔情况内的占比（%）	0.0	100.0	100.0
	在被害人索赔内的占比（%）	0.0	29.2	28.6
	占总数的占比（%）	0.0	28.6	28.6
大部分追缴或退赔	计数（件）	9	199	208
	在追缴或退赔情况内的占比（%）	4.3	95.7	100.0
	在被害人索赔内的占比（%）	50.0	22.1	22.7
	占总数的占比（%）	1.0	21.7	22.7
小部分追缴或退赔	计数（件）	6	200	206
	在追缴或退赔情况内的占比（%）	2.9	97.1	100.0
	在被害人索赔内的占比（%）	33.3	22.2	22.4
	占总数的占比（%）	0.7	21.8	22.4

① 表中数据为H市两级法院1980年、1996年、1997年、1999年、2001年、2003年、2004年、2011年、2012年、2013年和2014年1~6月审理的适用或应当适用追缴或责令退赔措施的一审程序案件，均以件为统计单位。

续表

追缴或退赔情况	统计项目	被害人索赔		总计
		有	无	
没有追缴退赔	计数(件)	3	238	241
	在追缴或退赔情况内的占比(%)	1.2	98.8	100.0
	在被害人索赔内的占比(%)	16.7	26.4	26.3
	占总数的占比(%)	0.3	25.9	26.3
总计	计数(件)	18	900	918
	在追缴或退赔情况内的占比(%)	2.0	98.0	100.0
	在被害人索赔内的占比(%)	100.0	100.0	100.0
	占总数的占比(%)	2.0	98.0	100.0

第二节　提起附带民事诉讼

本节所研究的提起附带民事诉讼，是指刑事案件的侦查、审查起诉和审判过程中，经过公安局、检察院和法院等机关对被告人的违法所得进行追缴或责令退赔之后，对于没有能够有效追缴或责令退赔部分，被害人向法院提起附带民事诉讼的情况。考察被害人提起附带民事诉讼的情况，是要探究司法解释将追缴或责令退赔措施规定为附带民事诉讼替代措施后，该替代措施不能有效实现被害人的物质损失赔偿权利时，被害人选择附带民事诉讼而得到司法机关的支持的状况。为此，笔者将H市两级法院审理的适用或应当适用追缴或责令退赔措施的案件作为研究范围，把该类案件与提起附带民事诉讼的案件进行交叉比较分析。

一、提起附带民事诉讼的案件数量极少

H市两级法院审理的适用或者应当适用追缴或责令退赔违法所得的案件数量918件中，除了适用追缴或责令退赔全部违法所得的案件中没有提起附带民事诉讼的案件，因其他情况而提起附带民事诉讼的案件数量为10件，占适用或者应当适用追缴或责令退赔违法所得案件数量的比率为1.1%。

1. 提起附带民事诉讼数量最多的为没有追缴或责令退赔违法所得案件

H市两级法院审理的适用或应当适用追缴或责令退赔措施的案件

中,没有追缴或责令退赔违法所得而被害人提起附带民事诉讼的案件数量为7件,占没有适用追缴或责令退赔违法所得的案件数量241件的比率为2.9%,占适用或应当适用追缴或责令退赔违法所得而提起附带民事诉讼案件总数量10件的比率为70.0%,占适用或者应当适用追缴或责令退赔措施案件总数量的比率为0.8%。

对于这些提起附带民事诉讼的案件,笔者通过进一步探究发现7件案件中,属于侵犯人身权利和财产权利犯罪类别的案件为5件,属于侵犯财产权利犯罪类别的有2件。其中,侵犯人身权利和财产权利犯罪类别的具体罪名为:抢劫罪的案件4件,分别为导致被害人死亡后果的3件,导致被害人重伤、财产损失后果的1件;其具体罪名为盗窃罪和寻衅滋事罪的案件有1件,导致被害人轻伤后果;①侵犯财产权利犯罪类别的具体罪名为放火罪和信用卡诈骗罪各有1件,均导致被害人财产损失的后果。② 以上7件案件中,除了放火罪的这起案件不应归类于适用追缴或责令退赔措施的范围,信用卡诈骗罪这件案件属于司法限定提起附带民事诉讼的案件,其他提起附带民事诉讼的案件则均属于既可以对财产损失部分适用追缴或责令退赔的附带民事诉讼替代措施,又可以由被害人对造成人身权利损害而导致的物质损失进行附带民事诉讼的情况。

2.提起附带民事诉讼数量居次位的为追缴或责令退赔小部分违法所得案件

H市两级法院审理的适用或者应当适用追缴或责令退赔措施的案件中,适用追缴或责令退赔小部分违法所得而被害人提起附带民事诉讼的案件数量为2件,占适用追缴或责令退赔小部分违法所得案件总数量206件的比率为1.0%,占适用或应当适用追缴或责令退赔违法所得案件而提起附带民事诉讼案件总数量10件的比率为20.0%,占适用或者应当适用追缴或责令退赔违法所得案件总数量的比率为0.2%。

对于以上2件提起附带民事诉讼的案件,笔者通过进一步研究可以发现其犯罪类别均为侵犯人身权利和财产权利犯罪,其罪名为数罪的抢劫罪、盗窃罪1件,导致财产损失和被害人死亡的结果;另1件为单一罪名的抢劫

① 参见H市中级法院1999年、2011年度一审案件调查表和C县法院2011年底一审案件调查表。
② 参见H市中级法院1999年度一审案件调查表和M区法院1999年度一审案件调查表。

罪，导致被害人财产损失和人身重伤的后果。[①] 从罪名可见，适用追缴或责令退赔小部分违法所得案件而提起附带民事诉讼的，都是既有财产被非法占有可以适用追缴或责令退赔措施，又有人身权利遭受犯罪侵害而导致物质损失从而被害人有权提起附带民事诉讼的案件。

3. 提起附带民事诉讼数量最少的为追缴或责令退赔大部分违法所得案件

H市两级法院审理的适用或应当适用追缴或责令退赔措施的案件中，适用追缴或责令退赔大部分违法所得而被害人提起附带民事诉讼的案件数量为1件，占适用追缴或责令退赔大部分违法所得案件数量208件的比率为0.5%，占适用或应当适用追缴或责令退赔违法所得案件而提起附带民事诉讼案件总数量10件的比率为10.0%，占适用或者应当适用追缴或责令退赔违法所得案件总数量的比率为0.1%。

同时，笔者发现这件提起附带民事诉讼的案件，其犯罪类别也属于侵犯人身权利和财产权利犯罪，具体为数罪的故意杀人罪、抢劫罪，导致财产损失和被害人死亡的结果。该案件被害人的近亲属在司法机关适用追缴或责令退赔大部分违法所得之后，向法院提起附带民事诉讼请求被告人赔偿物质损失。[②]

二、未提起附带民事诉讼的案件数量极多

H市两级法院审理的适用或者应当适用追缴或责令退赔措施的918件案件中，没有提起附带民事诉讼的案件数量为908件，占适用或者应当适用追缴或责令退赔措施案件数量的比率为98.8%。

1. 未提起附带民事诉讼数量最多的为追缴或责令退赔全部违法所得案件

H市两级法院审理的适用追缴或责令退赔全部违法所得的案件数量为263件，其中没有提起附带民事诉讼的案件数量为263件，占该市法院审理的适用追缴或责令退赔全部违法所得案件数量的比率为100.0%，占该市法院审理的适用或者应当适用追缴或责令退赔违法所得案件而没有提起附带民事诉讼的总数量的比率为29.0%，占该市法院审理的适用或者应当适

---

① 参见H市中级法院1999年、2004年一审案件调查表。

② 参见H市中级法院2001年度一审案件调查表。

用追缴或责令退赔违法所得案件总数量的比率为28.6%。

2. 未提起附带民事诉讼数量居第二位为未追缴或责令退赔违法所得案件

H市两级法院审理的没有适用追缴或责令退赔违法所得的案件数量为241件,其中没有提起附带民事诉讼的案件数量为234件,占该市法院审理的没有适用追缴或责令退赔违法所得案件数量的比率为97.1%,占该市法院审理的适用或者应当适用追缴或责令退赔违法所得而没有提起附带民事诉讼案件总数量的比率为25.8%,占该市法院审理的适用或者应当适用追缴或责令退赔违法所得案件总数量的比率为25.5%。

3. 未提起附带民事诉讼数量居第三位为追缴或责令退赔大部分违法所得案件

H市两级法院审理的适用追缴或责令退赔大部分违法所得的案件数量为208件,其中没有提起附带民事诉讼的案件数量为207件,占该市法院审理的适用追缴或责令退赔大部分违法所得案件数量的比率为99.5%,占该市法院审理的适用或者应当适用追缴或责令退赔违法所得案件而没有提起附带民事诉讼的总数量的比率为22.8%,占该市法院审理的适用或者应当适用追缴或责令退赔违法所得案件总数量的比率为22.5%。

4. 未提起附带民事诉讼数量居第四位为追缴或责令退赔小部分违法所得案件

H市两级法院审理的适用追缴或责令退赔小部分违法所得的案件数量为206件,其中没有提起附带民事诉讼的案件数量为204件,占该市法院审理的适用追缴或责令退赔小部分违法所得案件数量的比率为99.0%,占该市法院审理的适用或者应当适用追缴或责令退赔违法所得而没有提起附带民事诉讼案件总数量的比率为22.5%,占该市法院审理的适用或者应当适用追缴或责令退赔违法所得案件总数量的比率为22.2%。

综合以上两方面所述,H市两级法院审理的适用或者应当适用追缴或责令退赔措施的案件中,被害人方对此提起附带民事诉讼的情况极少,而没有提起附带民事诉讼的案件数量占绝大多数。提起附带民事诉讼的案件中,追缴或责令退赔的违法财物越少或没有追缴或责令退赔违法所得的,则提请附带民事诉讼的数量越多。没有适用追缴或责令退赔任何财物的案件,提请附带民事诉讼的数量最多,其次为适用追缴或责令退赔小部分违法所得的案件，最少的为适用追缴或责令退赔大部分违法所得的案件，而适用追缴或责令退赔全部违法所得的案件则没有提起附带民事诉讼。同时，提起附带民事诉讼的案件性质主要是既侵犯人身权利又侵犯财产权利的一罪或数罪的故意杀人、抢劫和寻衅滋事犯罪等，侵犯财产权利犯罪类别的仅有1件为信用卡诈骗罪。（见图6-2和表6-2）

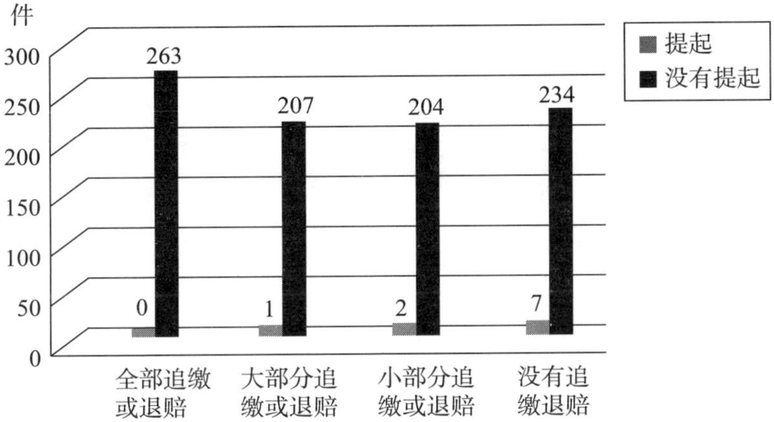

图6-2　追缴或责令退赔与是否提起附带民事诉讼数量

表6-2　追缴或责令退赔与是否提起附带民事诉讼的数量与比率①

追缴或退赔情况	统计项目	提起附带民事诉讼		总计
		是	否	
全部追缴或退赔	计数（件）	0	263	263
	在追缴或退赔情况内的占比（%）	0.0	100.0	100.0
	在提起附带民事诉讼内的占比（%）	0.0	29.0	28.6
	占总数的占比（%）	0.0	28.6	28.6
大部分追缴或退赔	计数（件）	1	207	208
	在追缴或退赔情况内的占比（%）	0.5	99.5	100.0
	在提起附带民事诉讼内的占比（%）	10.0	22.8	22.7
	占总数的占比（%）	0.1	22.5	22.7

① 表中数据为H市两级法院1980年、1996年、1997年、1999年、2001年、2003年、2004年、2011年、2012年、2013年和2014年1～6月审理的应当适用追缴或责令退赔措施的一审程序案件，均以件为统计单位。

续表

追缴或退赔情况	统计项目	提起附带民事诉讼		总计
		是	否	
小部分追缴或退赔	计数(件)	2	204	206
	在追缴或退赔情况内的占比(%)	1.0	99.0	100.0
	在提起附带民事诉讼内的占比(%)	20.0	22.5	22.4
	占总数的占比(%)	0.2	22.2	22.4
没有追缴退赔	计数(件)	7	234	241
	在追缴或退赔情况内的占比(%)	2.9	97.1	100.0
	在提起附带民事诉讼内的占比(%)	70.0	25.8	26.3
	占总数的占比(%)	0.8	25.5	26.3
总计	计数(件)	10	908	918
	在追缴或退赔情况内的占比(%)	1.1	98.9	100.0
	在提起附带民事诉讼内的占比(%)	100.0	100.0	100.0
	占总数的占比(%)	1.1	98.9	100.0

第三节　追缴或责令退赔的判决

判决继续追缴或责令退赔，是指刑事案件的被告人违法所得经过侦查机关、审查起诉机关和审判机关的追缴或责令退赔后，仍然有部分违法所得没有或者无法追缴或责令退赔，法院在对被告人作出定罪量刑的同时，一并在判决书的主文中判决对被告人尚未追缴或责令退赔的部分违法所得予以继续追缴或责令退赔。考察判决继续追缴或责令退赔的情况，可以掌握实践中司法机关适用追缴或责令退赔措施替代附带民事诉讼的全面性和彻底性的状况。为此，笔者将 H 市两级法院应当适用追缴或责令退赔措施的案件与判决继续追缴或责令退赔的案件进行多种情况下的交叉对比研究，以求得法院判决继续追缴或责令退赔的规律性现象。

一、判决继续追缴或责令退赔的案件较少

H 市两级法院应当适用追缴或责令退赔措施的案件数量为 918 件，除了适用追缴或责令退赔全部违法所得的案件没有判决继续追缴或责令退赔

之外，其他三种情况判决继续追缴或责令退赔的案件数量为108件，占应当适用追缴或责令退赔违法所得案件总数量的比率为11.8%。

1.判决数量最多的为追缴或责令退赔小部分违法所得案件

H市两级法院审理的应当适用追缴或责令退赔措施的案件中，追缴或责令退赔小部分违法所得的案件数量为206件，其中法院判决继续追缴或责令退赔违法所得的案件数量为46件，占该市法院审理的适用追缴或责令退赔小部分违法所得案件数量的比率为22.3%，占该市法院判决继续追缴或责令退赔案件数量的比率为42.6%，占该市法院审理的应当适用追缴或责令退赔违法所得案件总数量的比率为5.0%。

2.判决数量居次位的为没有追缴或退赔违法所得案件

H市两级法院审理的应当适用追缴或责令退赔措施的案件中，没有追缴或责令退赔违法所得的案件数量为241件，其中法院判决继续追缴或责令退赔违法所得的案件数量为34件，占该市法院审理的没有追缴或责令退赔违法所得案件数量的比率为14.1%，占该市法院判决继续追缴或责令退赔违法所得案件数量的比率为31.5%，占该市法院审理的应当适用追缴或责令退赔违法所得案件总数量的比率为3.7%。

3.判决数量最少的为追缴或退赔大部分违法所得案件

H市两级法院审理的应当适用追缴或责令退赔措施的案件中，适用追缴或责令退赔大部分违法所得的案件数量为208件，其中法院判决继续追缴或责令退赔违法所得的案件数量为28件，占该市法院审理的追缴或责令退赔大部分违法所得案件数量的比率为13.5%，占该市法院判决继续追缴或责令退赔违法所得案件数量的比率为25.9%，占该市法院审理的应当适用追缴或责令退赔违法所得的案件总数量的比率为3.1%。

二、没有判决继续追缴或责令退赔的案件较多

H市两级法院应当适用追缴或责令退赔措施的案件数量918件，没有判决继续追缴或责令退赔的案件数量为810件，[①]占应当适用追缴或责令退赔措施案件总数量的比率为88.2%。

---

① 该案件数量中包含H市两级法院审理的适用追缴或责令退赔全部违法所得的案件数量263件。如果去掉该263件案件，H市两级法院没有判决继续追缴或责令退赔违法所得的案件数量则应当为547件。

1. 未判决数量最多的为没有追缴或责令退赔违法所得案件

H市两级法院审理的没有适用追缴或责令退赔违法所得的案件数量为241件，没有判决继续追缴或责令退赔违法所得的案件数量为207件，占该市法院审理的没有追缴或责令退赔违法所得的案件数量比率为85.9%，占该市法院没有判决继续追缴或责令退赔违法所得的案件数量比率为25.6%，占该市法院审理的应当适用追缴或责令退赔违法所得的案件总数量的比率为22.5%。

2. 未判决数量居次位的为追缴或责令退赔大部分违法所得案件

H市两级法院审理的追缴或责令退赔大部分违法所得的案件数量为208件，其中没有判决继续追缴或责令退赔违法所得的案件数量为180件，占该市法院审理的追缴或责令退赔大部分违法所得的案件数量比率为86.5%，占该市法院没有判决继续追缴或责令退赔违法所得的案件数量的比率为22.2%，占该市法院审理的应当适用追缴或责令退赔违法所得的案件总数量的比率为19.6%。

3. 未判决数量最少的为追缴或责令退赔小部分违法所得案件

H市两级法院审理的适用追缴或责令退赔小部分违法所得的案件数量为206件，其中法院没有判决继续追缴或责令退赔违法所得的案件数量为160件，占该市法院审理的适用追缴或责令退赔小部分违法所得案件数量的比率为77.7%，占该市法院没有判决继续追缴或责令退赔违法所得的案件数量比率为19.8%，占该市法院审理的应当适用追缴或责令退赔违法所得的案件总数量比率为17.4%。

综合以上两方面所述，H市两级法院审理的应当适用追缴或责令退赔违法所得的案件中，对于追缴或责令退赔小部分违法所得的案件，法院判决对被告人继续适用追缴或责令退赔措施的案件数量最多、所占比率最高；对于没有追缴或责令退赔被告人违法所得财物的案件，法院判决对被告人继续适用追缴或责令退赔措施的案件数量和比率位居第二位；对于追缴或责令退赔大部分违法所得财物的案件，法院判决继续对被告人适用追缴或责令退赔措施的案件数量和比率为最低位次。与此相对，对于没有追缴或责令退赔违法所得的案件，法院未判决继续追缴或责令退赔违法所得的案件数量最多；对于追缴或责令退赔大部分违法所得案件，法院未判决继续追缴或责令退赔违法所得的案件数量为第二位；对于追缴或责令退赔小部分违

法所得的案件，法院未判决继续追缴或责令退赔违法所得的案件数量最少。（见图6-3和表6-3）

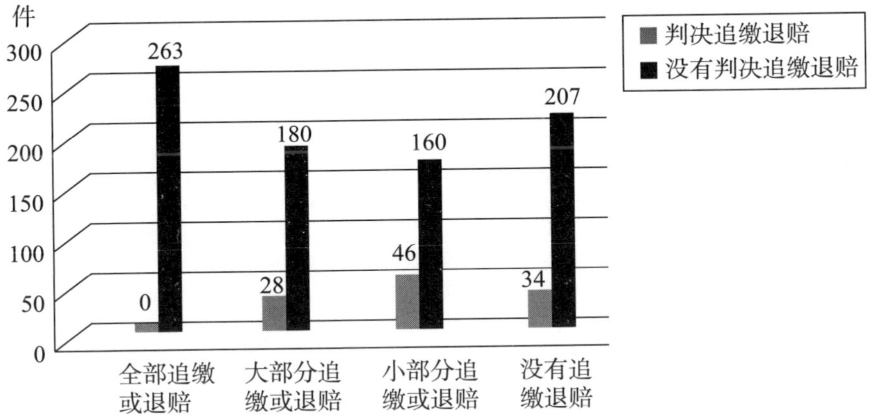

图6-3　追缴或责令退赔与是否判决继续追缴或责令退赔情况数量

表6-3　追缴或责令退赔与是否判决继续追缴或责令退赔情况的数量与比率①

追缴或退赔情况	统计项目	判决追缴或退赔		总计
		是	否	
全部追缴或退赔	计数（件）	0	263	263
	在追缴或退赔情况内的占比（%）	0.0	100.0	100.0
	在判决追缴或退赔内占比（%）	0.0	32.5	28.6
	占总数的占比（%）	0.0	28.6	28.6
大部分追缴或退赔	计数（件）	28	180	208
	在追缴或退赔情况内的占比（%）	13.5	86.5	100.0
	在判决追缴或退赔内占比（%）	25.9	22.2	22.7
	占总数的占比（%）	3.1	19.6	22.7

① 表中数据为H市两级法院1980年、1996年、1997年、1999年、2001年、2003年、2004年、2011年、2012年、2013年和2014年1~6月审理的适用或应当适用追缴或责令退赔措施的一审程序案件，均以件为统计单位。

续表

追缴或退赔情况	统计项目	判决追缴或退赔		总计
		是	否	
小部分追缴或退赔	计数(件)	46	160	206
	在追缴或退赔情况内的占比(%)	22.3	77.7	100.0
	在判决追缴或退赔内占比(%)	42.6	19.8	22.4
	占总数的占比(%)	5.0	17.4	22.4
没有追缴退赔	计数(件)	34	207	241
	在追缴或退赔情况内的占比(%)	14.1	85.9	100.0
	在判决追缴或退赔内占比(%)	31.5	25.6	26.3
	占总数的占比(%)	3.7	22.5	26.3
总计	计数(件)	108	810	918
	在追缴或退赔情况内的占比(%)	11.8	88.2	100.0
	在判决追缴或退赔内占比(%)	100.0	100.0	100.0
	占总数的占比(%)	11.8	88.2	100.0

第四节 追缴或责令退赔判决的执行

本章第三节的考察显示,H市两级法院审理的适用或应当适用追缴或责令退赔违法所得的案件中,实际判决继续追缴或责令退赔违法所得的案件数量为少数。而这些少数发生法律效力的追缴或责令退赔违法所得的判决是否得以进入法院的执行程序,其所确认的被害人权益是否能够实际得到实现,则是本节所要考察的问题。本研究过程中,笔者采用阅卷的方式对H市中级法院、M区法院、Y县法院、C县法院和J县法院被抽取的相关刑事案件卷宗进行调查,没有发现任何有关追缴或责令退赔判决的执行情况。为此,为了进一步了解追缴或责令退赔在实践中的执行情况,笔者设计了对这些法院执行人员的问卷,并对H市两级法院的部分执行人员进行了问卷调查，[①]同时还收集到几个法院执行追缴或责令退赔判决的具体案例。通过这些定性的分析资料和具体的案件资料，来研究追缴或责令退赔违法所得判决的执行问题。

一、执行人员与追缴或责令退赔判决的执行

根据收回的调查问卷，笔者将H市两级法院执行人员执行过或没有执行过该类判决与从事执行工作的时间（2000年之前和2000年之后）进行交叉分析，发现执行人员70人中，表示执行过追缴或责令退赔判决的人员有12人，占被调查人员总数的比率为17.1%；表示没有执行过追缴或责令退赔判决的人员有58人，占被调查人员总数的比率为82.9%。[②]（见表6-4）

表6-4　是否执行过追缴或责令退赔判决与从事执行工作起始时间情况的数量与比率[③]

是否执行过	统计项目	从事执行工作的起始时间		总计
		2000年之前	2000年之后	
是	计数（件）	7	5	12
	在是否执行过内的占比（%）	58.3	41.7	100.0
	在工作时间内的占比（%）	30.4	10.6	17.1
	占总数的占比（%）	10.0	7.1	17.1

① 调查问卷设计了单项选择问题，为“2014年11月6日之前，您是否执行过刑事判决书中有关追缴或责令退赔的案件？”选择答案为“A.执行过，B.没有执行过”。同时，还设计了填空题，为“您从事执行工作的大致时间？从（　　）年开始从事执行工作”。通过H市中级法院执行局的相关负责人员发送给上述法院的70名执行人员，并要求各个法院一定要由执行人员自己亲自填写，以确保真实性。回收问卷70份，均为有效问卷。其中，H市中级法院20人，占全部人员的比率为28.6%；M区法院12人，占全部人员的比率为17.1%；C县法院13人，占全部人员的比率为18.6%；Y县法院人员13人，占全部人员的比率为18.6%；J县法院12人，占全部人员的比率为17.1%。

② 之所以将H市两级法院的执行人员从事执行工作的时间划分为2000年之前和2000年之后，是因为最高人民法院于1999年10月27日发布了《关于印发〈全国法院维护农村稳定刑事审判工作座谈会纪要〉的通知》（法〔1999〕217号），又于2000年制定了《关于刑事附带民事诉讼范围问题的规定》，并明确该规定自当年12月19日起施行。该会议纪要和司法解释规定了追缴或责令退赔措施为部分附带民事诉讼案件的替代措施。

③ 表中的计数是对H市中级法院、M区法院、Y县法院、C县法院和J县法院调查的执行人员数量。执行过追缴或责令退赔判决的时间，是指2014年11月6日最高人民法院《关于刑事裁判涉财产部分执行的若干规定》颁布之前。

续表

是否执行过	统计项目	从事执行工作的起始时间		总计
		2000 年之前	2000 年之后	
否	计数(件)	16	42	58
	在是否执行过内的占比(%)	27.6	72.4	100.0
	在工作时间内的占比(%)	69.6	89.4	82.9
	占总数的占比(%)	22.9	60.0	82.9
总计	计数(件)	23	47	70
	在是否执行过内的占比(%)	32.9	67.1	100.0
	在工作时间内的占比(%)	100.0	100.0	100.0
	占总数的占比(%)	32.9	67.1	100.0

1. 执行过该类判决的人员少且多为资历较深的执行员

H 市两级法院执行过追缴或责令退赔判决的执行人员中,2000 年以前开始从事执行工作的人员数量为 7 人,占该市法院执行过追缴或责令退赔判决的执行人员数量 12 人的比率为 58.3%,占该市法院 2000 年以前从事执行工作的人员数量的比率为 30.4%,占该市法院接受调查的执行人员总数量的比率为 10.0%;2000 年以后开始从事执行工作的人员数量为 5 人,占该市法院执行过追缴或责令退赔判决的执行人员数量 12 人的比率为 41.7%,占该市法院 2000 年以后从事执行工作的人员数量的比率为 10.6%,占该市法院接受调查的执行人员总数量的比率为 7.1%。

2. 未执行过该类判决的人员多且多为资历较浅的执行员

H 市两级法院没有执行过追缴或责令退赔判决的执行人员中,2000 年以前开始从事执行工作的人员数量为 16 人,占该市法院没有执行过追缴或责令退赔判决的执行人员数量 58 人的比率为 27.6%,占该市法院 2000 年以前从事执行工作的人员数量的比率为 69.6%,占该市法院接受调查的执行人员总数量的比率为 22.9%;2000 年以后开始从事执行工作的人员数量为 42 人,占该市法院没有执行过追缴或责令退赔判决的执行人员数量 58 人的比率为 72.4%,占该市法院 2000 年以后从事执行工作的人员数量的比率为 89.4%,占该市法院接受调查的执行人员总数量的比率为 60.0%。

二、执行追缴或责令退赔判决的受理

追缴或责令退赔判决执行的受理，是指被调查人员执行的追缴或责令退赔判决案件，其执行的立案程序是如何启动的。为此，笔者设计了一道单项选择题，①并将该问题的调查情况与对执行过追缴或责令退赔的调查情况一并进行交叉研究。（见图6-4）

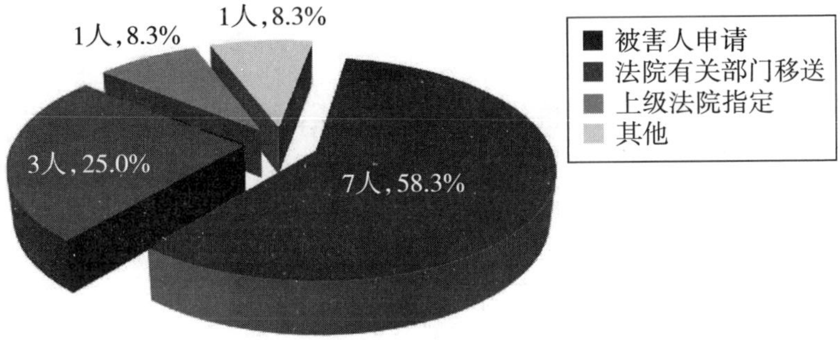

图6-4　执行追缴或责令退赔判决的案件受理来源的比率

1. 来源被害人申请的居于首位

H市两级法院接受调查的执行人员中，执行过追缴或责令退赔判决的，有7人表示其所执行案件的立案来源于被害人的申请，占该市法院接受调查的执行人员总数的比率为58.3%。

2. 来源法院有关部门移送的居于第二位

H市两级法院接受调查的执行人员中，执行过追缴或责令退赔判决的，有3人表示其所执行案件的立案来源于法院有关部门的移送，占该市法院接受调查的执行人员总数的比率为25.0%。

3. 来源上级法院指定或其他的并列居于第三位

H市两级法院接受调查的执行人员中，执行过追缴或责令退赔判决的，各有1人表示其所执行案件的立案分别来源于上级法院的指定或其他途径，分别占该市法院接受调查的执行人员总数的比率为8.3%。

三、对执行追缴或责令退赔判决的看法

2014年10月30日最高人民法院发布了有关刑事裁判涉及财产部分

---

① 该单项选择题为："2014年11月6日之前，如果您执行过刑事判决书中有关追缴或责令退赔的案件，该案件是如何受理的？A. 被害人申请，B. 法院有关部门移送，C. 上级法院指定，D. 有关党委或其他国家机关要求。"

执行的规定,明确了追缴或责令退赔判决由法院执行机构负责执行。对此,为了解H市两级法院对于该规定的态度以及实际的执行情况,笔者在调查问卷中设计了一道非结构性问题,即"请您简要表达一下,您对法院执行机构执行刑事判决书中的追缴或责令退赔事项的看法?"通过该问题的调查可以发现,H市两级法院执行人员对于法院执行机构执行刑事判决中有关追缴或责令退赔的内容认识多样,难以形成较为统一的观点。(见表6-5)

表6-5　执行人员对法院执行机构执行追缴或责令退赔判决的偏好①

备选意见	频率	百分比%	有效百分比%	累积百分比%
不了解或没有作答	37	52.9	52.9	52.9
另行提起民事诉讼	2	2.9	2.9	55.7
交由其他机关执行	10	14.3	14.3	70.0
依照法律加强执行	7	10.0	10.0	80.0
加强财产保全,作为量刑依据	4	5.7	5.7	85.7
完善立法	10	14.3	14.3	100.0
总计	70	100.0	100.0	

1.不了解或没回答的看法为多数且位居第一

对法院执行机构负责执行刑事判决书中的追缴或责令退赔判决事项的问题,H市两级法院接受调查的执行人员表示不了解或者没有直接回答的人员数量居于首位。持该种态度的被调查执行人员数量为37人,占被调查的执行人员总数量的比率为52.9%。

2.采用其他方式解决的看法位居第二

对法院执行机构负责执行刑事判决书中的追缴或责令退赔判决事项的问题,H市两级法院接受调查的执行人员表示应当采用其他方式解决,包括交由其他机关执行、完善立法和另行提起民事诉讼三种方式。其中,持有交由其他机关执行的看法与持有完善立法的看法的被调查执行人员数量各有10人,分别占被调查执行人员总数量的比率为14.3%;持有另行提起民事

① 表中的计数是H市中级法院、M区法院、Y县法院、C县法院和J县法院接受调查的执行人员数量。

诉讼的看法的被调查执行人员数量为2人,占被调查的执行人员总数量的比率为2.9%。三种看法的持有者占被调查执行人员总数量的比率为31.5%。

3.加强或完善现有执行工作的看法位居第三

对法院执行机构负责执行刑事判决书中的追缴或责令退赔判决事项的问题,H市两级法院接受调查的执行人员表示应当加强或完善现有执行工作的看法,包括依照法律加强执行和加强财产保全力度与将追缴或责令退赔情况作为量刑依据的两类看法。持有依照法律加强执行的看法的被调查执行人员数量为7人,占被调查的执行人员总数量的比率为10.0%;持有加强财产的保全力度和将追缴或责令退赔情况作为量刑依据的看法的被调查执行人员数量合计为4人,占被调查的执行人员总数量的比率为5.7%。可见,持有积极加强或完善现有执行工作看法的,占被调查执行人员总数量的比率仅仅为15.7%。

四、执行追缴或责令退赔判决的案例

根据H市中级法院被调查执行人员提供的线索,笔者查找到该院执行的追缴或责令退赔判决案件3件,均有完整的执行卷宗。

1.路某等申请执行陆某集资诈骗等罪案①

H市中级法院公开开庭审理了本案,被害人路某等没有到庭参加诉讼。该院于2004年8月12日作出刑事判决书认定:2000年到2002年,被告人陆某以非法占有为目的,连续多次使用诈骗方法向被害人路某等多个不特定个人非法集资340万元,已构成集资诈骗罪,其在案发前转移、隐匿集资诈骗所得赃款,案发后亦未能退赃,给被害人造成特别重大损失,应依法严惩。故以集资诈骗罪,判决被告人陆某死刑,缓刑两年执行,剥夺政治权利终身,并处没收个人全部财产;责令被告人陆某退赔犯罪所得赃款3,404,229.6万元。② 被告人陆某不服该项判决提出上诉。S省高级法院不开庭审理了本案,并于2004年11月16日作出终审裁定认为,上诉人陆某的行为已经构成集资诈骗罪,其利用集资诈骗购买的车辆、住房及在广东省东莞市设立的工厂,系非法所得,依法应责令退赔。据此,裁定驳回上诉,维

① 见H市中级法院(2005)H中法执字第37号案卷。

② 见H市中级法院(2004)H刑二初字第14号刑事判决书。

持原判。[①]

2004年12月20日,申请执行人路某等20名被害人向H市中级法院提出申请,要求先行查封、扣押、冻结被执行人陆某在广东东莞等地的所有财产,并进入执行程序以实现刑事判决确定的责令陆某退赔违法所得的内容。H市中级法院受理该申请后,于2005年7月13日作出责令退赔通知书并送达陆某。通知书责令陆某自接到该通知书之日三日内自动退赔所得赃款340.42296万元;逾期不退赔,将依法强制执行。[②] 2009年12月4日,该院作出裁定,终结S省高级法院2004年11月16日作出的(2004)S刑二终字第144号刑事裁定书(财产部分)的本次执行程序。该裁定认为,依据生效法律文书确认的陆某利用集资诈骗所得赃款37,533元在东莞认购的面积93.96平方米房产之预付款,已予以追缴;其余诈骗财产已转移给他人,申请执行人另案起诉后,现正在执行中,其他无可供执行的财产;该案与申请执行人另案起诉的案件有关联,但不是同一被执行人,可合并执行。[③]

2. 王某申请执行李某诈骗罪案[④]

H市中级法院公开开庭审理了本案,被害人王某没有到庭参加诉讼。该院于2002年2月10日作出刑事判决确认:被告人李某于1999年伪造并使用虚假银行承兑汇票骗取中国银行单县支行贷款1180万元,因被识破未能得逞,已经构成票据诈骗罪,尚有217万元未能追回;其骗取金融机构贷款500万元,已经构成贷款诈骗罪,并未能追回;其非法吸收公众存款2000余万元,已经构成非法吸收公众存款罪,尚有7,878,247元无力支付。故以票据诈骗罪判处李某无期徒刑,剥夺政治权利终身,并处罚金50万元;以贷款诈骗罪判处其无期徒刑,剥夺政治权利终身,并处罚金50万元;以非法吸收公众存款罪判处其有期徒刑十年,并处罚金50万元;决定执行无期徒刑,剥夺政治权利终身,并处罚金150万元;对李某违法所得15,048,247元予以追缴,返还被害人。[⑤] 被告人李某不服该项判决提出上诉。S省高级

① 参见S省高级法院(2004)S刑二终字第144号刑事裁定书。

② 参见H市中级法院(2005)H刑追赔字第1号责令退赔通知书。

③ 参见H市中级法院(2005)H中法执字第37-1号执行裁定书。

④ 参见H市中级法院(2013)H执字第1号案卷。

⑤ 参见H市中级法院(2001)H刑二初字第11号刑事判决书。

人民法院不开庭审理了本案，并于2002年5月17日作出终审裁定驳回上诉，维持原判。[①]

2012年7月12日，申请人王某依据上述判决和裁定，向H市中级法院提出依法强制执行被申请人李某欠款31,85,803.81元及相关利息的请求。H市中级法院受理后，于2013年6月24日作出执行裁定书，认为被执行人李某无金钱给付能力，无其他可供执行的财产，申请执行人王某向该院提出同意终结本次执行程序的书面申请，故裁定终结S省高级法院作出的(2002)S刑二终字第49号刑事裁定书的本次执行程序。[②]

3. 段某申请执行聂某诈骗罪案[③]

H市中级法院公开开庭审理本案，被害人段某到庭参加诉讼。该院于2012年3月29日作出刑事判决确认：被告人聂某自2009年5月到2011年7月，以非法占有为目的，虚构事实、隐瞒真相，以获取高额利润或高额利息为诱饵，诈骗人民币12,729,845元，已经构成诈骗罪；其违法所得赃款，依法应予追缴。据此，H市中级法院以诈骗罪判处被告人聂某有期徒刑十五年，并处没收个人全部财产；对被告人聂某违法所得赃款继续追缴，返还被害人。[④]

2013年7月11日，申请人段某以聂某为被执行人向H市中级法院提出请求，要求强制执行上述判决的退赔部分。H市中级法院受理后，向被执行人聂某送达了执行通知书，责令其自动履行法律文书确定的义务。该院在执行过程中，因被执行人在监狱服刑，暂时没有履行能力，法院亦没有查找到被执行人任何其他的财产线索，申请执行人段某申请终结本次执行程序，故裁定终结该院(2013)H执字第65号案的本次执行程序。[⑤]

综合以上四个方面的考察，可以发现：H市两级法院执行追缴或责令退赔判决的执行人员数量较少且多为从事执行工作较早的人员；其受理的来源主要来自于被害人的申请，而法院主动立案的占据较次要的地位；法院执行人员持有积极加强或完善追缴或责令退赔判决执行工作观点的人员，其

---

① 参见S省高级法院(2002)S刑二终字第49号刑事裁定书。

② 参见H市中级法院(2013)H执字第1号执行裁定书。

③ 参见H市中级法院(2013)H执字第65号案卷。

④ 参见H市中级法院(2012)H刑二初字第22号刑事判决书。

⑤ 参见H市中级法院(2013)H执字第65号执行裁定书。

数量占比仅为15.7%；被害人出庭或者存在众多共同被害人的案件往往得以及时申请执行，而没有出庭的单一被害人则难以及时申请执行；申请执行的案件以诈骗类的非法占有他人财物的侵犯财产犯罪为主，而执行结果只有极少量的财产得以追缴或责令退赔，绝大多数被执行人则没有可供执行的财产，只能终结本次执行程序。

第五节 寻求救济的有限与救济、执行的错位

本章前四节分别对H市两级法院审理的应当适用追缴或责令退赔措施案件中，被害人在没有在得到有效补偿后寻求司法救济以及司法机关实施司法救济的实际情况进行了考察，并找出一些规律性的特点。根据这些特点，本节将进行初步分析总结其中所体现出的法律问题。

一、被害人对动产权利寻求救济的积极性不足

通过本章第一节和第二节的考察，笔者发现被害人在司法机关处置其遭受犯罪侵害的刑事案件过程中，绝大多数并没有表现出要求犯罪分子偿还被非法占有财物的强烈要求，恰恰相反的是，提出要求犯罪分子偿还财物损失的索赔或附带民事诉讼的为极少数。即使有小部分提起附带民事诉讼请求，也主要是犯罪分子在实施财产犯罪过程中又侵犯了被害人的人身权利而导致物质损失。而结合本章第三节考察的内容，应当适用追缴或责令退赔措施的犯罪以盗窃罪和抢劫罪为绝大多数，而这两类犯罪多数侵犯了动产财产权利，实施犯罪的案件次数多，被害人数量多但具体遭受犯罪侵害的犯罪数额却较少，实施犯罪的时间与侦破案件以及审判案件的时间跨度较大。这些原因致使被害人对于犯罪所造成的物质损害结果的关注程度降低。同时，犯罪分子多为一些没有经济赔偿能力的人，也促使被害人作出放弃追究犯罪分子赔偿请求的决定。研究表明，被害人可能提起附带民事诉讼或者要求司法机关予以追缴或责令退赔违法所得的案件主要是诈骗类犯罪，犯罪分子非法占有被害人财产数额巨大，且往往有一定的偿还能力，或者其他人员、公司等负有代为偿还责任。而这类被害人可能提起附带民事诉讼或者要求予以追缴或责令退赔违法所得的案件，实践中也是非常少的。由此，笔者发现在刑事诉讼过程中，被害人对于单纯动产的财产权利损害，相对于人身权利损害的关注程度要低得多。

将非法占有类犯罪造成的物质损失赔偿请求限制在附带民事诉讼范围之外的理由之一，是防止过多的附带民事诉讼案件进入诉讼程序，从而影响刑事诉讼及时、有效处理犯罪案件。该司法限定建立的实践基础之一，应是司法实践中大量被害人众多的非法占有类犯罪案件提起了附带民事诉讼，且该种状况已经影响了刑事诉讼的正常进行，必须要加以限制。但是，笔者的研究却显示，此类案件中的被害人极少行使主张索赔的权利，也极少提起附带民事诉讼，包括在司法没有限定附带民事诉讼范围的情况下。可见，通过司法限定非法占有类犯罪进入附带民事诉讼范围的做法没有客观真实的司法实践基础，只是理论上的推导而已。

二、附带民事诉讼替代措施适用错位

对于刑法规定的犯罪分子违法所得的一切财物应当予以追缴或者责令退赔的制度，我国历年的刑事诉讼法均没有具体的程序性规定。司法解释将该项制度予以规范，并且将其纳入附带民事诉讼制度的替代措施范畴。但是，对于如何解读该项制度适用的条件、该规范为强制性规范还是授权性规范、不能够实施的法律后果如何等问题，司法实践中存有不同的见解。一种观点认为，规定“被告人非法占有、处置被害人财产的，应当依法予以追缴或者责令退赔；被害人提起附带民事诉讼的，法院不予受理”，这表明该项制度为附带民事诉讼的替代措施，其适用的条件是被告人非法占有、处置了被害人的财产。予以追缴或者责令退赔为强制性规范，法院没有不适用的理由。无论被告人非法占有或处置的被害人财产是否存在，无论被告人是否具有实际的偿还能力，法院均应判决适用追缴或者责令退赔措施，被告人要承担履行该判决的义务，法院也有执行该项判决的责任，被害人也可以据此判决申请法院执行。① 另一种观点则认为，规定的追缴或责令退赔措施是来自刑法的规范，而刑法该项制度设立的目的虽然要保护被害人财产利益，但更多地侧重于惩治犯罪分子，剥夺其获取的一切非法利益。该制度适用的条件是被告人占有或处置的被害人财产尚实际存在具有追回收缴的可能，或者虽然财产不存在了但被告人具有偿还的能力。具备该条件的，法院应当强制适用，否则，则可以据情形决定是否适用；不适用的，被害人只能

① 该种观点的持有者实际就是最高人民法院司法解释规定追缴或责令退赔措施替代附带民事诉讼的坚持者。

通过民事诉讼程序来解决其诉求。①

正是这两种不同的认识同时存在于司法实践中,导致 H 市两级法院在适用追缴或责令退赔措施的问题上存在不同的做法。一种是在极少数案件中所采用的方法,就是无论被告人是否具有偿还能力,或者非法占有、处置的被害人财物是否尚存,均一律判决追缴违法所得或者判令被告人予以退赔违法所得。另一种是在绝大多数案件中所采用的方法,即对于被告人非法占有、处置的被害人财产已经不存在,或者难以追缴的,或者被告人本人没有赔偿能力的,法院则不予判决追缴或者责令退赔违法所得。如果按照对绝大多数案件的处理方法,追缴或责令退赔违法所得制度既不能作为常态的被害人财产损失追回或退赔的程序,也不能任由被害人自己的主张来启动该项程序以实现其法律利益。该项制度的实施必须具备一定的条件,并由司法机关根据情况决定是否适用。但是,如果按照少数案件那样,适用一律判决追缴或者责令退赔违法所得的方法,则会导致大量的该类案件无法实际执行,被害人法律权益同样不能实际实现,而且将严重损害法院判决的权威性。由此可见,以司法机关主动决定适用的追缴或责令退赔违法所得制度来替代民事权益自治为内容的附带民事诉讼制度,则有其本身内在不可克服的矛盾缺陷,有公权力越位进入私权利领域之嫌疑。也正是这一矛盾的存在,导致了追缴或责令退赔措施作为附带民事诉讼替代制度在实践中的适用错位,对于法院判决前未能追缴或责令退赔违法所得的案件,实际判决继续追缴或责令退赔违法所得的数量极少。

三、附带民事诉讼替代措施的判决执行困难

我国刑事诉讼法只是对罚金和没收财产的财产刑执行进行了规定,②而

---

① 参见欧阳涛:《要正确理解和适用刑法关于"追缴"、"责令退赔"和"没收"的规定》,载《人民司法》1983 年第 3 期。作者认为:"(一)凡是犯罪分子违法所得的财物还存在的,无论犯罪分子隐藏在何处,物在追物,钱在追钱,一定要严格地按照法律的规定予以追缴。在判决书上只能用追缴。(二)如果犯罪分子违法所得的财物已不存在或者全部挥霍,经查证有能力退赔的,就应当'责令退赔',在判决书上也只能用'责令退赔'。如果失主提出赔偿要求的,法院应按刑事附带民事一并审理。如果违法所得的财物已全部挥霍,经查证确实无力退赃的,则除依法对犯罪分子判处应得的刑罚外,可不再判决'责令退赔'。因为在这种情况下,既不能让犯罪分子刑满释放后再继续偿还,也不应让犯罪分子的家属为其退赔。但是,如果家属参与犯罪而没有被判处实刑的,或者虽没有参与犯罪但共同挥霍了赃款、赃物的,亦应当责令家属退赔。至于判决以后,在执行中确有困难的,可以采取减、缓、免的办法予以解决。"

② 《刑事诉讼法》第 271 条规定:"被判处罚金的罪犯,期满不缴纳的,人民法院应当强制缴纳;如果由于遭遇不能抗拒的灾祸缴纳确实有困难的,可以裁定减少或者免除。"第 261 条规定:"没收财产的判决,无论附加适用或者独立适用,都由人民法院执行;在必要的时候,可以会同公安机关执行。"

相关刑事司法解释在规定财产刑的同时,也规定了附带民事诉讼判决的执行程序和在刑事诉讼规范没有规定时参照民事诉讼规范的原则。[①] 但是,两者均没有规定追缴或责令退赔违法所得判决的执行程序。因此,对于刑事诉讼过程中法院判处的继续追缴或责令退赔判决的执行,只能参照民事诉讼执行程序中的有关民事执行的规定进行。所谓执行程序,是指执行生效的法律文书的程序。具体地说,执行程序是在执行的活动中规范法院执行机构、当事人及其他参与人的行为的程序。[②] 所谓民事执行,亦称民事强制执行,是指法院的执行机构依申请或职权,按照法律规定的程序,运用国家的强制力量,迫使负有履行义务的一方当事人履行义务,进而使具有给付内容的生效法律文书得以有效实现的一种专门的活动。[③] 直到 2014 年 10 月 30 日最高人民法院发布有关刑事裁判涉及财产部分执行的规定,才明确将责令退赔、处置随案移送的赃款赃物以及其他应当由法院执行的相关事项,界定为刑事裁判涉及财产部分的执行范围。[④] 可见,在该规定之前,民事诉讼法、刑事诉讼法以及相关民事执行的司法解释,均没有明确将法院刑事追缴或责令退赔判决的执行规定为法院执行机构予以执行的法定事项。[⑤] 这一现象直接导致长期以来,刑事判决中追缴或责令退赔违法所得主文内容的执行在实践中出现许多受到制约的问题。

---

① 最高人民法院《关于适用〈中华人民共和国民事诉讼法〉的解释》(2012 年 11 月 5 日通过)第 438 条规定:"财产刑和附带民事裁判由第一审法院负责裁判执行的机构执行。"第 447 条规定:"财产刑和附带民事裁判的执行,本解释没有规定的,参照适用民事执行的有关规定。"

② 参见唐力主编:《民事诉讼法精要与依据指南》,北京大学出版社 2011 年版,第 630 页。

③ 参见汤维建主编:《民事诉讼法学》,北京大学出版社 2008 年版,第 518 页。

④ 最高人民法院《关于刑事裁判涉财产部分执行的若干规定》(2014 年 9 月 1 日通过,10 月 30 日公布,11 月 6 日施行),第 1 条规定:"本规定所称的刑事裁判涉财产部分的执行,是指发生法律效力的刑事裁判主文确定的下列事项的执行:(一)罚金、没收财产;(二)责令退赔;(三)处置随案移送的赃款赃物;(四)没收随案移送的供犯罪所用的本人财物;(五)其他应当由法院执行的相关事项。附带民事裁判的执行,适用民事执行的有关规定。"

⑤ 最高人民法院《关于法院执行工作若干问题的规定(试行)》(法释〔1998〕15 号,1998 年 6 月 11 日最高人民法院审判委员会第 992 次会议通过,1998 年 7 月 8 日最高人民法院公告公布,自 1998 年 7 月 8 日起施行)第 1 条有关执行机构及其职责的规定为:"1. 法院根据需要,依据有关法律的规定,设立执行机构,专门负责执行工作。2. 执行机构负责执行下列生效法律文书:(1)法院民事、行政判决、裁定、调解书,民事制裁决定、支付令,以及刑事附带民事判决、裁定、调解书;(2)依法应由法院执行的行政处罚决定、行政处理决定;(3)我国仲裁机构作出的仲裁裁决和调解书;法院依据《中华人民共和国仲裁法》有关规定作出的财产保全和证据保全裁定;(4)公证机关依法赋予强制执行效力的关于追偿债款、物品的债权文书 ;(5)经法院裁定承认其效力的外国法院作出的判决、裁定,以及国外仲裁机构作出的仲裁裁决;(6)法律规定由法院执行的其他法律文书。"

首先,只有少量追缴或责令退赔违法所得的判决进入法院执行程序。本章第四节考察表明,H市两级法院被调查的70名执行人员中,执行过追缴或责令退赔违法所得判决的只有12人,占全部被调查执行人员总数的比率为17.1%。导致追缴或责令退赔判决进入执行程序少的原因有:一是刑事诉讼法等相关法律对于该类判决的执行机关,在2014年之前的较长时间里始终没有明确的规定,致使司法机关难以行使职权。二是法院执行人员对于该类判决的执行持负面态度的居多。本章第四节的调查表明,H市两级法院接受调查的执行人员中,对法院执行机构执行刑事判决书中的追缴或责令退赔违法所得事项的看法,持有"不了解或没有作答、另行提起附带民事诉讼、交由其他机关执行"等负面态度的人员为49人,占全部被调查执行人员70人的比率为70.1%。法院执行机构的执行人员持有这种负面态度必然影响对此类执行案件的受理积极性。三是法院较少主动依职权将该类判决移送执行,多数案件是在被害人的申请下或者是上级机关的指令下被动受理的。

其次,法院对其受理的追缴或责令退赔违法所得案件的判决难以通过执行程序实现其所确定的内容。从H市法院发现的适用追缴或责令退赔违法所得刑事判决的3件执行案件看,该类判决即使进入法院的执行程序,能够实际执行到财产的也是极为有限。这3件执行案件的执行结果均以被执行人没有财产可供执行的理由终结了本次执行程序,也证明了此问题。当然,适用终结本次执行程序要符合一定的条件,对此最高人民法院的司法解释予以明确列举。① H市中级法院终结本次执行程序的案件中,一起为责令被告人退赔违法所得赃款340余万元,除了追回3万余元赃款购

① 中央政法委、最高人民法院联合下发的《关于规范集中清理执行积案结案标准的通知》(法发〔2009〕15号)第3部分第8条规定:"无财产可供执行的案件,执行程序在一定期间无法继续进行,且有下列情形之一的,经合议庭评议,可裁定终结本次执行程序后结案:1.被执行人确无财产可供执行,申请执行人书面同意法院终结本次执行程序的;2.因被执行人无财产而中止执行满两年,经查证被执行人确无财产可供执行的;3.申请执行人明确表示提供不出被执行人的财产或财产线索,并在法院穷尽财产调查措施之后对法院认定被执行人无财产可供执行书面表示认可的;4.被执行人的财产无法拍卖变卖,或者动产经两次拍卖、不动产或其他财产权经三次拍卖仍然流拍,申请执行人拒绝接受或者依法不能交付其抵债,经法院穷尽财产调查措施,被执行人确无其他财产可供执行的;5.作为被执行人的企业法人被撤销、注销、吊销营业执照或者歇业后既无财产可供执行,又无义务承受人,也没有能够依法追加变更执行主体的;6.经法院穷尽财产调查措施,被执行人确无财产可供执行或虽有财产但不宜强制执行,当事人达成分期履行和解协议的;7.被执行人确无财产可供执行,申请执行人属于特困群体,执行法院已经给予其适当救助资金的。"

置的房屋一处之外，被告人诈骗的其余财产已转移给他人，而申请执行人对此已经另案起诉且已经进入执行程序，被告人已无其他可供执行的财产。另外两起均为追缴违法所得的判决，其追缴违法所得的标的分别为1500万元和1200万元。法院受理这两起执行案件后，经过调查发现被执行人既没有给付金钱的实际能力，也没有可以供执行的财产，均以此为由终结了本次执行程序。虽然终结本次执行程序后，司法解释规定具备执行条件时可以恢复继续执行，但是，从H市中级法院受理的三起适用追缴或责令退赔违法所得判决的案件进程来观察，除第一起有可能通过其他案件的执行得以实现被害人部分实际财产利益之外，另外两起案件执行标的均超过1000万元，而被执行人已经分别被法院判处无期徒刑和有期徒刑十五年，且判决均已经发生法律效力，目前尚在监狱服刑，不可能在短期内具备履行能力。所以，鉴于被执行人正在服刑，其本人显然没有履行判决所确认的追缴或责令退赔违法所得义务的能力，法院没有条件对这三起案件采取恢复执行措施。①

综上所述，非法占有或处置被害人财产类犯罪本属于刑事诉讼法规定的附带民事诉讼范围，而将其限制在附带民事诉讼范围之外，并规定了追缴或责令退赔违法所得作为其附带民事诉讼的替代措施，其限制的目的在于防止出现过多的附带民事诉讼案件。但是，实际情况却是，此类案件无论是否被限制，被害人向司法机关进行索赔或请求赔偿的均为极少数。本认为可以完全替代被害人所提起的附带民事诉讼的追缴或责令退赔违法所得的措施，司法实践中并没有为中、基层的法院普遍适用。即使有部分已经作出追缴或责令退赔违法所得的判决，进入司法执行程序也较为困难，而进入的极少数判决也往往由于被执行人的履行能力有限，获得实现的判决内容也为极少数，多以终结本次执行程序为结束。

---

①　中央政法委、最高人民法院《关于规范集中清理执行积案结案标准的通知》（法发〔2009〕15号）第3部分第10条规定："裁定终结本次执行程序后，如发现被执行人有财产可供执行的，申请执行人可以再次提出执行申请。申请执行人再次提出执行申请不受申请执行期间的限制。申请执行人申请或者法院依职权恢复执行的，应当重新立案。"

第七章　附带民事诉讼替代措施对程序权利和赔偿的影响

对于被害人在适用附带民事诉讼替代措施程序中的诉讼权利问题，重点是研究对被害人民事权利具有重大影响的追缴或责令退赔违法所得措施的实施过程、被害人获得出庭告知的权利、被害人实际参加庭审的权利、被害人获得依法收取裁判文书的权利等是否得到司法机关的有效保障。通过对这些问题的考察，力图探究被害人在追缴与责令退赔制度替代附带民事诉讼后，其能否在该项制度的实施过程中，有效地行使法律赋予的诉讼权利来实现和保障自己的实体权利。附带民事诉讼替代措施对被告人量刑的影响，主要考察法院对被告人量刑时，是否考虑到被告人被追缴或责令退赔违法所得的实际情况，从而予以从严、从宽处罚，实现鼓励被告人积极赔偿被害人物质损失的目的，进而达到有效替代附带民事诉讼功能的实际结果。

第一节　告知被害人参加庭审情况

被害人是其人身、财产或者其他权益遭受犯罪行为侵害的人。[①] 根据我国刑事诉讼法的相关规定，法院确定开庭日期后，应当在开庭三日前将传唤被害人出庭的传票送达被害人。[②] 因此，被害人获得法院开庭传唤的书面告知，是其作为案件当事人之一的权利，也是其实现参加法庭审判并主张自己赔偿等实体权利的程序性保障措施。对于法院而言，告知被害人出庭则是其履行正确查明事实，准确适用法律，惩治犯罪，保障被害人权利的职责

① 参见樊崇义主编：《刑事诉讼法学》，中国政法大学出版社 2013 年版，第 132 页。

② 《刑事诉讼法》第 182 条第 3 款规定："人民法院确定开庭日期后，应当将开庭的时间、地点通知人民检察院，传唤当事人，通知辩护人、诉讼代理人、证人、鉴定人和翻译人员，传票和通知书至迟在开庭三日以前送达。"同时，该法第 106 条第 2 项规定："'当事人'是指被害人、自诉人、犯罪嫌疑人、被告人、附带民事诉讼原告人和被告人。"

所需。考察法院告知被害人出庭的情况,能够探究司法实践中法院对被害人该项权利的保障状况,从而发现被害人主张索赔等司法救济现象少的客观原因。为此,笔者将H市两级法院审理的应当适用追缴或责令退赔违法所得案件与法院是否告知被害人参加庭审的情况进行交叉比较。

一、告知被害人参加庭审的极少

H市两级法院审理的适用或应当适用追缴或责令退赔违法所得的案件数量为918件,其中法院告知被害人出庭的案件数量为9件,占该市法院审理的适用或应当适用追缴或责令退赔违法所得案件总数量的比率仅为1.0%。

1. 未追缴或责令退赔违法所得案件告知出庭数量居第一位

H市两级法院审理的适用或应当适用追缴或责令退赔的一审案件中,没有追缴或责令退赔违法所得而告知被害人出庭的案件数量为5件,占该市两级法院审理的没有追缴或责令退赔违法所得案件数量241件的比率为2.1%,占该市两级法院审理的适用或应当适用追缴或责令退赔违法所得而告知被害人的案件总数量9件的比率为55.6%,占该市两级法院审理的适用或应当适用追缴或责令退赔违法所得案件总数量918件的比率为0.5%。

2. 追缴或责令退赔全部违法所得案件告知出庭数量居第二位

H市两级法院审理的适用或应当适用追缴或责令退赔违法所得的一审案件中,适用追缴或责令退赔全部违法所得而告知被害人出庭的案件数量为2件,占该市两级法院审理的适用追缴或责令退赔全部违法所得案件数量263件的比率为0.8%,占该市两级法院审理的适用或应当适用追缴或责令退赔违法所得而告知被害人的案件总数量9件的比率为22.2%,占该市两级法院审理的适用或应当适用追缴或责令退赔违法所得案件总数量918件的比率为0.2%。

3. 追缴或责令退赔部分违法所得案件告知出庭数量居末位

H市两级法院审理的适用或应当适用追缴或责令退赔违法所得的一审案件中,适用追缴或责令退赔大部分或者小部分违法所得而告知被害人出庭的案件数量各为1件,分别占该市两级法院审理的适用追缴或责令退赔大部分或者小部分违法所得案件数量208件和206件的比率均为0.5%,分别占该市两级法院审理的适用或应当适用追缴或责令退赔违法所得而告知被害人的案件总数量9件的比率均为11.1%,分别占该市两级法院审理的适用或应当适用追缴或责令退赔违法所得案件总数量918件的比率均为0.1%。

二、没有告知被害人参加庭审的极多

H市两级法院审理的适用或应当适用追缴或责令退赔措施的案件数量为918件,其中没有告知被害人出庭的案件数量为909件,占该市法院审理的该类案件总数量的比率为99.0%。

1. 追缴或责令退赔全部违法所得案件未告知出庭数量居第一位

H市两级法院审理的适用追缴或责令退赔全部违法所得案件中,没有告知被害人出庭的案件数量达到261件,占该市两级法院审理的适用追缴或责令退赔全部违法所得案件数量263件的比率为99.2%,占该市两级法院审理的适用或应当适用追缴或责令退赔违法所得而没有告知被害人出庭的案件总数量909件的比率为28.7%,占该市两级法院审理的适用或应当适用追缴或责令退赔违法所得案件总数量918件的比率为28.4%。

2. 未追缴或责令退赔违法所得案件未告知出庭数量居第二位

H市两级法院审理的没有追缴或责令退赔违法所得的案件中,没有告知被害人出庭的案件数量达到236件,占该市两级法院审理的没有追缴或责令退赔违法所得案件数量241件的比率为97.9%,占该市两级法院审理的适用或应当适用追缴或责令退赔违法所得而没有告知被害人出庭的案件总数量909件的比率为26.0%,占该市两级法院审理的适用或应当适用追缴或责令退赔违法所得案件总数量918件的比率为25.7%。

3. 追缴或责令退赔大部分违法所得案件未告知出庭数量居第三位

H市两级法院审理的适用追缴或责令退赔大部分违法所得的案件中,没有告知被害人出庭的案件数量为207件,占该市两级法院审理的适用追缴或责令退赔大部分违法所得案件数量208件的比率均为99.5%,占该市两级法院审理的适用或应当适用追缴或责令退赔违法所得而没有告知被害人出庭的案件总数量909件的比率为22.8%,占该市两级法院审理的适用或应当适用追缴或责令退赔违法所得案件总数量918件的比率为22.5%。

4. 追缴或责令退赔小部分违法所得案件未告知出庭数量居第四位

H市两级法院审理的适用追缴或责令退赔小部分违法所得的案件

中,没有告知被害人出庭的案件数量为 205 件,占该市两级法院审理的适用追缴或责令退赔小部分违法所得案件数量 206 件的比率为 99.5%,占该市两级法院审理适用或应当适用追缴或责令退赔违法所得而没有告知被害人出庭的案件总数量 909 件的比率为 22.6%,占该市两级法院审理的适用或应当适用追缴或责令退赔违法所得案件总数量 918 件的比率为 22.3%。

综合以上两方面所述,H 市两级法院在审理适用追缴或责令退赔违法所得的案件过程中,开庭之前主动告知被害人出庭的极少,而绝大多数案件没有主动将出庭传票送达被害人。与此相对应,在主动告知被害人出庭的案件中,没有追缴或责令退赔违法所得的案件主动通知被害人的数量较多,追缴或责令退赔全部违法所得的案件数量次之,而追缴或责令退赔大部分或小部分违法所得的案件数量最少。(见图 7-1 和表 7-1)

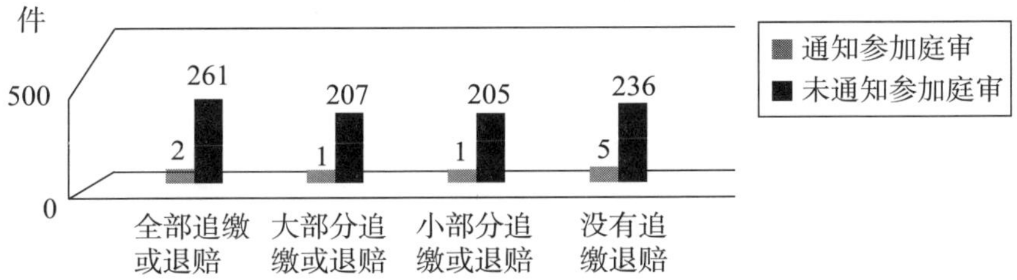

图 7-1 追缴或责令退赔情况与告知被害人出庭数量

表 7-1 追缴或责令退赔情况与告知被害人出庭数量与比率①

追缴或退赔情况	统计项目	告知被害人出庭		总计
		是	否	
全部追缴或退赔	计数(件)	2	261	263
	在追缴或退赔情况内的占比(%)	0.8	99.2	100.0
	在告知被害人出庭内的占比(%)	22.2	28.7	28.6
	占总数的占比(%)	0.2	28.4	28.6

① 表中数据为 H 市两级法院 1980 年、1996 年、1997 年、1999 年、2001 年、2003 年、2004 年、2011 年、2012 年、2013 年和 2014 年 1~6 月审理的适用或应当适用追缴或责令退赔措施的一审程序案件,均以件为统计单位。

续表

追缴或退赔情况	统计项目	告知被害人出庭		总计
		是	否	
大部分追缴或退赔	计数(件)	1	207	208
	在追缴或退赔情况内的占比(%)	0.5	99.5	100.0
	在告知被害人出庭内的占比(%)	11.1	22.8	22.7
	占总数的占比(%)	0.1	22.5	22.7
小部分追缴或退赔	计数(件)	1	205	206
	在追缴或退赔情况内的占比(%)	0.5	99.5	100.0
	在告知被害人出庭内的占比(%)	11.1	22.6	22.4
	占总数的占比(%)	0.1	22.3	22.4
没有追缴退赔	计数(件)	5	236	241
	在追缴或退赔情况内的占比(%)	2.1	97.9	100.0
	在告知被害人出庭内的占比(%)	55.6	26.0	26.3
	占总数的占比(%)	0.5	25.7	26.3
总计	计数(件)	9	909	918
	在追缴或退赔情况内占比(%)	1.0	99.0	100.0
	在告知被害人出庭内的占比(%)	100.0	100.0	100.0
	占总数的占比(%)	1.0	99.0	100.0

第二节　被害人出席庭审情况

我国刑事诉讼法最初没有将公诉案件的被害人规定为当事人，但是，为了加强保护被害人的合法权益的力度，1996 年修改刑事诉讼法时，将被害人规定为当事人。[①] 作为当事人的被害人享有与其他当事人共同所有的诉讼权利，主要包括要求审判人员等回避、参加法庭调查、参加法庭辩论等权利。[②] 作为当事人的被害人，其诉讼权利的行使在审判阶段最主要是通过参加法院对其受害案件的审判活动来实现的，而对于被害人出庭的实际情

① 参见郎胜主编：《中华人民共和国刑事诉讼法修改与适用》，新华出版社 2012 年版，第 220 页。

② 参见陈光中主编：《刑事诉讼法》，北京大学出版社、高等教育出版社 2009 年版，第 78 页。

况的考察则对了解被害人诉讼权利的实现和保障程度具有直接意义。同时,追缴或责令退赔措施作为司法控制附带民事诉讼范围后的替代措施,对其在法院审理过程中的适用情况进行考察,了解被害人在该程序的运行过程中的实际出庭数量,则有利于掌握该程序对被害人诉讼权利保障功能的实际状况。为此,笔者将H市两级法院审理的适用或应当适用追缴或责令退赔违法所得的案件与在该程序中被害人出席法庭审判的情况进行了交叉研究。

一、被害人出席庭审的极少

H市两级法院审理的适用或应当适用追缴或责令退赔违法所得措施的案件中,被害人实际出席法庭审判的案件数量为6件,占该市法院审理的该类案件总数量918件的比率为0.7%。

1. 未追缴或责令退赔违法所得案件被害人出庭数量居首位

H市两级法院审理的没有追缴或责令退赔违法所得的案件中,被害人出席法庭审判的案件数量为4件,占该市两级法院审理的该类案件数量241件的比率为1.7%,占该市两级法院审理的适用或应当适用追缴或责令退赔违法所得而被害人出席法庭审判的案件数量6件的比率为66.7%,占该市两级法院审理的适用或应当适用追缴或责令退赔违法所得案件总数量的比率为0.4%。

2. 追缴或责令退赔全部或小部分违法所得案件被害人出庭数量次之

H市两级法院审理的适用追缴或责令退赔全部和小部分违法所得的案件,被害人出席法庭审判的案件数量各为1件,分别占该市两级法院审理的适用追缴或责令退赔全部或者小部分违法所得案件数量263件和206件的比率为0.4%和0.5%,分别占该市两级法院审理的适用或应当适用追缴或责令退赔违法所得而被害人出席法庭审判的案件数量6件的比率均为16.7%,分别占该市两级法院审理的适用或应当适用追缴或责令退赔违法所得案件总数量的比率均为0.1%。

此外,H市两级法院审理的适用追缴或责令退赔大部分违法所得的案件中,被害人出席法庭审判的案件数量为0件。

二、被害人没有出席庭审的极多

H市两级法院审理的适用或应当适用追缴或责令退赔违法所得的案件中,被害人没有出席法庭审判的案件数量高达912件,占该市法院审理的该类案件总数量918件的比率为99.3%。

1.追缴或责令退赔全部违法所得案件被害人未出庭数量居首位

H市两级法院审理全部追缴或责令退赔违法所得的案件中,被害人没有出席法庭审判的案件数量分别为262件,占该市两级法院审理的该类案件数量263件的比率为99.6%,占该市两级法院审理的适用或应当适用追缴或责令退赔违法所得而被害人没有出席法庭审判的案件数量912件的比率为28.7%,占该市两级法院审理的适用或应当适用追缴或责令退赔违法所得案件总数量的比率为28.5%。

2.未追缴或责令退赔违法所得案件被害人未出庭数量居第二位

H市两级法院审理的没有追缴或责令退赔违法所得的案件中,被害人没有出席法庭审判的案件数量为237件,占该市两级法院审理的该类案件数量241件的比率为98.3%,占该市两级法院审理适用或应当适用追缴或责令退赔违法所得而被害人没有出席法庭审判的案件数量912件的比率为26.0%,占该市两级法院审理的适用或应当适用追缴或责令退赔违法所得案件总数量的比率为25.8%。

3.追缴或责令退赔大部分违法所得案件被害人未出庭数量居第三位

H市两级法院审理的适用追缴或责令退赔大部分违法所得的案件中,被害人没有出席法庭审判的案件数量为208件,占该市两级法院审理的该类案件数量208件的比率为100.0%,占该市两级法院审理的适用或应当适用追缴或责令退赔违法所得而被害人没有出席法庭审判的案件数量912件的比率为22.8%,占该市两级法院审理的适用或应当适用追缴或责令退赔违法所得案件总数量的比率为22.7%。

4.追缴或责令退赔小部分违法所得案件被害人未出庭数量居第四位

H市两级法院审理的适用追缴或责令退赔小部分违法所得的案件中,被害人没有出席法庭审判的案件数量为205件,占该市两级法院审理的该类案件数量206件的比率为99.5%,占该市两级法院审理的适用或应当适用追缴或责令退赔违法所得而被害人没有出席法庭审判的案件数量912件的比率为22.5%,占该市两级法院审理的适用或应当适用追缴或责令退赔措施案件总数量的比率为22.3%。

综合以上两方面所述,H市两级法院审理的适用或应当适用追缴或责令退赔措施的案件中,法院开庭审判时被害人出席的案件总体数量极少,而被害人没有出席的则高达 99.3%。被害人出席法庭审判的以没有追缴或责令退赔违法所得的案件数量相对较多，追缴或责令退赔全部或者小部分违法所得的案件数量次之，追缴或责令退赔大部分违法所得的案件则为均未出庭。（见图 7-2 和表 7-2）

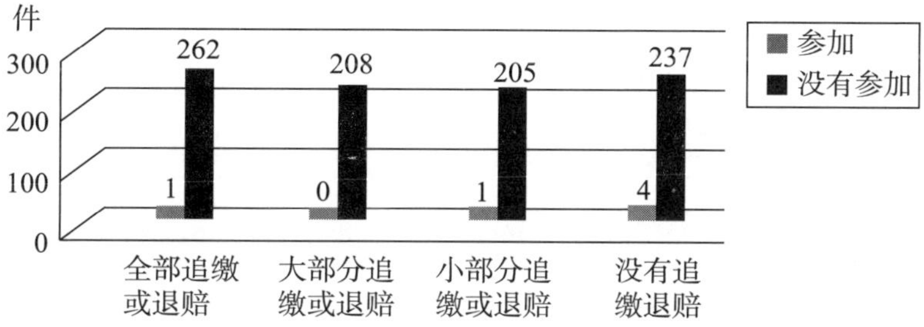

图 7-2　追缴或责令退赔情况与被害人出庭数量

表 7-2　追缴或责令退赔情况与被害人出庭数量与比率①

追缴或退赔情况	统计项目	被害人出庭		总计
		是	否	
全部追缴或退赔	计数(件)	1	262	263
	在追缴或退赔情况内的占比(%)	0.4	99.6	100.0
	在被害人出庭内的占比(%)	16.7	28.7	28.6
	占总数的占比(%)	0.1	28.5	28.6
大部分追缴或退赔	计数(件)	0	208	208
	在追缴或责令退赔情况内的占比(%)	0.0	100.0	100.0
	在被害人出庭内的占比(%)	0.0	22.8	22.7
	占总数的占比(%)	0.0	22.7	22.7
小部分追缴或退赔	计数(件)	1	205	206
	在追缴或退赔情况内的占比(%)	0.5	99.5	100.0
	在被害人出庭审内的占比(%)	16.7	22.5	22.4
	占总数的占比(%)	0.1	22.3	22.4

① 表中数据为 H 市两级法院 1980 年、1996 年、1997 年、1999 年、2001 年、2003 年、2004 年、2011 年、2012 年、2013 年和 2014 年 1～6 月审理的适用或应当适用追缴或责令退赔措施的一审程序案件，均以件为统计单位。

续表

追缴或退赔情况	统计项目	被害人出庭		总计
		是	否	
没有追缴退赔	计数(件)	4	237	241
	在追缴或退赔情况内占比(%)	1.7	98.3	100.0
	在被害人出庭内的占比(%)	66.7	26.0	26.3
	占总数的占比(%)	0.4	25.8	26.3
总计	计数(件)	6	912	918
	在追缴或退赔情况内的占比(%)	0.7	99.3	100.0
	在被害人出庭内的占比(%)	100.0	100.0	100.0
	占总数的占比(%)	0.7	99.3	100.0

第三节　裁判文书送达被害人情况

依据我国刑事诉讼法的规定,刑事一审案件判决书送达被害人的形式根据宣告判决的两种情况——当庭宣告和定期宣告,分为两种类型并各有具体的要求。一是对于当庭宣告的情形,法院应当在五日内将判决书送达当事人和提起公诉的检察院,并应同时送达辩护人、诉讼代理人。而当事人则是指被害人、自诉人、犯罪嫌疑人、被告人、附带民事诉讼原告人和被告人。二是对于定期判决的情形,法院应当在宣告判决后立即将判决书送达当事人和提起公诉的检察院,也应当同时送达辩护人、诉讼代理人。[①] 同时,被害人有权对已发生法律效力的判决、裁定,向法院或检察院提出申诉。[②] 我国刑事诉讼法还规定了公诉案件被害人在收到判决书后 5 日以内,有权请求检察院提出抗诉。[③] 由此可见,被害人获得判决书既是其诉讼权利的一部分,也是其赖以实现其他诉讼权利和实体权利的基础。特别对于遭受犯罪侵犯而导致财产损失的被害人,在经过追缴或责令退赔措施的

① 参见郎胜主编:《中华人民共和国刑事诉讼法修改与适用》,新华出版社 2012 年版,第 351 页。

② 参见陈光中主编:《刑事诉讼法》,北京大学出版社、高等教育出版社 2009 年版,第 78 页。

③ 《刑事诉讼法》第 218 条规定:“被害人及其法定代理人不服地方各级法院第一审的判决的,自收到判决书后五日以内,有权请求人民检察院提出抗诉。人民检察院自收到被害人及其法定代理人的请求后五日内,应当作出是否抗诉的决定并且答复请求人。”

适用后没有全部实现其获得赔偿的权利，其附带民事诉讼权利又被司法限定的情况下，其是否能够获得判决书的情况可以反映出追缴或责令退赔措施替代附带民事诉讼的做法能否如附带民事诉讼程序一样保障被害人诉讼权利的状况。为此，笔者将H市两级法院审理的适用或应当适用追缴或责令退赔措施而没有全部追回或退赔违法所得的案件与该类案件中法院是否将判决书送达被害人的情况进行交叉研究。

一、裁判文书送达被害人的极少

H市两级法院审理的适用或应当适用追缴或责令退赔措施而没有或没有完全追回或责令退赔违法所得的案件中，将判决书送达被害人的案件数量为9件，占该市法院审理的该类案件数量655件的比率为1.4%。

1. 未追缴或责令退赔违法所得案件送达数量最多

H市两级法院审理的没有追缴或责令退赔违法所得的案件中，法院送达被害人判决书的案件数量为5件，占该市两级法院审理的该类案件数量241件的比率为2.1%，占该市两级法院审理的没有或者没有全部追缴或责令退赔违法所得而将判决书送达被害人的案件总数量9件的比率为55.6%，占该市两级法院审理的没有或者没有全部追缴或责令退赔违法所得案件总数量655件的比率为0.8%。

2. 追缴或责令退赔大部分或小部分违法所得案件送达数量次之

H市两级法院审理的适用追缴或责令退赔大部分或者小部分违法所得案件中，法院送达被害人判决书的案件数量各为2件，分别占该市两级法院审理的该同类案件数量208件和206件的比率均为1.0%，分别占该市两级法院审理的没有或者没有全部追缴或责令退赔违法所得而将判决书送达被害人的案件总数量9件的比率均为22.2%，分别占该市两级法院审理的没有或者没有全部追缴或责令退赔违法所得案件总数量655件的比率为0.3%。

二、没有将裁判文书送达被害人的极多

H市两级法院审理的适用或应当适用追缴或责令退赔措施而没有或没有完全追回或责令退赔违法所得的案件中，没有将判决书送达被害人的案件数量为646件，占该市法院审理的该类案件数量655件的比率为98.6%。

1. 未追缴或责令退赔违法所得案件未送达数量居第一

H市两级法院审理的没有追缴或责令退赔违法所得的案件中，法院没有送达被害人判决书的案件数量为236件，占该市两级法院审理的该类案件数量241件的比率为97.9%，占该市两级法院审理的没有或者没有全部追缴或责令退赔违法所得而没有将判决书送达被害人的案件总数量646件的比率为36.5%，占该市两级法院审理的没有或者没有全部追缴或责令退赔违法所得案件总数量655件的比率为36.0%。

2. 追缴或责令退赔大部分或小部分违法所得案件未送达数量同居第二

H市两级法院审理的追缴或责令退赔大部分或者小部分违法所得的案件中，法院没有送达被害人判决书的案件数量分别为206件和204件，分别占该市两级法院审理的该同类案件数量208件和206件的比率均为99.0%，分别占该市两级法院审理的没有或者没有全部追缴或责令退赔违法所得而没有将判决书送达被害人的案件总数量646件的比率为31.9%和31.6%，分别占该市两级法院审理的没有或者没有全部追缴或责令退赔案件总数量655件的比率为31.5%和31.1%。

综合以上两方面所述，H市两级法院审理的没有或者没有全部追缴或责令退赔违法所得的案件中，法院将判决书送达被害人的极少，而没有将判决书送达被害人的则高达98.6%。在部分没有完成或者全部没有完成追缴或责令退赔违法所得案件的三种情况中，均有将判决书送达被害人的案件，但更多的情况为没有追缴或责令退赔违法所得的案件。（见图7-3和表7-3）

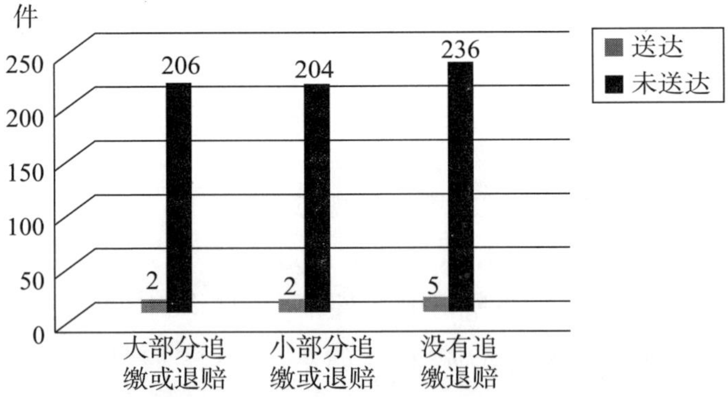

图7-3　继续追缴或责令退赔与判决书是否送达被害人的数量

表 7-3　追缴或责令退赔与判决书是否送达被害人的数量与比率①

追缴或退赔情况	统计项目	判决书送达被害人		总计
		是	否	
大部分追缴或退赔	计数(件)	2	206	208
	在追缴或退赔情况内的占比(%)	1.0	99.0	100.0
	在判决送达被害人内的占比(%)	22.2	31.9	31.8
	占总数的占比(%)	0.3	31.5	31.8
小部分追缴或退赔	计数(件)	2	204	206
	在追缴或退赔情况内的占比(%)	1.0	99.0	100.0
	在判决送达被害人内的占比(%)	22.2	31.6	31.5
	占总数的占比(%)	0.3	31.1	31.5
没有追缴或退赔	计数(件)	5	236	241
	在追缴或退赔情况内的占比(%)	2.1	97.9	100.0
	在判决送达被害人内的占比(%)	55.6	36.5	36.8
	占总数的占比(%)	0.8	36.0	36.8
总计	计数(件)	9	646	655
	在追缴或退赔情况内的占比(%)	1.4	98.6	100.0
	在判决送达被害人内的占比(%)	100.0	100.0	100.0
	占总数的占比(%)	1.4	98.6	100.0

第四节　替代措施鼓励弥补损失作用的发挥

根据相关会议纪要精神和司法解释规定，被告人非法占有、处置被害人财产而使其遭受物质损失的，法院应当依法予以追缴或者责令退赔；被追缴、退赔的情况，法院可以作为量刑情节予以考虑。② 被追缴、退赔的情况

① 表中数据为 H 市两级法院 1980 年、1996 年、1997 年、1999 年、2001 年、2003 年、2004 年、2011 年、2012 年、2013 年和 2014 年 1~6 月审理的适用大部分或者小部分或者没有追缴或责令退赔措施的一审程序案件，均以件为统计单位。

② 参见最高人民法院《关于印发〈全国法院维护农村稳定刑事审判工作座谈会纪要〉的通知》（法〔1999〕217 号，1999 年 10 月 27 日），载《最高人民法院公报》1999 年第 6 期；最高人民法院《关于刑事附带民事诉讼范围问题的规定》（法释〔2000〕47 号）第 5 条第 1 款；2012 年 11 月 5 日最高人民法院通过的《关于适用〈中华人民共和国刑事诉讼法〉的解释》第 139 条。

在刑法的量刑过程中，被视为退赃、退赔的法定从宽量刑情节。[①] 所谓退赃，是指犯罪人将犯罪所得的赃款或赃物，直接退还被害人或上缴司法机关的行为。所谓退赔，是指犯罪人因犯罪所得的赃物已被非法处置或毁损而无法退还被害人原物，故采取折价方式直接赔偿被害人或上缴司法机关的行为。[②] 法律将退赃、退赔情况规定为从宽量刑情节，目的在于鼓励被告人积极退赃、退赔，从而最大程度地减少被害人的物质损失，并更好地发挥追缴或责令退赔措施替代被害人提起附带民事诉讼的积极作用。因此，该量刑情节在刑事司法实践中对量刑的影响作用发挥如何，可以在一定程度上反映出追缴或责令退赔措施替代附带民事诉讼在鼓励被告人积极弥补被害人物质损失方面的作用发挥程度。为此，笔者将 H 市两级法院审理的适用或应当适用追缴或责令退赔措施的案件与其对量刑所产生的从轻或从重或没有体现等影响情况，进行交叉研究。

一、在量刑过程中没有发挥任何作用的案件占比过半

H 市两级法院审理的适用或应当适用追缴或责令退赔违法所得的案件中，追缴或责令退赔违法所得情节没有发挥任何作用的案件数量为 612 件，占该市两级法院审理的该类案件总数量 918 件的比率为 66.7%。

1. 未追缴或责令退赔违法所得案件未发挥作用的数量最多

H 市两级法院审理的没有追缴或责令退赔违法所得的案件数量为 241 件，在量刑过程中没有发挥任何影响作用的案件数量为 211 件，占该市两级法院审理的该类案件数量的比率为 87.6%，占该市两级法院审理的没有对量刑发挥任何影响作用的追缴或责令退赔违法所得案件总数量 612 件的比率为 34.5%，占该市两级法院审理的适用或应当适用追缴或责令退赔违法所得案件总数量 918 件的比率为 23.0%。

2. 追缴或责令退赔小部分违法所得案件未发挥作用数量居第二位

H 市两级法院审理的适用追缴或责令退赔小部分违法所得的案件数量为 206 件，在量刑过程中没有发挥任何影响作用的案件数量为 170 件，占该市两级法院审理的该类案件数量的比率为 82.5%，占该市两级法院审理的没有对量刑发挥任何影响作用的追缴或责令退赔违法所得案件总数量 612 件的比率为 27.8%，占该两级法院审理的适用或应当适用追缴或责令退赔

① 最高人民法院《关于常见犯罪的量刑指导意见》第 3 条第 8 项规定："对于退赃、退赔的，综合考虑犯罪性质，退赃、退赔行为对损害结果所能弥补的程度，退赃、退赔的数额及主动程度等情况，可以减少基准刑的 30%以下；其中抢劫等严重危害社会治安犯罪的应从严掌握。"

② 参见南英主编：《量刑规范化实务手册》，法律出版社 2014 年版，第 79 页。

违法所得案件总数量 918 件的比率为 18.5%。

3. 追缴或责令退赔大部分违法所得案件未发挥作用数量居第三位

H 市两级法院审理的适用追缴或责令退赔大部分违法所得的案件数量为 208 件，在量刑过程中没有发挥任何影响作用的案件数量为 121 件，占该市两级法院审理的该类案件数量的比率为 58.2%，占该市两级法院审理的没有对量刑发挥任何影响作用的追缴或责令退赔违法所得案件总数量 612 件的比率为 19.8%，占该市两级法院审理的适用或应当适用追缴或责令退赔违法所得案件总数量 918 件的比率为 13.2%。

4. 追缴或责令退赔全部违法所得案件未发挥作用数量居第四位

H 市两级法院审理的适用追缴或责令退赔全部违法所得的案件数量为 263 件，在量刑过程中没有发挥任何影响作用的案件数量为 110 件，占该市两级法院审理的该类案件数量的比率为 41.8%，占该市两级法院审理的没有对量刑发挥任何影响作用的追缴或责令退赔违法所得案件总数量 612 件的比率为 18.0%，占该市两级法院审理的适用或应当适用追缴或责令退赔违法所得案件总数量 918 件的比率为 12.0%。

二、在量刑过程中发挥从轻情节的激励作用的案件占比较多

H 市两级法院审理的适用或应当适用追缴或责令退赔违法所得的案件中，在量刑过程中将该情况作为从轻情节发挥作用的案件数量为 276 件，占该市两级法院审理的适用或应当适用追缴或责令退赔违法所得案件总数量的比率为 30.1%。

1. 追缴或责令退赔全部违法所得案件发挥从轻作用数量居第一位

H 市两级法院审理的适用追缴或责令退赔全部违法所得的案件数量为 263 件，在量刑过程中发挥从轻影响作用的案件数量为 153 件，占该市两级法院审理的该类案件数量的比率为 58.2%，占该市两级法院审理的对量刑发挥从轻影响作用的追缴或责令退赔违法所得案件总数量 276 件的比率为 55.4%，占该市两级法院审理的适用或应当适用追缴或责令退赔违法所得案件总数量 918 件的比率为 16.7%。

2. 追缴或责令退赔大部分违法所得案件发挥从轻作用数量居第二位

H 市两级法院审理的适用追缴或责令退赔大部分违法所得的案件数量为 208 件，在量刑过程中发挥从轻影响作用的案件数量为 87 件，占该市两级法院审理的该类案件数量的比率为 41.8%，占该市两级法院审理的对量刑发挥从轻影响作用的追缴或责令退赔违法所得案件总数量 276 件的比率为 31.5%，占该市两级法院审理的适用或应当适用追缴或责令退赔违法所得案件总数量 918 件的比率为 9.5%。

3. 追缴或责令退赔小部分违法所得案件发挥从轻作用数量居第三位

H 市两级法院审理的适用追缴或责令退赔小部分违法所得的案件数量为 206 件，在量刑过程中发挥从轻影响作用的案件数量为 36 件，占该市两级法院审理的该类案件数量的比率为 17.5%，占该市两级法院审理的对量刑发挥从轻影响作用的追缴或责令退赔违法所得案件总数量 276 件的比率为 13.0%，占该市两级法院审理的适用或应当适用追缴或责令退赔违法所得案件总数量 918 件的比率为 3.9%。

此外，该市法院审理的没有追缴或责令退赔违法所得的案件中，对量刑发挥从轻作用的案件为 0 件。

三、在量刑过程中发挥从重情节的惩戒作用的案件占比最少

H 市两级法院审理的适用或应当适用追缴或责令退赔违法所得的案件中，将追缴或退赔违法所得情况作为从重情节发挥作用的案件数量为 30 件，占该市两级法院审理的没有追缴或责令退赔案件数量 241 件的比率为 12.4%，占该市两级法院审理的对量刑发挥从重影响作用的追缴或责令退赔违法所得案件总数量的比率为 100.0%，占该市两级法院审理的适用或应当适用追缴或责令退赔违法所得案件总数量 918 件的比率为 3.3%。

此外，该市法院审理的适用追缴或责令退赔全部或部分违法所得的案件中，将追缴或退赔违法所得情况作为从重情节发挥作用的案件均为 0 件。

综合以上三方面所述，H 市两级法院审理的适用或应当适用追缴或责令退赔违法所得措施的案件中，追缴或退赔违法所得情况对量刑发挥了一定的作用，既有从轻作用，也有对不能退赃、退赔体现从重的作用，但是两者占据的比率较少，两者合计数量占比仅为 33.4%，而没有发挥任何作用的案件数量占比则高达 66.7%。

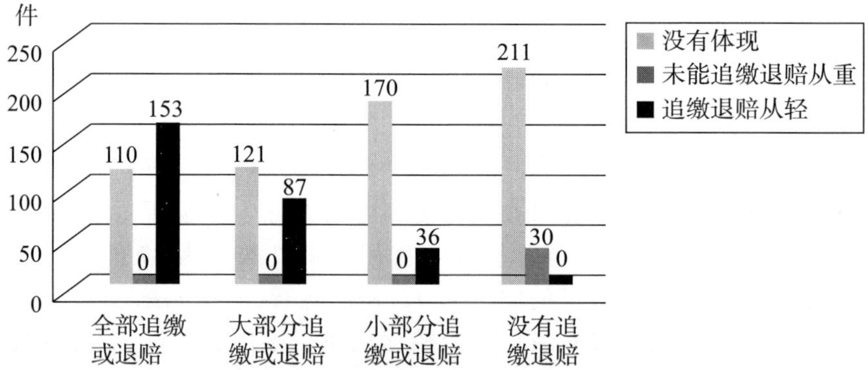

图 7-4 追缴或退赔情况对量刑的影响

表 7-4　追缴或责令退赔情况对量刑的影响①

追缴或退赔情况	统计项目	对量刑的影响			总计
		从轻	从重	没有体现	
全部追缴或退赔	计数(件)	153	0	110	263
	在追缴或退赔情况内的占比(%)	58.2	0.0	41.8	100.0
	在对量刑的影响内的占比(%)	55.4	0.0	18.0	28.6
	占总数的占比(%)	16.7	0.0	12.0	28.6
大部分追缴或退赔	计数(件)	87	0	121	208
	在追缴或退赔情况内的占比(%)	41.8	0.0	58.2	100.0
	在对量刑的影响内的占比(%)	31.5	0.0	19.8	22.7
	占总数的占比(%)	9.5	0.0	13.2	22.7
小部分追缴或退赔	计数(件)	36	0	170	206
	在追缴或退赔情况内的占比(%)	17.5	0.0	82.5	100.0
	在对量刑的影响内的占比(%)	13.0	0.0	27.8	22.4
	占总数的占比(%)	3.9	0.0	18.5	22.4
没有追缴或退赔	计数(件)	0	30	211	241
	在追缴或退赔情况内的占比(%)	0.0	12.4	87.6	100.0
	在对量刑的影响内的占比(%)	0.0	100.0	34.5	26.3
	占总数的占比(%)	0.0	3.3	23.0	26.3
总计	计数(件)	276	30	612	918
	在追缴或退赔情况内的占比(%)	30.1	3.3	66.7	100.0
	在对量刑的影响内的占比(%)	100.0	100.0	100.0	100.0
	占总数的占比(%)	30.1	3.3	66.7	100.0

① 表中数据为 H 市两级法院 1980 年、1996 年、1997 年、1999 年、2001 年、2003 年、2004 年、2011 年、2012 年、2013 年和 2014 年 1~6 月审理的适用或应当适用追缴或责令退赔措施的一审程序案件,均以件为统计单位。

第五节 程序权利受损,鼓励赔偿作用有限

本章前四节考察了 H 市两级法院审理的适用或应当适用追缴或责令退赔违法所得措施案件中,被害人获得出庭通知、实际出席法庭审判、判决书的送达以及对被告人量刑发生影响作用等情况,笔者发现,较为普遍的问题可以归纳为被害人的程序参与权利被忽视、司法救济权利丧失、对量刑的影响并进而鼓励赔偿的作用发挥有限。

一、被害人程序参与权被忽视

程序参与原则是一项贯穿刑事诉讼过程的基本准则,在刑事诉讼中具有重要的作用。所谓程序参与原则,是指程序所涉及其利益的人或者他们的代表能够参加诉讼,对与自己的人身、财产等权利相关的事项有知悉权和发表意见权;国家有义务保障程序所涉及利益的人或者他们的代表的程序参与权。[①] 这一程序公正标准又可称为“获得法庭审判机会”的原则(having one’s day in court; having a hearing; being heard, etc.),其核心思想是,那些权益可能受到刑事裁判或诉讼结局直接影响的主体应当有充分的机会富有意义地参与刑事裁判的制作过程,并对裁判结果的形成发挥其有效的影响和作用。[②] 也就是说,只有与刑事案件有关的利益关系可能受到法院裁判影响的被告人、被害人都参与到相关案件的审判过程中,将他们对本案的一些所知所想向能够决定其利益纷争的法庭充分予以表达,并能够对裁判的作出产生一定的影响作用,才能使他们真切地感受到法院裁判的客观、公正,才能使其尊重法院的裁判。正如美国学者 M. D. 贝勒斯所说,这一原则体现在“到法院出口气”的普遍观念中;有助于解决争执,因为能使参与诉讼的当事人更易于接受判决;尽管他们有可能不赞成判决,但他们却更有可能服从判决。此原则的根据是参与价值,即参与作出严重影响自己生活的判决。人们至少有理由期望在作出关系他们的判决之前,法院听取其意见,即他们拥有发言权。某人被允许参与诉讼也表明别人尊重他,即他受到

---

① 参见宋英辉:《刑事诉讼原理导读》,中国检察出版社 2008 年版,第 115~116 页。

② 参见陈瑞华:《刑事审判原理论》,北京大学出版社 2003 年版,第 54 页。

了重视。[①] 贝勒斯在这里提出了参与价值，即当事人参与了对自己生活有严重影响的判决作出的过程，并在期间行使了发言权利、获得他人尊重的权利，这有利于当事人服从判决。

所谓权益可能受到刑事裁判直接影响的主体，主要是指国家、被告人、被害人等各方。[②] 根据程序参与原则的要求，在法院适用追缴或责令退赔违法所得措施的审判程序过程中，作为财产权利遭受被告人犯罪行为损害的被害人，刑事诉讼法律及司法解释均赋予其当事人的多项诉讼权利。例如，在刑事诉讼过程中向司法机关主张追缴被告人的违法所得或责令被告人退赔的权利、接受司法机关的开庭通知的权利并且享有自己或者委托代理人出席法庭审判进行指控、举证、质证等权利。法律和司法解释赋予被害人的这些权利正是程序参与原则所阐述的当事人的程序参与权利，但通过对 H 市两级法院适用或应当适用追缴或责令退赔措施的 918 件案件的调查情况来看，被害人上述种种诉讼程序中的权利实际几乎被忽略，仅有 9 件案件向被害人发送了出庭通知，占全部调查案件 918 件的比率为 1.0%；仅有 6 件案件的被害人实际出席了法庭审判，占全部调查案件 918 件的比率为 0.7%。如此低的出庭通知率、实际出庭率表明，在 H 市两级法院适用追缴或责令退赔违法所得措施案件的审理程序中，被害人程序参与权利在绝大多数案件中被司法机关忽略，从而导致实际被剥夺的结果。由此可见，贯穿刑事诉讼程序始终的程序参与原则在作为附带民事诉讼替代措施的追缴或责令退赔违法所得措施适用的司法实践中，已经失去了基本准则指导司法实践的作用。因此，正如传统的正义理论将被害人的利益大大忽略了一样，程序参与原则所具有的保障当事人诉讼主体地位功能的发挥产生的“被害人也不再是被刑事程序遗忘的人”[③]的理想状况，在适用追缴或责令退赔违法所得措施案件的审判程序中消失殆尽。作为诉讼公正的要求或前提的程序参与原则，由于被害人在适用追缴或责令退赔违法所得措施的绝大多数案件的审判过程中不能出席法庭，不能够参与涉及其自身利益的相关程序，不能获得充分陈述意见的机会，也就谈不上被害人具有获得尊重的

---

① 参见［美］M. D. 贝勒斯：《法律的原则——一个规范的分析》，张文显等译，中国大百科全书出版社 1996 年版，第 35 页。

② 参见陈瑞华：《刑事审判原理论》，北京大学出版社 2003 年版，第 54 页。

③ 宋英辉：《刑事诉讼的目的论》，中国人民公安大学出版社 1995 年版，第 128~142 页。

感受以及发自内心对判决的服从。因此,程序参与原则保障诉讼公正的功能被司法实践所削弱。

二、被害人丧失司法救济权利

案件宣判后,司法机关向当事人及时送达裁判文书是我国刑事诉讼法一贯的规定。[①] 当事人只有及时接受司法机关合法送达的裁判文书,才能够全面了解司法机关对于涉及其人身或财产权益的案件是如何认定的,对于其权利义务关系是如何判定的。也只有如此,当事人认为判决不符合事实和法律规定才能够及时行使司法救济的权利。对于极少能够获得出庭通知并出席法庭参加庭审的被害人而言,能够及时获得司法机关送达的裁判文书,对于其及时有效地维护自己的合法权益则具有更加重要的意义。公诉案件中的被害人及其法定代理人虽然在法律上处于当事人的诉讼地位,但是法律并没有赋予其上诉的权利,而只是给予其请求抗诉的权利。[②] 我国 1979 年《刑事诉讼法》和现行刑事诉讼法均规定,被害人及其法定代理人不服地方各级法院第一审判决的,自收到判决书之后五日以内,有权请求人民检察院提出抗诉;人民检察院自收到被害人及其法定代理人的请求后五日以内,应当作出是否抗诉的决定并且答复请求人。[③] 由此可见,被害人裁判文书的送达,不仅是其得以知晓涉及其权益的判决内容所需,也是其请求人民检察院提出抗诉维护其权益的法定前提条件。反之,如果被害人没有收到有关其权益的裁判文书,其既无法判断司法机关处理涉及其权益的案件情况,也无权向人民检察院主张行使权利以维护其合法利益。

本章第三节对 H 市两级法院的考察发现,该市法院适用或应当适用追缴或责令退赔违法所得措施的案件中,法院向被害人送达了相关判决书的案件仅仅只有 9 件,占全部被调查的未能够完成追缴或责令退赔违法所得案件总数 655 件的比率为 1.4%。也就是说,高达 98.6%的未能完成追缴或责令退赔违法所得的刑事案件被害人没有收到法院对于自己所遭受犯罪侵犯案件进行处理的裁判文书,自然也无法得知法院对于侵犯自己权利的

---

① 1979 年《刑事诉讼法》第 121 条规定:“宣告判决,一律公开进行。当庭宣告判决的,应当在五日以内将判决书送达当事人和提起公诉的人民检察院;定期宣告判决的,应当在宣告后立即将判决书送达当事人和提起公诉的人民检察院。”2012 年《刑事诉讼法》第 196 条在原条规定内容的基础上,增加规定:“判决书应当同时送达辩护人、诉讼代理人。”

② 参见陈光中主编:《刑事诉讼法》,北京大学出版社、高等教育出版社 2005 年版,第 359 页。

③ 参见 1979 年《刑事诉讼法》第 182 条;2012 年《刑事诉讼法》第 218 条。

犯罪分子非法占有或处置其财产的事实是如何认定的,也不知晓法院是否追缴犯罪分子的违法所得或责令犯罪分子退赔违法所得,更不知晓追缴违法所得或责令退赔违法所得的数额是否能够符合自己所遭受的损失结果。同时,这些被害人不仅客观上不能够了解法院裁判的正确与否,而且从法律规定条件来说,他们没有法院送达的裁判文书,即使知悉裁判文书的不当之处,也丧失了程序上在接到判决书的五日之内要求检察机关抗诉的权利。由此可见,被害人在法院审判被告人非法占有或处置被害人财产的刑事案件过程中,不仅提起附带民事诉讼的权利被排除,实践中参加法庭审判的权利也几乎被遗忘,甚至其实体权利被裁判影响时申请检察机关抗诉的司法救济权利也被忽视。

三、追缴或责令退赔情节鼓励赔偿作用有限

被告人犯罪的违法所得是否予以追缴或者是否予以退赔,追缴或退赔的数额大小,是否被告人主动退赃、退赔或者被动退赃、退赔等不同的情况对于法院判断被告人犯罪的危害后果、被告人的主观恶性程度或者被告人悔罪程度,从而决定对被告人量刑时予以从重、从轻、减轻或者免除处罚,均有积极的意义。同时,将追缴或退赔违法所得的情况作为量刑考虑的情节,对于鼓励被告人积极退赃、退赔,从而更好地发挥追缴或责令退赔措施替代附带民事诉讼的功能,并确保及时有效地弥补被害人因犯罪所遭受的物质损失,都应具有积极的作用。因此,作为对刑罚适用产生影响的追缴或退赔违法所得情节,其鼓励被告人退赃或退赔的功能对被害人物质损失赔偿请求权利的实现程度产生了积极正向的影响,从而成为附带民事诉讼的影响因素,故有必要在本书中对其作用情况进行分析。

我国刑法和刑事诉讼法对于追缴或责令退赔违法所得的情况是否影响对被告人的量刑以及如何影响均没有明确的规定。但是,最高人民法院通过会议纪要、意见及一系列司法解释,将追缴或责令退赔违法所得的情况作为量刑情节加以规范,并分不同情况予以从重、从严、从轻或者免除处罚。第一,对于无法退赃的,应当酌情从重处罚,或者从严处罚。最高人民法院《全国法院维护农村稳定刑事审判工作座谈会纪要》规定,对因犯罪分子非法占有、处置被害人财产而使其遭受的物质损失,应当根据《刑法》第 64 条的规定处理,即应通过追缴赃款赃物、责令退赔的途径解决。如赃款赃物尚在的,应一律追缴;已被用掉、毁坏或挥霍的,应责令退赔。无法退赃的,在决定刑罚时,应作为酌定从重处罚的情节予以考虑。[①] 最高人民法院《关于贯彻宽严相济刑事政策的若干意见》规定,被告人非法占有、处置被害人财产不能退赃的,在决定刑罚时,应作为重要情节予以考虑,体现从严处罚的精神。[②] 第二,积极退赃的酌情从轻处罚。最高人民法院《全国法院维护农村稳定刑事审判工作座谈会纪要》规定,对盗窃犯罪的初犯、未成年犯,或者确因生活困难而实施盗窃犯罪,或积极退赃、赔偿损失的,应当注意体现政策,酌情从轻处罚。其中,具备判处管制、单处罚金或者宣告缓刑条件的,应区分不同情况尽可能适用管制、罚金或者缓刑。[③] 第三,退赃、退赔并具有其他规定情节的,可以免予刑事处罚。最高人民法院、最高人民检察院《关于办理盗窃刑事案件适用法律若干问题的解释》规定,盗窃公私财物数额较大,行为人认罪、悔罪,退赃、退赔,且具有下列情形之一,情节轻微的,可以不起诉或者免予刑事处罚,必要时,由有关部门予以行政处罚:①具有法定从宽处罚情节的;②没有参与分赃或者获赃较少且不是主犯的;③被害人谅解的;④其他情节轻微、危害不大的。[④] 最高人民法院、最高人民检察院《关于办理诈骗刑事案件具体应用法律若干问题的解释》规定,诈骗公私财物虽已达到本解释第 1 条规定的“数额较大”的标准,但具有下列情形之一,且行为人认罪、悔罪的,可以根据《刑法》第 37 条、《刑事诉讼法》第 142 条的规定不起诉或者免予刑事处罚:①具有法定从宽处罚情节的;②一审宣判前全部退赃、退赔的;③没有参与分赃或者获赃较少且不是主犯的;④被害人谅解的;⑤其他情节轻微、危害不大的。[⑤] 最高人民法院《关于审理抢夺刑事案件具体应用法律若干问题的解释》规定,抢夺公私财物虽然达到本解释第 1 条第 1 项规定的“数额较大”的标准,但具有下列情形之一的,可以视为《刑法》第 37 条规定的“犯罪情节轻微不需要判处刑罚”,免予

---

① 最高人民法院《全国法院维护农村稳定刑事审判工作座谈会纪要》(法〔1999〕217 号)第 3 条第 3 项规定。

② 最高人民法院印发《关于贯彻宽严相济刑事政策的若干意见》的通知(法发〔2010〕9 号)第 12 条规定。

③ 最高人民法院《全国法院维护农村稳定刑事审判工作座谈会纪要》(法〔1999〕217 号) 第 2 条第 2 项规定。

④ 2013 年 3 月 8 日,最高人民法院、最高人民检察院《关于办理盗窃刑事案件适用法律若干问题的解释》第 7 条规定。

⑤ 最高人民法院、最高人民检察院《关于办理诈骗刑事案件具体应用法律若干问题的解释》(法释〔2011〕7 号)第 3 条规定。

刑事处罚：①已满十六周岁不满十八周岁的未成年人作案，属于初犯或者被教唆犯罪的；②主动投案、全部退赃或者退赔的；③被胁迫参加抢夺，没有分赃或者获赃较少的；④其他情节轻微，危害不大的。[①] 第四，追缴、退赔的情况，可以作为量刑情节考虑。最高人民法院通过的《关于适用〈中华人民共和国刑事诉讼法〉的解释》规定，被告人非法占有、处置被害人财产的，应当依法予以追缴或者责令退赔；被害人提起附带民事诉讼的，法院不予受理；追缴、退赔的情况，可以作为量刑情节考虑。[②] 第五，退赃、退赔数额可以减少基准刑。最高人民法院《法院量刑指导意见（试行）》规定，对于退赃、退赔的，综合考虑犯罪性质，退赃、退赔行为对损害结果所能弥补的程度，退赃、退赔的数额及主动程度等情况，可以减少基准刑的30%以下。[③]

通过上列会议纪要、司法解释的规定可以得出，被告人违法所得赃物、赃款的追缴或退赔情况对被告人在适用刑罚时有影响，或者是作为从严情节，或者是作为从宽情节。所谓从严情节，是指审判人员在适用刑罚时应考虑予以较重处罚的情节。所谓从宽情节，是指审判人员在适用刑罚时考虑对行为人从轻、减轻或者免除处罚的情节。[④] 正如笔者前面所分析的，追缴或退赔违法所得的量刑情节适用，对于实现被害人遭受犯罪侵犯的物质损失修复或弥补具有正向作用。因此，有关追缴或责令退赔违法所得量刑情节的作用发挥程度的考察能从一个角度反映出追缴或责令退赔措施替代附带民事诉讼的效果。对比H市两级法院审理的非法占有或处置被害人财产类型的犯罪案件，可以发现追缴或责令退赔违法所得情况作为从宽情节从而影响量刑的，占该类全部案件918件的比率为30.1%，作为从严情节影响量刑的占全部案件918件的比率仅为3.3%。此外，有66.7%的案件中，对被告人的追缴或责令退赔违法所得的情况既没有作为从严情节适用，也没有作为从宽情节适用。而这些案件中，既有追缴或责令退赔全部违法所得的案件，也有追缴或责令退赔大部分和小部分违法所得的案件，同时

① 最高人民法院《关于审理抢夺刑事案件具体应用法律若干问题的解释》（法释〔2002〕18号）第3条规定。

② 2012年11月5日，最高人民法院通过的《关于适用〈中华人民共和国刑事诉讼法〉的解释》第139条规定。

③ 最高人民法院《法院量刑指导意见（试行）》（法发〔2010〕36号）第8条规定。

④ 参见于志刚主编：《刑罚制度适用中的疑难问题研究》，吉林人民出版社2001年版，第16～17页。

也包括没有追缴或责令退赔任何违法所得的案件。这一现象的存在表明，司法实践中法院对于追缴或责令退赔违法所得情况，对量刑的影响和鼓励被告人积极弥补被害人物质损失的作用发挥，没有给予从分的重视。其既影响了被告人退赃的积极性，也影响了被害人财产权益的实现。

综上所述，司法实践中，法院在审理适用或应当适用追缴或责令退赔违法所得这一附带民事诉讼替代措施的案件时，被害人实际享有的获取出庭通知、实际出席法庭审判、获得相关裁判文书的诉讼权利已经被忽视，无论刑事诉讼法是否明确将被害人规定为当事人，该状况都没有得到有效地改善。同时，司法实践中力主以替代措施的实施影响对被告人的量刑来鼓励其积极赔偿被害人的意图，也没有在司法实践中得到有效的实现，该效果也没有明显显现。

第八章 附带民事诉讼范围制度确有局限且应重构

第一节 附带民事诉讼范围制度的实际状况：司法控制与替代措施并行

通过对H市两级法院附带民事诉讼及其替代措施的司法实践的考察与探究，笔者发现我国法定附带民事诉讼范围[①]在司法实践中已经被司法人员的司法习惯所影响，变得十分狭窄，而相关规范性文件又肯定了该做法，并使之“合法化”，[②]规定了追缴或者责令退赔违法所得措施来替代部分附带民事诉讼，使附带民事诉讼范围的缩小具有“合理性”。[③] 同时还发现，司法限定附带民事诉讼范围的做法不仅排除了一部分被害人在刑事诉讼过程中提起附带民事诉讼的诉权，而且限制了被害人的诉讼权利在适用追缴或者责令退赔违法所得程序中的有效行使。

一、司法习惯对法定附带民事诉讼范围的影响

通过本书第二章的法律文献资料研究，可以发现我国附带民事诉讼范围的立法规范始终没有变化，而结合第三章、第四章和第五章对H市两级法院附带民事诉讼情况的考察，发现司法实践中法定附带民事诉讼范围的适用受到司法者的司法习惯的限制。本研究的调查显示，司法限定附带民事诉讼范围之后，出现了侵犯财产权利犯罪类别的案件没有一件提起附带民事诉讼的情况。但是，在司法限定附带民事诉讼范围之前，也仅仅只有1件非法占有、

---

① 参见孙洁冰主编：《刑事诉讼、行政诉讼附带民事诉讼制度研究》，重庆大学出版社1990年版，第30页。该作者认为：“从刑事诉讼法第53条的规定可以看出，只要是被告人的犯罪行为所造成的物质损失，不论犯罪性质、犯罪手段、损失的具体内容是什么，都可以提起附带民事诉讼。”据此可见，我国法定附带民事诉讼范围是宽广的物质损失范围，而不排除非法占有、处置被害人财物类犯罪。

② 此处的所谓“合法性”，是指司法机关的法官认为只要最高人民法院的司法解释作出的任何规范均为合法，无论其是否违背立法法等法律的规范。

③ 此处的所谓“合理性”，是指最高司法机关的人员认为规定了追缴或责令退赔的替代措施，能够解决被害人的民事赔偿问题，所以，限制其附带民事诉讼权利具有合理性。

处置被害人财物的侵犯财产权利犯罪类别的案件进入附带民事诉讼程序。同时，笔者还查到有的学者对侵犯财产权利犯罪类别的附带民事诉讼问题所持观点是："有人认为，在贪污、盗窃等经济犯罪案件中，追缴赃款赃物是司法机关的职责，只要有赃款赃物，司法机关就应当及时追缴，一般不需要被害人或人民检察院提起退还或追缴赃款赃物的申请……因此贪污、盗窃等经济犯罪中，不能提起附带民事诉讼。"①可见，限制非法占有、处置被害人财物的侵犯财产权利犯罪类别的案件进入附带民事诉讼范围，并不是由相关规范性文件启动的，而在相关规范性文件规定之前，就已经有存在于实践中的司法习惯做法。司法实践中的这一习惯做法，可以称为刑事司法习惯。刑事司法习惯是司法职业人员在司法活动中长期逐步形成的、一时不易改变的思维、行为和倾向，对司法活动有一定的影响。② 通过本书第二章第四节的调查发现，H 市接受调查的法官、律师和其他法律服务工作者中，有 43%的人员认为侵犯财产权利犯罪提起附带民事诉讼少的原因为法院没有通知被害人或者法院不受理此类案件，而认为被害人自己不主张权利的为 20. 1%，另有 37. 1%的人员认为追缴或责令退赔已经解决被害人的赔偿问题。③ 可以看出，除去被害人自己不主张权利或者权利已经得到实现的原因，导致涉及侵犯财产权利犯罪类别的案件提起附带民事诉讼少的原因就是法院不通知被害人参加诉讼或者法院不受理被害人的此类诉讼。这就是法院的法官在司法实践中长期形成的、不易改变的思维、行为和倾向，也就是刑事司法习惯。所以，"实际上，司法过程的典型体貌不是程序法赋予的，而是那些实施它的人的心灵习惯赋予的。成文法只是框架；它的体貌，连同色调和明暗度，是由习惯和常例（usages）构成的。"④法院这些法官的思维定式为，法律虽然规定了附带民事诉讼制度，但是，也为非法占有、处置被害人财物的犯罪规定了追缴或责令退赔制度。通过实施追缴或责令退赔违法所得措施，要么全部或部分实现了被害人的财产权利，要么就是根本没法全部或部分实现被害人的财产权利。对于前一种已经没有损失的情况则不需要提起附带民事诉讼，而对于后一种不能够追回弥补损失的可以在量刑时予以考虑，也没有必要和可能

---

① 孙洁冰主编：《刑事诉讼、行政诉讼附带民事诉讼制度研究》，重庆大学出版社 1990 年版，第 31 页。

② 参见梁鑫：《司法习惯与正当程序》，载《发展》2012 年第 2 期。

③ 参见表 2-6：侵犯财产权利犯罪案件附带民事诉讼少的原因。

④ ［意］皮罗·克拉玛德雷：《程序与民主》，翟小波、刘刚译，高等教育出版社 2005 年版，第 9 页。

通过附带民事诉讼进行赔偿。否则,将具有较多数被害人的非法占有、处置他人财物的盗窃、诈骗犯罪纳入附带民事诉讼范围,会导致刑事诉讼追究犯罪的效率受到影响。在这种思维定式的影响下,法官更多地采取了刑事诉讼过程中不通知盗窃、诈骗等犯罪被害人出庭或者不告知其有权提起附带民事诉讼的行为和倾向,或者采取不受理那些盗窃、诈骗犯罪被害人向法院提起的附带民事诉讼的行为和倾向。

司法者从其有利于法官审理刑事案件的角度出发,长期逐步形成的不通知、不受理非法占有、处置财产类犯罪被害人提起附带民事诉讼的司法习惯,虽然同这期间一些学者认为附带民事诉讼范围包括非法占有财物类犯罪的观点[①]不同,但是该司法习惯不仅没有得到普遍反对和权力机关的纠正,反而因其对提高刑事审判效率有益处而在实践中被司法者广泛认同,以至于最终为司法解释所确认。正如学者苏力所指出的:"①习惯在当代中国社会的司法实践中实际起着重要作用,在特定情况下,甚至可能置换制定法;②习惯影响司法的途径是案件当事人以及法官对相关利益的追求,在这一过程中,他们会交错利用制定法和习惯;③因此,对习惯之变迁起决定作用的并不是'文化',而是各种物质性的社会制约条件。"[②]根据2006年《人民法院组织法》的规定,法院根据工作需要可以设置刑事审判庭、民事审判庭等,[③]各个审判庭设庭长、副庭长、审判员和助理审判员等法官,分别行使刑事案件的审判权、民事案件的审判权等。司法实践中,追究被告人犯罪的

① 参见孙洁冰主编:《刑事诉讼、行政诉讼附带民事诉讼制度研究》,重庆大学出版社1990年版,第25~26页。该作者认为:"我国刑事附带民事诉讼的范围,限于因犯罪行为造成的物质损失。所谓物质损失,是指可以用金钱计算或实物抵偿的损失,它包括两个方面:一是财产损失,如抢劫案中被抢去的财物、毁坏公司财物案中被毁坏的公司财物等等;二是导致人身伤亡而造成的经济损失,如伤害他人身体使被害人花去的医药费、误工收入、死亡的被害人的丧葬费等等。"

② 苏力:《当代中国法律中的习惯——从司法个案透视》,载《中国社会科学》2000年第3期。

③ 《中华人民共和国人民法院组织法》第18条第2款规定:"基层法院可以设刑事审判庭、民事审判庭和经济审判庭,庭设庭长、副庭长。"同时,该法第23条第2款规定:"中级法院设刑事审判庭、民事审判庭、经济审判庭、根据需要可以设其他审判庭。"2018年10月26日第十三届全国人民代表大会常务委员会第六次会议对该法进行了修改,修改后的《法院组织法》第27条对人民法院审判庭的设置进行了重新规定:"人民法院根据审判工作需要,可以设必要的专业审判庭。法官员额较少的中级人民法院和基层人民法院,可以设综合审判庭或者不设审判庭。"虽然2018年《法院组织法》对人民法院审判庭的设立做了修改,但是,司法实践中人民法院刑事审判和民事审判的专业分工仍然客观存在,刑事法官和民事法官在专业研究和刑民案件的分类审理上依然各有所长,绝大多数刑事法官专司刑事案件的审判,而民事法官则专司民事案件的审判。因此,本书对于2006年《法院组织法》规定的刑事审判庭与民事审判庭,以及不同审判庭的法官对于附带民事诉讼案件审判的态度问题,仍然适用于修改后2018年《法院组织法》的实践。

刑事公诉案件和自诉案件分别由检察机关和自诉人起诉到法院，经过立案审查符合条件后通常按照职责分工交由刑事审判庭的法官审理。如果被害人同时提起附带民事诉讼，则将案件与刑事部分合并由同一个法官或者同一个合议庭审理。法院内部的司法统计或者工作量化考核一般是根据刑事案件来统计数量或者考核工作量的，附带民事诉讼部分往往被忽略。① 这种以刑事案件部分为基数的统计或考核方式导致刑事法官往往忽略对附带民事诉讼部分的审判，不愿意被害人通过附带民事诉讼来解决其诉求，认为这会增加刑事法官的无效工作量。所以，多数刑事法官从自身工作量增加的角度出发，易于产生排斥附带民事诉讼的心理，认为法定附带民事诉讼范围过于宽泛，导致案件数量增多，法官难以及时审判。② 刑事法官的工作量考核、统计等内部工作奖惩机制不仅不能够将附带民事诉讼案件的工作业绩体现在每一名刑事法官的政绩中，而且对于增加了附带民事诉讼工作量的刑事法官而言，被害人参加诉讼势必导致诉讼程序的繁杂，导致更多的上诉或者缠诉或闹访。外在的无动力和反动力致使刑事法官内心无兴趣、无愿望去研究涉及被害人权利的民事法律，更多地将被害人推至民事诉讼，或者告知其只能依靠追缴或者责令退赔违法所得措施来解决损失问题。长此以往，再加上司法解释对附带民事诉讼范围的限制，更多的被害人没有走附带民事诉讼程序，致使多数刑事法官认为限制的附带民事诉讼范围能够满

---

① 刑事一审案件统计表，表号为法综 1 表，制表机关为最高人民法院，制表时间为 2001 年 9 月，备案为国家统计局。该表中旧存、收案、结案和未结诸项均不包括刑事附带民事案件数量，只有附项中有刑事附带民事案件：收案（ ）件、结案（ ）件，结案标的金额（ ）万元，而该附项内容并不计入案件合计总数中。S 省高级法院《2012 年度中级法院工作考核办法》第 3 条第 2 项、《2013 年度中级法院考核办法》第 3 条第 2 项和《2014 年度中级法院考核办法》第 3 条第 2 项均规定："根据最高人民法院《关于进一步建立健全法院执法办案考评机制的指导意见》（法发〔2011〕19 号），中级法院年度考核工作中的审判执行工作考核（包括审判工作质效考核、执行工作质效考核、立案信访工作考核、审判管理工作质效考核）由省法院研究室牵头负责并组织实施，有关数据由司法统计、案件审判流程管理系统、执行案件信息管理系统汇总生成……"各级法院考核中，司法统计数据均来自司法统计报表，而上述该报表中案件数量均不包括刑事附带民事案件。

② 参见笔者设计的附带民事诉讼范围的调查问卷。H 市接受调查的法官共计 97 人，对法定附带民事诉讼范围过于宽泛是否不利于及时审判的问题，持有肯定态度而选择"是"的答案数量为 72 人，占该市法院接受调查的法官总数量 97 人的比率为 74.2%，占该市接受调查并持有该观点的法官、律师和其他法律服务工作者等人员数量 97 人的比率为 74.2%，占该市接受调查的全部人员总数量 212 人的比率为 34.0%。

足绝大多数被害人的赔偿请求。[①]

二、相关规范对法定附带民事诉讼范围的影响

通过本书第二章的法律文献资料研究，笔者发现我国附带民事诉讼范围立法规范始终没有变化，司法解释等相关规范的态度则由同立法保持一致的范围逐步发展为限制一定范围的被害人提起附带民事诉讼权利。

从本书第二章第一节的内容可以看出，我国法定附带民事诉讼范围自1979年刑事诉讼法，历经1996年刑事诉讼法直到2012年刑事诉讼法，均规定为“被害人由于被告人的犯罪行为而遭受物质损失的，在刑事诉讼过程中，有权提起附带民事诉讼”。[②] 该法定范围可以概括为犯罪行为所致物质损失范围，或者简称为物质损失范围。这与我国刑法规定的“由于犯罪行为而使被害人遭受经济损失的，对犯罪分子除依法给予刑事处罚外，并应根据情况判处赔偿经济损失”，[③]除了所用“物质损失”与“经济损失”的表述不同之外，其含义在法学界的通常适用上是没有区别的。[④]

对于该法定附带民事诉讼范围，司法解释在1999年10月之前的观点是与之保持一致的，而且表现得更加倾向于对被害人权利的重视，规定“关于刑事诉讼附带民事诉讼的问题，根据刑事诉讼法第53条的规定办理，但应限于附带赔偿物质损失的民事诉讼，不宜扩大附带其他民事诉讼”。[⑤] 在此，虽然提出不宜扩大附带其他民事诉讼，但其范围还是严格限定在我国刑事诉讼法规定的赔偿物质损失之内。在此基础之上，还作出了更加有利于被害人行使附带民事诉讼权利的规范，要求法院受理刑事案件后，应当告知遭受物质损失的被害人、已死亡被害人的近亲属、无行为能力或者限制行为

---

① 参见笔者设计的附带民事诉讼范围的调查问卷。H市接受调查的法官共计97人，对司法解释限制附带民事诉讼范围后是否能够满足被害人基本赔偿请求的问题，持有肯定态度而选择“是”的答案数量为76人，占该市法院接受调查的法官总数量的比率为78.4%，占该市接受调查并持有该观点的法官、律师和其他法律服务工作者等人员数量138人的比率为55.1%，占该市接受调查的全部人员总数量212人的比率为36.0%。

② 1979年《刑事诉讼法》第53条规定、1996年《刑事诉讼法》第77条规定、2012年《刑事诉讼法》第99条规定。

③ 我国现行《刑法》第36条规定。

④ 参见刘金友、奚玮：《附带民事诉讼原理与实务》，法律出版社2005年版，第1页。

⑤ 最高人民法院于1980年7月16日发布并生效的《关于刑事附带民事诉讼问题的批复》。

能力被害人的法定代理人，有权提起附带民事诉讼。[①] 显然，告知被害人等有权提起附带民事诉讼的要求有利于被害人等及时有效地行使附带民事诉讼权利。这些内容表明，司法解释此时对待附带民事诉讼范围的态度，是严格依据刑事诉讼法规定的范围，而且强化对被害人诉讼权利行使的保障。

从1998年开始，司法解释对于附带民事诉讼范围的规定发生变化，并于2000年年底正式形成限定附带民事诉讼范围的正式规范。首先，表现在法院是否要主动告知被害人有权提起附带民事诉讼的要求上。1996年我国刑事诉讼法再次修改后，司法解释将原来规定的“法院在审理刑事案件过程中应当告知遭受物质损害的被害人等有权提起附带民事诉讼”的内容，修改为“法院可以告知被害人等有权提起附带民事诉讼”。[②] 从法院应当告知被害人等有权提起附带民事诉讼的强行性规则到法院可以告知被害人等有权提起附带民事诉讼的任意性规则，[③]显示出从积极支持被害人提起附带民事诉讼的态度向适当控制其提起附带民事诉讼的态度转变。其次，表现在对于附带民事诉讼范围的缩小限制方面。1999年10月最高人民法院在其刑事审判工作会议的纪要中提出对法定附带民事诉讼范围进行限制，将该范围缩小至被害人因人身权利受到犯罪侵犯而遭受物质损失和财物被犯罪分子毁坏而遭受物质损失两类案件，明确将被害人因犯罪分子非法占有、处置被害人财产而使其遭受物质损失的案件排除在附带民事诉讼范围之外。[④] 这一对法定附带民事诉讼范围进行缩小性限制的会议精神被2000年的司法解释正式确认，并于同年的12月19日正式实施。[⑤] 从此至今，上述规范性文件将刑事诉讼法规定的附带民事诉讼范围予以限定，排除了大量非法占有、处置被害人财产而致使其遭受物质损失的盗窃犯罪、诈骗犯罪案件进入附带民事诉讼程序来解决其物质损失的可能性。

---

① 最高人民法院于1994年3月21日发布并生效的《关于审理刑事案件程序的具体规定》第61条规定。

② 最高人民法院于1998年通过的《关于执行〈中华人民共和国刑事诉讼法〉若干问题的解释》第84条规定。

③ 参见沈宗灵主编：《法理学》，北京大学出版社2003年版，第36页。该编者认为：“强行性规则指不问个人意愿如何必须加以适用的规则，任意性规则指适用与否由个人自觉选择的规则。”

④ 最高人民法院《关于印发〈全国法院维护农村稳定刑事审判工作座谈会纪要〉的通知》（法〔1999〕217号，1999年10月27日），载《最高人民法院公报》1999年第6期。

⑤ 最高人民法院于2000年制定的《关于刑事附带民事诉讼范围问题的规定》第1条第1款规定。

限制法定附带民事诉讼范围规范的实施，有利于促使司法人员在统一认识的基础上，在司法实践中明确、肯定地适用该规范性文件，来排除非法占有、处置被害人财产而致使物质损失的案件进入附带民事诉讼。但笔者在调查中发现2001年之后非法占有、处置被害人财物的侵犯财产权利犯罪案件没有一件提起附带民事诉讼其原因并不完全归结于此，而只能说该规范性文件确认了已经存在的司法习惯。正如霍姆斯所说："任何时代的法律，只要它运作，其实际内容几乎完全取决于同当时人们理解的便利是否相符；但其形式和布局，以及它能在多大程度上获得所欲求的结果，则在很大程度上取决于其传统。"①

三、非法占有、处置财物类犯罪的附带民事诉讼为刑事措施所替代

通过本书第二章第三节的法律文献研究可以发现，我国刑事诉讼法规定的附带民事诉讼范围，是包括非法占有、处置财物类犯罪在内的所有导致被害人物质损失的犯罪行为。② 但是，2000年作出的司法解释将非法占有、处置财物类犯罪案件排除在附带民事诉讼范围之外，并将刑法中规定的追缴或责令退赔违法所得制度规定为该类案件在刑事诉讼过程中实现被害人物质赔偿权利的替代措施。③ 对于追缴或责令退赔违法所得不能实现被害人物质赔偿权利的，明确排除了被害人通过提起附带民事诉讼来解决该赔偿问题的权利。对于是否允许被害人另行单独提起民事诉讼，2000年的司法解释规定是可以受理的，但是，2012年的司法解释则删去了允许被害人单独提起民事诉讼的规定，没有明确是否允许被害人单独提起民事诉讼的表述。对此，最高人民法院研究室在其答复意见中，明确提出"被告人非法占有、处置被害人财产的，应当依法予以追缴或者责令退赔。据此，追缴或者责令退赔的具体内容，应当在判决主文中写明；其中，判决前已经发还被害人的财产，应当注明。被害人提起附带民事诉讼，或者另行提起民事诉讼请求返还被非法占有、处置的财产的，法院不予受理"。④

---

① [美]Oliver Wendell Holmes Jr. , *The Common Law*, Little, Brown and Company, 1948, p. 2。

② 1979年《刑事诉讼法》第53条规定、1996年《刑事诉讼法》第77条规定、2012年《刑事诉讼法》第99条规定。

③ 最高人民法院于2000年制定的《关于刑事附带民事诉讼范围问题的规定》第1条第1款、第5条规定，最高人民法院于2012年通过的《关于适用〈中华人民共和国刑事诉讼法〉的解释》第138条规定。

④ 最高人民法院研究室《关于适用刑法第六十四条有关问题的批复》（法〔2013〕229号）。

虽然司法解释是2000年为该类案件的被害人明确规定了追缴或责令退赔的替代措施,但是,通过本书第六章、第七章的调查发现,实践中的司法习惯自1979年刑事诉讼法实施开始,盗窃、抢劫、诈骗等非法占有、处置财物类犯罪几乎完全被排斥在附带民事诉讼范围之外,而代之以追缴或责令退赔违法所得措施。期间,此类案件提起附带民事诉讼的为极少数。这种情况延续到司法解释明确规定追缴或责令退赔违法所得为附带民事诉讼的替代措施,并进一步发展到没有一件案件提起附带民事诉讼的状况。由此可见,司法习惯和司法解释已经在三十余年过程中,成功地将非法占有、处置被害人财物的盗窃等类犯罪排除在附带民事诉讼范围之外,并肯定以追缴或责令退赔违法所得措施替代成为被害人寻求赔偿的途径。

但从H市两级法院实施的情况来看,追缴或责令退赔违法所得措施的实施存在许多问题,并不能有效地替代被害人物质损失赔偿请求权。一是追缴或责令退赔财物的实际效果不佳。全部追缴或责令退赔违法所得的案件数量仅占全部适用或应当适用追缴或退赔案件总数量的28.6%,而全部没有追缴或退赔、大部分没有追缴或退赔和小部分没有追缴或退赔违法所得的案件数量却占全部适用或应当适用追缴或退赔案件总数量的比率为71.4%。[①] 二是追缴或责令退赔违法所得措施有效适用的诉讼阶段有限。适用追缴或责令退赔违法所得措施主要集中在侦查阶段,占所有适用该措施的案件总数量的比率为86.0%,而审查起诉和审判阶段适用该措施的分别占所有适用该措施的案件总数量的比率为7.8%和1.5%。[②] 三是判决继续追缴或责令退赔违法所得的案件数量少。根据相关规范规定,被告人非法占有、处置被害人财产的,法院应当予以追缴或责令退赔;[③]追缴或者责令退赔的具体内容,应当在判决主文中写明;其中,判决前已经发还被害人的财产,应当注明。[④] H市两级法院的实践表明,没有追缴或退赔、小部分追缴或退赔和大部分追缴或退赔违法所得的案件中,根据相关规范的规定应当判决追缴或责令退赔违法所得而法院实际判决的数量为108件,占全

---

① 参见表5-2:追缴或责令退赔的实施涉犯罪种类的数量与比率。

② 参见表5-4:追缴或责令退赔情况与实施阶段的数量与比率。

③ 最高人民法院于2000年制定的《关于刑事附带民事诉讼范围问题的规定》第5条规定,最高人民法院于2012年11月5日通过的《关于适用〈中华人民共和国刑事诉讼法〉的解释》第139条规定。

④ 最高人民法院研究室于2013年对河南省高级法院《关于适用刑法第六十四条有关问题的批复》。

部符合适用或应当适用追缴或责令退赔条件的案件总数量的比率为11.8%;而根据相关规范的规定应当判决追缴或责令退赔违法所得,但法院实际没有判决追缴或责令退赔违法所得的案件数量为547件,占全部符合适用或应当适用追缴或责令退赔条件的案件总数量的比率为59.6%。[①] 也就是说,实践中有接近六成的非法占有、处置被害人财产的犯罪案件,其被害人的财产权利并没有得到法院的附带民事诉讼替代措施的保护。四是追缴或责令退赔违法所得的判决执行难。适用追缴或责令退赔违法所得措施判决的数量少,但是这少量的判决在实践中也难以执行。难以执行首先表现在该类判决真正进入执行程序的极少。H市两级法院接受调查的70名执行人员中,执行过追缴或责令退赔违法所得判决的仅有12人,占接受调查的执行人员总数量的比率为17.1%,而其他82.9%的执行人员没有执行过该类判决。[②] 其次表现在个别适用追缴或责令退赔违法所得措施的案件即使进入执行程序也难以实际实现判决的内容。从笔者调查H市法院的个别进入执行程序的适用追缴或责令退赔违法所得措施的案件情况来看,法院虽然迫于被害人的压力等而立案执行,但执行结果却是只有极少量的财产得以追缴或责令退赔,绝大多数案件没有可供执行的财产,只能终结本次执行程序。[③]

四、司法控制和替代附带民事诉讼的后果

通过本书对附带民事诉讼范围的法律规范的脉络梳理和含义阐述以及对H市两级法院附带民事诉讼实践的考察,笔者发现我国附带民事诉讼范围制度的现状是:法定附带民事诉讼范围被司法习惯和相关规范性文件所限制,被限制部分案件被害人的财产权利实现途径由追缴或责令退赔违法所得措施所替代。我国附带民事诉讼范围制度的这一现实状况,虽然客观上减少了部分非法占有、处置被害人财产犯罪案件进入附带民事诉讼程序,有利于法院对刑事犯罪案件审理的顺利进行,但同时也在一定程度上限制了刑事被害人的诉权和诉讼权利。

---

① 参见表6-3:追缴或责令退赔与是否判决继续追缴或责令退赔情况的数量与比率。

② 参见表6-4:是否执行过追缴或责令退赔判决与从事执行工作起始时间情况的数量与比率。

③ 参见本书第六章第四节的三个案例:H市中级法院(2005)H中法执字第37号案卷、H市中级法院(2013)H执字第1号案卷、H市中级法院(2013)H执字第65号案卷。

1. 部分被害人诉权无法行使

所谓刑事被害人诉权，是指遭受犯罪行为侵害的公民、法人和其他组织所依法享有的请求司法机关启动诉讼程序并满足其合法诉求的权利。[①] 从内容上看，刑事被害人诉权包括惩罚性诉权和补偿性诉权两类。现代的惩罚性诉权，是刑事被害人通过参加国家公诉活动，给予国家追诉必要补充和制约，或者进行自诉活动，通过司法机关的审判活动来实现对于犯罪分子的严厉制裁内容。刑事被害人的补偿性诉权与民事诉权一样，着眼于对遭受犯罪行为侵害的被害人在人身和财产等方面的民事合法权益的弥补。刑事被害人的惩罚性诉权不是本书要讨论的内容，下面主要探讨被害人补偿性诉权在我国附带民事诉讼过程中的保障状况。从前面的讨论可以看出，我国附带民事诉讼中被害人人身权利遭受犯罪侵害而导致物质损失的，能够得到法律和司法实践的支持。也就是说，被害人诉权中有关人身方面物质损失的民事合法权益能够得到肯定。但是，被害人补偿性诉权中要求犯罪分子弥补其非法占有、处置财产犯罪行为造成被害人物质损失的权利，由于司法习惯和司法解释对于附带民事诉讼范围的限制，被实际排除在附带民事诉讼之外，使被害人该项由刑法和刑事诉讼法赋予的诉权在附带民事诉讼程序中得不到实际的行使。对 H 市两级法院附带民事诉讼案件情况的调查显示，自 1980 年刑事诉讼法有关附带民事诉讼范围的规定实施以来，该市两级法院审理的因侵犯财产权利犯罪案件而提起附带民事诉讼的仅有 2 件，占所有提起附带民事诉讼案件总数量的比率为 0.4%，占被调查的造成物质损失结果的侵犯财产权利犯罪案件数量 864 件的比率为0.2%。其中，99.8%的造成物质损失结果的侵犯财产权利犯罪案件被司法习惯和相关规范排除在附带民事诉讼范围之外，因此，此类案件被害人的诉权已经无法行使。这一现象导致的法律后果则是被害人诉权的权益维护、利益表达、权力制约、犯罪控制和社会整合五项功能不能够有效地发挥作用。[②]

---

① 参见程滔、封利强、俞亮：《刑事被害人诉权研究》，中国政法大学出版社 2015 年版，第 102 页。

② 参见程滔、封利强、俞亮：《刑事被害人诉权研究》，中国政法大学出版社 2015 年版，第 110~113 页。该作者认为："作为宪法性的权利，刑事被害人诉权具有以下功能：1. 权益维护功能。诉权最基本的功能在于权利救济……2. 利益表达功能。被害人行使诉权的过程是表达自身利益的过程……3. 权利制约功能。刑事被害人的诉权与法院的审判权、检察机关的检察权等国家权利形成一种相互制约的关系……4. 犯罪控制功能。刑事被害人在追诉犯罪方面具有天然的优势……5. 社会整合功能。刑事被害人是受到侵害的社会成员，通常是刑事纠纷中处于弱势地位的一方。在立法上确认和保护刑事被害人的诉权，有助于刑事被害人在纠纷解决程序中的地位，扩大其发言权，促进纠纷各方力量的均衡。"

2. 部分被害人诉讼权利的行使受到限制

所谓诉讼权利，是指诉讼主体及其他诉讼参与人在诉讼中享有的权利。[①] 所谓被害人诉讼权利，是指其人身、财产等权益遭受犯罪行为侵害的人，在刑事诉讼过程中享有的权利。被害人作为诉讼当事人，与犯罪嫌疑人、被告人居于大致相同的诉讼地位，也拥有许多与犯罪嫌疑人、被告人相对应的诉讼权利。例如，用本民族语言文字进行诉讼权、回避权、驳回申请回避决定的申请复议权、针对侵犯其诉讼权利或对其人身侮辱行为的控告权、参加法庭调查和法庭辩论权、申请通知新证人到庭和调取新物证权、申请重新勘验和鉴定权、对生效判决和裁定不服而向法院和检察院提出申诉权，等等。此外，被害人在刑事诉讼中还享有一些独立的诉讼权利，如报案和控告要求公安司法机关追究、查获和惩罚犯罪权利，对公安机关应当立案而不立案的向检察院请求责令说明理由权利，有权委托诉讼代理人权利，对不起诉决定向上一级检察院提出申诉权利，对公安、检察院应当追究刑事责任而不予追究的直接向法院起诉权利，请求检察院对各级法院一审判决抗诉权利，对各级法院生效裁判的申诉权利等。[②] 被害人成为附带民事诉讼原告人则享有以下诉讼权利：提起附带民事诉讼要求赔偿物质损失的权利、申请回避的权利、委托代理人的权利、申请财产保全和先予执行的权利、参加法庭调查和法庭辩论的权利、请求法院主持调解和与被告人和解的权利、对未生效的法院一审判决和裁定中的附带民事诉讼部分提起上诉的权利、对法院发生法律效力的判决和裁定的附带民事诉讼部分提出申诉的权利、申请法院强制执行生效判决中的附带民事诉讼部分的权利等。[③] 根据我国刑事诉讼法的规定，非法占有、处置被害人财产导致物质损失的案件属于附带民事诉讼范围，据此被害人提起附带民事诉讼而成为原告人时，其可以全面而充分地享有诉讼参与人的共有权利、被害人作为当事人独有的权利以及原告人的权利。但是，我国司法习惯和相关规范限定了法定附带民事诉讼范围，将非法占有、处置被害人财产而导致物质损失的案件排除在附带民事诉讼范围之外，而代之以刑法规定的追缴或责令退赔违法所得措施，从而在实践中限制或忽视了此类案件被害人的附带民事诉讼权利。正如本书第

① 参见《法学词典》编辑委员会编：《法学词典》，上海辞书出版社 1988 年版，第 503 页。

② 参见樊崇义主编：《刑事诉讼法学》，中国政法大学出版社 2013 年版，第 131～133 页。

③ 参见樊崇义主编：《刑事诉讼法学》，中国政法大学出版社 2013 年版，第 136 页。

八章中调查和分析的情况，H市两级法院适用追缴或责令退赔违法所得程序的案件918件，有99%的案件没有通知被害人出席法庭审判，有99.3%的被害人没有实际出席法庭审判；法院判决继续追缴或责令退赔违法所得的案件655件，有98.6%的案件法院没有将判决书送达被害人。[①] 由此可见，被害人程序参与的权利几乎完全被忽视，这不仅限制了被害人作为附带民事诉讼原告人的诉讼权利，而且限制了其作为刑事诉讼案件当事人和诉讼参与人的诉讼权利。

此外，附带民事诉讼替代措施的实施还限制了被害人的实体权利的实现以及对被告人量刑情节的作用发挥，这在本书第八章和本节第三个问题中均有论述。

第二节 完善附带民事诉讼范围制度要考虑的因素：理念的进步

针对我国附带民事诉讼实践中存在的法定附带民事诉讼范围为司法习惯和相关规范所限且部分法定附带民事诉讼范围的案件规定由追缴或责令退赔违法所得措施所替代，从而导致被害人诉权和诉讼权利被限制的现状，笔者认为，要完善我国附带民事诉讼范围制度的规范与司法实践，必须解决以下司法与立法上的观念问题，克服制约附带民事诉讼范围制度完全发挥作用的错误观点，树立有利于保障权利和实现诉讼效益的附带民事诉讼范围制度的理性观念。

一、司法简便的功利观念与诉讼效益理论

通过前面的考察和分析可以看到，我国1979年刑事诉讼法自1980年实施到2000年相关规范性文件开始限制法定附带民事诉讼范围为止，非法占有、处置被害人财产类犯罪造成的物质损失的案件始终被法院的司法习惯排斥在附带民事诉讼范围之外，几乎没有案件能够进入附带民事诉讼程序。法院这一司法习惯的形成是法院刑事审判人员普遍存在的司法简便的功利观念所致。这里所说的司法简便，是认为刑事诉讼以解决被告人的刑事责任为主要任务，被害人的民事权利问题如果影响到刑事审判顺利进

① 参见表7-1：追缴或责令退赔情况与告知被害人出庭数量与比率，表7-2：追缴或责令退赔情况与被害人出庭数量与比率，表7-3：追缴或责令退赔与判决书是否送达被害人的数量与比率。

行，就不应当为处理民事问题而使刑事诉讼程序过于复杂。实践中持有该观点的刑事审判人员认为，盗窃、诈骗等非法占有、处置被害人财产类犯罪存在被害人数量多、参加诉讼通知难、案件审理难等困难，会影响刑事诉讼程序的简便性，且该类案件被害人能够通过司法机关的追缴或责令退赔违法所得程序保障其财产权益。所以，不需要也没有必要通知这些案件的被害人参加附带民事诉讼。这一司法习惯不仅导致20世纪80～90年代大量案件的被害人被排斥在附带民事诉讼范围之外，而且还影响了有关附带民事诉讼范围的规范性文件的制定，并使这一司法习惯上升为具有普遍法律效力的司法规范。

笔者对法官、律师和其他法律服务工作人员的调查发现，对于法定附带民事诉讼范围过于宽泛而导致审判难以进行的问题，更多的是法官持有该观点，律师和其他法律服务工作人员则多数否定该观点。[①] 由此可见，法官持有该观点更多是从其审理附带民事诉讼案件会增加工作量的角度出发。显然这是一种狭隘的个人或部门功利观念，忽视了被害人的诉权和在追缴或责令退赔违法所得程序中的诉讼权利和实体权利的利益受损事实。这种观念下产生的司法习惯与附带民事诉讼的诉讼效益功能相违背。诉讼效益价值的实现从降低成本的角度看，要求降低诉讼费用和律师费用，尽量缩短诉讼周期，简化诉讼程序；从提高收益的角度看，运用诉讼主、客观合并的程序技术手段，尽可能利用有限的诉讼空间来容纳更多的当事人或诉讼请求。[②]

附带民事诉讼制度可以节省人力、物力和时间，便于诉讼参与人参加诉讼，实现诉讼效益。对于法院而言，附带民事诉讼可以将追缴或责令退赔违法所得措施不能实现被害人利益而被害人坚持权利主张的案件与刑事案件

---

① 笔者设计了调查问卷，问题是一道单项选择题，即"《刑事诉讼法》第99条规定：'被害人由于被告人的犯罪行为而遭受物质损失的，在刑事诉讼过程中，有权提起附带民事诉讼。'该规定有关附带民事诉讼范围过于宽泛，案件数量增多，不利于及时审判？"答案为三项，即"A. 是；B. 不是；C. 不好说"。通过该项调查，并将相关数据录入SPSS统计软件数据库，形成法官、律师等对法定附带民事诉讼范围是否不利及时审判的观点交叉表，可以发现：H市212名法官、律师和其他法律服务工作者对于该问题，持肯定观点的人员数量为97名，占被调查的法官、律师和其他法律服务工作者数量的比率为45.8%；持否定观点的人员数量为100名，占被调查的法官、律师和其他法律服务工作者数量的比率为47.2%；持不好说观点的人员数量为15人，占被调查的法官、律师和其他法律服务工作者数量的比率为7.1%。其中，有74.2%的法官对此问题持有肯定态度，有67.8%的律师持有该否定态度，有72%的其他法律服务者持有该否定态度。

② 参见刘金友、奚玮：《附带民事诉讼原理与实务》，法律出版社2005年版，第38页。

一并处理，减少法院再一次单独进行民事审判所需要的法庭调查、法庭辩论和判决等重复过程。这虽然在刑事诉讼程序中增加了法院约20%的工作量，[①]但却可以使法院少审判一件或者多件民事案件，而且可以避免针对同一犯罪事实两个法院作出不同的认定和产生不同的法律适用的矛盾。所以，有的学者认为附带民事诉讼制度“不仅能节省审判程序之重复，且得避免对同一事实认定产生分歧，而影响司法威信”。[②] 对于被害人而言，可以通过一次附带民事诉讼陈述事实，利用公诉人提供的大量证据证明有利于自己的主张，取得法院对自己赔偿请求的支持；同时可以利用赔偿予以从宽的量刑情节敦促被告人与自己和解或达成调解协议；还能够有效避免刑事和民事分离而多出的诉讼负累，避免反复重复被害过程的心理伤害。对于被告人而言，其犯罪行为所应当负担的刑事责任、民事责任通过一次审判，既能够避免多次参加诉讼而被司法机关和被害人以及公众的多次法律和道德的否定，又能够通过向被害人赔礼道歉、积极赔偿损失而减轻心灵上的负罪感，并获取司法机关对其量刑的从宽判定，尽早安心悔罪接受改造。对于证人、鉴定人、法定代理人等其他诉讼参与人而言，可以通过一次审判完成自己所负担的法律上的作证等义务，避免就同一事实反复到法庭接受当事人等的质疑。

二、公权力与私权利

公权力的概念应当被界定为，国家机关及其授权机关为维护国家与社会的公共利益和调整各方主体的利益分配所拥有的权力。私权利应当是由私法所确认的，与自然人、法人以及非法人组织切身相关的，以实现个人目的而存在的权利。[③] 由此可见，公权力的主体是国家机关及其授权的机关，而私权利的主体则为自然人、法人及其非法人组织。公权力行使的目的是维护国家与社会的公共利益以及调整该层面各方主体之间的利益，不是为了其自身的利益；而私权利行使的目的则是为了自然人、法人以及非法人组织的自身利益。根据这两点区别，可以认为刑法规定的追缴或责令退赔

---

① 笔者设计了附带民事诉讼庭前材料页数、庭审材料页数、案件评议材料页数、裁判文书行数占据刑事案件相关材料的页数和行数情况表，由调查人员对H市两级法院抽查的案件逐件案件进行采集相关信息，并录入SPSS统计软件数据库，进行比率分析后得出附带民事诉讼该四个阶段的工作量占刑事案件工作量的比率为20%。

② 黄东熊、吴景芳：《刑事诉讼法论》，台北，三民书局2002年版，第709页。

③ 参见陈秀平、陈继雄：《法治视角下公权力与私权利的平衡》，载《求索》2013年第10期。

违法所得措施为公权力,而刑事诉讼法规定的被害人有权针对被告人的犯罪行为导致的物质损失提起附带民事诉讼的权利为私权利。首先,刑法规定的追缴或责令退赔违法所得措施的行使主体为国家司法机关,这符合公权力主体特征。而刑事诉讼法规定的附带民事诉讼权利行使主体为遭受犯罪侵害的自然人、法人等被害人,符合私权利主体特征。其次,刑法规定的追缴或责令退赔违法所得措施行使的目的,是要求国家司法机关在刑事诉讼过程中,面对犯罪分子非法占有或处置被害人财产的情况,在惩治犯罪分子的同时也要剥夺其仍然非法占有的他人财产,或者在其有能力的情况下强令退赔他人的财产,以恢复到犯罪之前的被害人与被告人的财产状况。这符合公权力行使的公共利益的目的特征。刑事诉讼法规定的附带民事诉讼权利行使的目的是自然人、法人等被害人在其财产遭受犯罪分子非法占有或处置而导致物质损失时,通过国家司法机关的强制力来迫使被告人予以赔偿。其行使目的的个体利益属性特征符合私权利的目的特征。此外,被害人要求侵犯其财产权利的侵权行为人赔偿物质损失的民事实体权利在我国民法通则和侵权责任法中均有明确规定,也表明了被害人赔偿请求权的私法和私权属性。

根据卢梭《社会契约论》中的说法,在契约社会中,公共权力实际上是通过每个民众让渡自己一部分的私人权利而获得的。也就是说,公权力是来源于私权利的,是为保护私权利而存在的。[①] 在我国一切权利属于人民,而国家机关由人民产生并代表人民行使权力,行使权力的目的是为了人民。这也说明了我国公权力来源于私权利,也是为了保护私权利的存在的。为此,就要明确公权力与私权利的界限,要强调私权神圣,提倡私法自治。所谓私权神圣,是民事主体在市民社会生活领域所享有的权利,非经正当的重大事由是不受公法或公权力非法剥夺的。所谓私法自治,是在民事生活、经济生活领域,由当事人根据自己的意愿决定自己的行为,任何人都没有权力将自己的意愿强加于他人,即使是国家也只能在当事人之间发生纠纷不能通过协商解决问题时,以仲裁者的身份进行裁决。[②] 作为附带民事诉讼权利的被害人诉权和赔偿请求的民事实体权利正如以上分析具有私权属

---

① 参见谢桃:《公权力与私权利的博弈》,载《知识经济》2011 年第 21 期。

② 参见汪渊智:《理性思考公权力与私权利的关系》,载《山西大学学报》(哲学社会科学版)2006 年第 4 期。

性,其非经正当的重大事由不受公法或公权力的剥夺,当事人有根据自己的意愿决定是否行使该项权利的自由,国家机关只能成为纠纷的仲裁者,没有权力以追缴或责令退赔的公权力来替代。同时,公权力行使的目的是公共利益,而非为追求公民私权利而刻意为之,难以全面关注保护被害人财产私权利。正如有的学者所论:"国家代为包办行使被害人的民事权利,并不一定能满足被害人的利益需求。因为每一个具体的被害人的利益不都是相一致的,被害人的利益需求是具有多面性的,是具有个体性的。国家代为包办行使被害人的权利,无法一一满足每一个具体被害人个性化的利益需求。"[①]况且 H 市两级法院的实践也证明追缴或责令退赔违法所得的公权力难以全部得到实际适用,也难以得到实际的执行,私权利没有可能通过该项公权力的行使而得到实际的保障,公权力机关也没有足够的能力在每一个案件中都充分行使公权力来保障私权利。

所以,正如有些学者所认为的:"司法机关依法追缴赃款赃物并不能代替附带民事诉讼。刑法第 60 条规定:'犯罪分子违法所得的一切财物,应当予以追缴或责令退赔;违禁品和供犯罪所用的本人财物,应当予以没收'。可见,依法追缴或责令退赔赃款赃物并没有剥夺物质损失的公民和单位提起附带民事诉讼的权利……"[②]我国司法实践中,司法习惯以及相关规范所持公权力机关对被告人主动适用了追缴或责令退赔违法所得的公权力措施,就不能够也没有必要再让被害人行使私权利提起附带民事诉讼主张民事权利的观点,不符合公权力不能取代私权利的理念。

三、刑事证据规则与民事证据规则

证据规则是指在收集证据、采用证据、核实证据、运用证据时必须遵循的一系列准则。[③] 对此,有学者进一步将其概括列举为举证规则、质证规则、认证规则以及举证责任四项规则。[④] 所谓刑事证据规则是关于刑事证据采集、采信、核实、运用的规则。[⑤] 所谓民事证据规则就是关于民事证据采集、采信、核实、运用的规则。由于我国附带民事诉讼是在刑事诉讼过程

---

① 李以游:《刑事诉讼中责令退赔问题的几点思考》,载《河北法学》2014 年第 11 期。

② 孙洁冰主编:《刑事诉讼、行政诉讼附带民事诉讼制度研究》,重庆大学出版社 1990 年版,第 31 页。

③ 参见毕玉谦、郑旭、刘善春主编:《诉讼证据规则研究》,中国法制出版社 2000 年版,第 5 页。

④ 参见赵刚:《略论我国刑事诉讼证据规则之可能体系》,载《法学家》2000 年第 5 期。

⑤ 参见沈志先主编:《刑事证据规则研究》,法律出版社 2011 年版,第 1 页。

中附带解决，因此，我国附带民事诉讼必然要受到刑事证据规则和民事证据规则的双重影响。但是，刑事诉讼规则并不能够完全取代民事诉讼规则。有关刑事证据规则与附带民事诉讼证据规则适用的问题，笔者在相关的论文中进行了较为详尽的论述。① 下面主要分析追缴或责令退赔措施在刑事诉讼中的证据规则适用以及其与附带民事诉讼程序中证据规则的区别和对被害人权利产生的影响。

1. 刑事规则有利于被告人

刑事证明责任和刑事证明标准的适用通常有利于财产犯罪案件的被告人利益的保护，而对被害人权益保护则产生一定的消极影响。追缴或责令退赔违法所得措施的刑事公权力性质决定了该程序实施过程中必须适用刑事诉讼的证明责任。刑事诉讼的证明责任有广义和狭义之分。广义的刑事诉讼证明责任，是指启动或延续刑事诉讼程序并希望法院依其主张裁判或存在对其不利之法律推定的刑事诉讼主体，必须就其主张的对定罪量刑具有决定作用的待证特定事实或者为推翻不利的推定事实提出足够证据，并利用证据对该事实或者为推翻不利的推定事实加以证明到法律规定的程度。狭义的刑事诉讼证明责任，是指在刑事诉讼中引起审判程序启动并要求法院依其主张裁判或存在对其不利之法律推定的刑事诉讼主体，必须就其主张的对定罪量刑具有决定作用的特定事实或者为推翻不利的推定事实而提出足够证据，并利用证据对该事实或者为推翻不利的推定加以证明到

---

① 参见王玮：《刑事附带民事诉讼的若干证据问题》，载《山东审判》2013 年第 3 期。笔者认为：一、口供补强规则与自认规则的证明效力。（一）口供补强规则可能导致附带民事所依附的刑事案件指控的事实不能成立。（二）自认规则可以使不能成立的刑事案件事实被确认为附带民事诉讼的案件事实。（三）根据自认规则确认的附带民事诉讼案件事实，不影响根据口供补强规则 对刑事诉讼案件事实的认定。二、确实、充分证明标准与盖然性占优势证明标准的适用。（一）根据刑事诉讼证明标准认定的案件事实，想当然地成为附带民事诉讼应当确认的事实。（二）盖然性占优势的证明标准在附带民事诉讼中具有证据确实、充分的证明标准所无法取代的作用。三、控方承担证明责任与主张者承担证明责任及推定的适用。（一）刑事案件的控方承担证明 指控犯罪成立的证明责任，而这一证明责任的完成意味附带民事诉讼原告人证明责任的履行。（二）刑事案件的控方承担从宽处罚情节的证明责任，附带民事部分的主张方承担减免责任情节的证明责任。（三）刑事案件有利于被告人的无罪推定与附带民事案件的不利于被告人的推定责任。四、单位作证在刑事诉讼和附带民事诉讼中的不同证据能力。（一）在刑事诉讼中只有自然人才能成为证人，也只有自然人提供的证言才具有证据能力，单位作证不具有证据能力。（二）对于附带民事诉讼而言，单位可以成为证人，其所作证言具有证据能力。五、鉴定人的指派、聘请与当事人的选择权、申请重新鉴定权。（一）刑事公诉案件指派或者聘请鉴定人的主体是公权力机关，附带民事诉讼当事人没有选择权。（二）附带民事诉讼案件中当事人对于鉴定人的选择形式多样。（三）对于法院等机关委托的鉴定机构申请重新鉴定的条件不同 与 一方当事人自行委托的鉴定。

法律规定的程度。[①] 简言之,所谓刑事证明责任,是指控辩双方在刑事诉讼中为了避免对己不利的法律后果而承担的提出证据并证明其诉讼主张成立的法律负担。[②] 在刑事诉讼中,原则上应当由控诉方提供证据来证明其所指控的犯罪事实成立,被告人在诉讼中不承担证明自己无罪的责任;控诉方不能证实自己所指控的犯罪事实的真实性的,指控的犯罪事实则处于真伪不明的状态,法官就应当作出对被告人有利的判决,即疑问时作出有利于被告人的判断,或疑问有利于被告人原则。负有证明责任的一方提供证据需要达到何种程度才算是完成了证明责任则涉及证明的标准问题。所谓刑事证明标准,通常指刑事法律规定的负有证明责任的控辩双方提供并运用证据证明争议事实、论证控辩主张所需要达到的程度方面的要求。[③] 我国刑事诉讼法规定的刑事诉讼证明标准是事实清楚,证据确实、充分的最高标准。也就是说,控诉方是否完成被告人有罪指控的证明责任必须达到证据确实、充分的证明标准。

追缴或责令退赔违法所得的措施是我国现行《刑法》第 64 条规定的内容:“犯罪分子违法所得的一切财物,应当予以追缴或者责令退赔;对被害人的合法财产,应当及时返还;违禁品和供犯罪所用的本人财物,应当予以没收。”这要求侦查机关、审查起诉机关和审判机关要主动行使公权力对犯罪分子违法所得予以追缴或责令退赔,目的是不能让犯罪分子获得非法的利益,间接地保护了被害人的利益。由于这是司法机关的公权力主动行使的行为,所以,追缴或责令退赔的财物及其数量的确认要由负责控诉该犯罪事实的控方负担证明责任,并且证明该指控的犯罪事实的证据要达到确实、充分的标准。如果控方不能完成提供证据来证明指控犯罪,或者提供的证据达不到确实、充分的证明标准,则对应当追缴或责令退赔的财物及其数量的认定作出有利于被告人的判断,也就是司法实践中存在的“就低不就高”的习惯认定方式。这种根据疑问时有利于被告人原则认定的追缴或责令退赔财物及其数量,一定是有利于被告人,而对于被害人的实际损失数量而言则可能要低得多。所以,追缴或责令退赔违法所得措施适用的刑事诉讼证

---

① 参见黄维智:《刑事证明责任研究——穿梭于实体与程序之间》,北京大学出版社 2007 年版,第 142~143 页。

② 参见刘广三主编:《刑事证据法学》,中国人民大学出版社 2007 年版,第 308 页。

③ 参见徐静春主编:《刑事诉讼前沿研究》(第 8 卷),中国检察出版社 2010 年版,第 15 页。

明责任和证明标准有利于被告人权利的保障而不利于被害人的权利实现。

2. 民事规则有利于被害人

附带民事诉讼适用的民事证明责任和民事证明标准有利于被害人的财产权利的主张。所谓民事证明责任，是指针对特定法律规范，如果作为其被适用的前提的事实要件真伪不明，法官据以判决何方当事人承担败诉后果的法定风险分配形式。换言之，证明责任不是当事人的责任，也不是当事人承担的败诉后果本身，而只是法官在法律规范要件事实真伪不明的情况下据以裁判的方法，当事人承担的败诉后果只是法官借助这种辅助装置判决的结果的一个必然反映。[①] 我国民事诉讼法律中规定的“举证责任”一词，相当于以上证明责任的概念。我国民事诉讼法规定：“当事人对自己提出的主张，有责任提供证据。”[②]最高人民法院有关的司法解释规定：“当事人对自己提出的诉讼请求所依据的事实或者反驳对方诉讼请求所依据的事实有责任提供证据加以证明。没有证据或者证据不足以证明当事人的事实主张的，由负有举证责任的当事人承担不利后果。”[③]附带民事诉讼要依据的民事诉讼的证明标准是盖然性占优势的证明标准。所谓盖然性占优势的证明标准，是指司法解释所规定的，在双方当事人对同一事实提出相反证据且都无法否定对方证据的情况下，由法院对当事人证据的证明力进行衡量；如果一方提供的证据的证明力明显大于另一方，则可以认定证明力较大的证据支持的事实盖然性占优势，法院应当依据这一事实作出裁判；如果通过证明力的比较，仍无法对争议事实作出认定，使争议事实最终仍处于真伪不明的状态，则法院应当依据举证责任的分配规则作出裁判，由承担举证责任的一方当事人承担不利后果。[④]

附带民事诉讼案件的审判依托于刑事诉讼案件的审判进程，通常而言，刑事案件认定的犯罪事实必然成为附带民事诉讼原告人追究被告人民事责任的前提事实。也就是说，公诉人或者自诉人完成了对被告人犯罪控诉事实的证明责任，并且达到确实、充分的刑事证明标准，足以使法官内心确信指控的犯罪事实成立；此时所确认的犯罪事实通常成为被害人据以追

---

① 参见肖建国、包建华：《证明责任——事实判断的辅助方法》，北京大学出版社 2012 年版，第 13 页。

② 2017 年修改通过的《中华人民共和国民事诉讼法》第 64 条规定。

③ 最高人民法院《关于民事诉讼证据的若干规定》第 2 条规定。

④ 参见梁书文主编：《关于民事诉讼证据的若干规定新解释》，法院出版社 2011 年版，第 468 页。

究被告人民事责任的事实基础，对此事实原告人没有进一步证明的责任。[①]这种刑事判决认定被害人遭受损失的事实同被害人主张相一致的情况下，即使适用追缴或责令退赔违法所得措施也不会损害被害人的利益。但是，实践中常常出现的问题是，被害人陈述的财物损失远远超过被告人的供认，而其他证据对被害人陈述和被告人供认均不能够佐证到确实、充分并排除合理怀疑的刑事证明标准。而此时，刑事证明责任和证明标准要求法官作出有利于被告人的判断，对于财物损失及其数量通常“就低不就高”，多数认定被告人供述的财物损失价值低或数量少的事实，否认被害人陈述财物损失价值高或数量多的事实。在这一事实基础上适用追缴或责令退赔违法所得措施显然不利于被害人财产权利的确认和保护。但是，附带民事诉讼程序则不然，在刑事判决认定被告人侵犯被害人财物损失及其数量低于被害人所主张事实的情况下，被害人可以依据民事证明责任提供有利于自己主张财物损失价值高或数量多的证据。即使不能达到刑事诉讼追究犯罪所需要的确实、充分且排除合理怀疑的证明标准，不能动摇刑事判决所确认的追究刑事责任所依据的有利于被告人的犯罪事实认定，但是，被害人所提供的证据证明其所主张的遭受犯罪侵害财物损失价值高或数量多的事实能够达到盖然性占优势的民事证明标准，证明力明显大于被告人的供述，根据民事诉讼法的规定法院则应当在民事责任问题上支持被害人的主张，从而作出有利于赔偿被害人财物损失的价值和数量的判决。

通过以上两个方面的分析，可以看出追缴或责令退赔程序适用的刑事证明责任和刑事证明标准是在追究犯罪过程中对被告人权益的保护制度，不利于被害人权益的保护；而附带民事诉讼过程中所适用的民事证明责任和民事证明标准，更加有利于被害人财产权益的保护。所以，追缴或责令退赔违法所得措施替代非法侵犯财产权利犯罪类别案件的附带民事诉讼客观上不利于对被害人在刑事诉讼过程中的财产权利保护。

第三节　重构附带民事诉讼范围理论模式之尝试

我国附带民事诉讼范围制度实施的现实状况表明其不符合诉讼效益理

① 参见王玮：《刑事附带民事诉讼的若干证据问题》，载《山东审判》2013 年第 3 期。

论的要求,在强调公权力行使的同时忽视了私权利作用的发挥,从而使更加重视被告人利益保护的刑事证据规则取代了以平等保护为原则的民事证据规则,最终影响了部分财产权利遭受犯罪侵犯的被害人的诉权和诉讼权利的行使。针对我国附带民事诉讼范围制度存在的上述问题,笔者结合 H 市两级法院附带民事诉讼案件可能数量多而实际少,工作量占比小以及追缴或责令退赔违法所得判决少、执行难等实际问题,根据被害人权利保障理论、被害人民事诉权理论和程序正义理论的基本原理,尝试探索重新构建我国附带民事诉讼范围制度运作的理论模式,以求在追究被告人犯罪的同时,更好地平衡和保障被害人的财产权利。

一、附带民事诉讼范围的一般理论模式

构建我国附带民事诉讼范围的理论模式,必须具有一定的理论作为支撑,而这些理论要经过学者的讨论和实践的检验,且具有一定的共识性。为此,笔者在坚持附带民事诉讼诉讼公正、保障公民基本权利、实现诉讼效益、及时解决纠纷和完善人权保障制度的功能理论基础之上选择了国际规范性文件与其他法治发达国家立法中体现的有关犯罪被害人权利救济的理念,作为重新构建我国附带民事诉讼范围制度的一般理论模式的参考,同时,也考虑到我国司法机关审判案件的人员、工作量等现实情况。

1. 一般理论模式的重构

美国哲学家罗尔斯指出:“正义是社会制度的首要价值,正像真理是思想体系的首要价值一样。一种理论,无论它多么精致和简洁,只要它不真实,就必须加以拒绝或修正;同样,某种法律和制度,不管它们如何有效率和有条理,只要它们不正义,就必须加以改造或废除。”[①]司法习惯和司法限定附带民事诉讼的做法,正如前面所论证的那样影响了被害人的诉权和诉讼权利,其替代措施又不能实际解决被害人的物质损失问题,因而其正义性值得讨论,必须加以改造和完善。而改造和完善的具体方法,就是重构附带民事诉讼范围制度的一般理论模式。所谓附带民事诉讼范围制度的一般理论模式重构,就是要从理论上对限制附带民事诉讼范围的做法予以否定,并构建将所有犯罪行为造成物质损失结果的赔偿请求权利均纳入附带民事诉讼范围制度的普遍适用理论。由于本书主要研究的是犯罪行为造成的物质损失的附带民事诉讼问题,对于犯罪行为造成的被害人精神损失是否能够纳

---

① [美]约翰・罗尔斯:《正义论》,何怀宏等译,中国社会科学出版社 1998 年版,第 3 页。

入附带民事诉讼范围的问题，并不涉及。附带民事诉讼范围制度的一般理论模式的重构，实质上就是改变限制附带民事诉讼的司法习惯，修改限制附带民事诉讼范围的规范，从理论上恢复或确认刑事诉讼法所规定的以物质损失为范围的法定附带民事诉讼范围的正当性。

因此，附带民事诉讼范围制度的一般理论模式的内容包括：一是从理论上论证司法限制附带民事诉讼范围存在的一些问题。对此，笔者已经在本章第二节从司法简便的功利观念不能取代诉讼效益理论、公权力不能取代私权利的行使、刑事证据规则不能替代民事证据规则等方面，进行了较为详尽的论述。二是从理论上构建或者恢复犯罪行为造成物质损失结果的附带民事诉讼范围。首先，这里所说的犯罪行为是指所有的犯罪行为，既包括侵犯人身权利的犯罪行为，也包括侵犯财产权利的犯罪行为，以及侵犯其他权利的犯罪行为。其次，侵犯财产权利的犯罪行为是指一切侵犯财产权利的犯罪行为，既包括毁损他人财物的犯罪行为，也包括非法占有、处置他人财物的犯罪行为。最后，凡是遭受犯罪行为侵犯而造成物质损失的被害人都享有附带民事诉讼权利，均有权依照附带民事诉讼范围制度提起附带民事诉讼。

2. 重构一般理论模式的国际规范标准

根据联合国《犯罪被害人人权宣言》①的规定，犯罪被害人是指个人或整体受到伤害，包括身心损伤、感情痛苦、经济损失或基本权利等受到重大损害的人。这种伤害是由违反联合国成员国的现行刑事法律的作为或不作为造成的。② 犯罪被害人享有获得赔偿的权利，包括以下四个方面的内容：(1)罪犯或应对其行为负责的第三方应视情况向受害者及其家属或受抚养人作出公平的赔偿。这种赔偿应包括归还财产、赔偿伤害或损失、偿还因受害情况产生的费用、提供服务和恢复权利。(2)各个政府应审查它们的惯例、规章和法律，以保证除其他刑事处分外，还应将赔偿作为刑事案件的一种可能判决方法。(3)在严重破坏环境的案件中，如经裁定要提出赔偿，则应尽可能包括环境的复原、基础设施的重建、社区设备的更换。在这种破坏

---

① 1985 年在意大利米兰召开的第七届联合国防止犯罪和罪犯待遇大会上通过了《关于犯罪和权利的滥用的被害人的司法的基本原则》，同年 11 月 29 日联合国大会第 40/34 号决议也将同宗旨的原则采纳，中文翻译为《为犯罪（罪犯）和滥用权力行为受害人（者）取得公理的基本原则宣言》，即通常所说的联合国《犯罪被害人人权宣言》。

② 参见田思源：《犯罪被害人的权利与救济》，法律出版社 2008 年版，第 13 页。

造成一个社区的迁移时,还包括偿还重新安置的费用。(4)在政府官员或其他以官方和半官方身份行事的代理人违反了国家刑事法律时,受害者应从对其官员或代理人造成伤害承担责任的国家取得赔偿。在致害行为或不行为发生时政府已不复存在的,则继承该国的国家或政府应向受害者作出赔偿。[①] 联合国有关犯罪被害人的该人权宣言获得我国学者的高度评价,认为:"这是联合国关于被害人问题的第一个重要声明,它标志着被害人问题在国际范围内,已从理论研究阶段进入到立法实施阶段,这一《决议》所通过的并使其具有实体意义的《宣言》,要求其成员国承担履行《宣言》所规定的义务。"[②]也有的学者将该宣言评价为"相当于设定了被害人人权保障机制的最低国际标准,使世界各国被害人人权保障立法、实践及理论研究有了统一规范。"[③]

从联合国宣言规定的被害人获得赔偿权利的相关内容以及我国学者对于该宣言的解读来看,可以得出与本书研究的附带民事诉讼范围相关的内容为:一是犯罪人应当向被害人及其家属进行公平的赔偿,赔偿的范围是返还财产、赔偿伤害或损失、偿还因受害情况产生的费用、提供服务和恢复权利。这个范围应当是无区别地包括各类犯罪所造成的物质损失的赔偿范围,与我国刑法规定的"由于犯罪行为而使被害人遭受经济损失的,对犯罪分子除依法给予刑事处罚外,并应根据情况判处赔偿经济损失"[④],以及刑事诉讼法规定"被害人由于被告人的犯罪行为而遭受物质损失的,在刑事诉讼过程中,有权提起附带民事诉讼"[⑤]的经济损失或者物质损失赔偿范围的精神实质是一致的。正如有学者评价:"我国重视保护被害人的合法权益,我国现行的一些立法规定和司法实践中的一些做法,与联合国宣言的精神基本上是一致的。"[⑥]当然,该学者撰文时我国的相关规范性文件还没有明确规定对该物质损失范围进行限制,司法实践中限制部分案件提起附带民事诉讼的习惯做法也没有表现得特别突出,因此,该学者提出司法实践与

---

① 参见陈彬、李昌林、薛竑、高峰:《刑事被害人救济制度研究》,法律出版社 2009 年版,第 255 页。

② 苏惠渔、林建华:《关于〈公正对待犯罪和滥用权力的被害人的基本原则宣言〉述评》,载《法学研究》1991 年第 3 期。

③ 兰跃军:《刑事被害人人权保障机制研究》,法律出版社 2013 年版,第 74~75 页。

④ 《刑法》第 36 条规定。

⑤ 《刑事诉讼法》第 99 条规定。

⑥ 苏惠渔、林建华:《关于〈公正对待犯罪和滥用权力的被害人的基本原则宣言〉述评》,载《法学研究》1991 年第 3 期。

立法规定具有一致性的观点，是可以理解的。二是要求各国政府审查它们的法律，在刑事案件中，考虑将赔偿作为一种可以供选择适用的判决方法。我国作为联合国的成员国，虽然不能在国内直接施行联合国有关被害人保护的宣言，但是却有信守联合国决议的义务，通过国内立法将刑事案件被害人的赔偿权利规定到刑事诉讼中。因此，构建或恢复所有犯罪行为造成物质损失结果的附带民事诉讼范围制度的一般理论模式，符合被害人人权保障的国际性规范所提供的“底线正义”标准。[①]

3. 重构一般理论模式的域外经验借鉴

世界上多数法治发达国家的刑事立法均允许犯罪被害人在刑事诉讼过程中就物质损失提出诉讼。现代意义上的附带民事诉讼制度最早见于1808年的《法国刑事诉讼法》。法国的立法十分重视附带民事诉讼，鼓励被害人通过刑事诉讼程序提起民事赔偿请求，其附带民事诉讼制度兼顾了附带民事诉讼的依附性和独立性，充分保持了附带民事诉讼的民事诉讼特性，对后来的大陆法系等国家的相关立法产生了深远的影响。[②] 法国刑事诉讼法规定：对重罪、轻罪或违警罪造成的损害请求赔偿的民事诉讼，由本人遭受犯罪直接造成之损害的人提起，公诉管辖法院对一切就追诉对象的犯罪事实所造成的损害而提起的诉讼，包括物质的、身体的和精神的损害，均应受理。[③] 由此可见，法国刑事诉讼法将附带民事诉讼范围的犯罪所造成的损害界定为主要包括犯罪被害人所遭受的身体、物质和精神上的损害，也包括由犯罪或因犯罪而被隐匿、转移、窃取或扣押的财产损害，还可以包括由刑事诉讼所引起的费用支出。被害人既可以请求损害赔偿，也可以要求返还财产或恢复原状。[④] 其他大陆法系国家的法律对附带民事诉讼也规定了基本相同的范围。如《德国刑事诉讼法》第403条第1项规定，民事原告人可以向被指控人提起对犯罪行为产生的财产权方面的请求权。又如《意大利刑事诉讼法》第74条规定：“《刑法典》第185条规定要求返还和赔偿损失的民事诉权，可以由受犯罪侵害的人或者他的一般继承人在刑事诉讼中针对被告人及其民事负责人行使。”再如《奥地利刑事诉讼法》第369

---

① 兰跃军：《刑事被害人人权保障机制研究》，法律出版社2013年版，第73页。

② 参见刘金友、奚玮：《附带民事诉讼原理与实务》，法律出版社2005年版，第15~18页。

③ 罗结珍：《法国刑事诉讼法典》，中国法制出版社2006年版。

④ 参见[法]卡斯东·斯特法尼、贝尔纳·勒瓦索、贝尔纳·布洛克：《法国刑事诉讼法讲义》，罗结珍译，中国政法大学出版社1999年版，第174~175页。

条规定："附带民事诉讼的请求范围包括退还夺自被害人的物品，补偿所受损失或失去的利益；为无实施的侮辱向对方要求赔礼道歉。"①

英美法系国家中的英国确立了具有自己特点的附带民事诉讼，有学者认为其不具有典型的附带民事诉讼形式，而是刑事诉讼与民事诉讼的混合模式。② 根据英国《1870 年没收法》的规定，被害人有权提起对犯罪行为所造成损害的赔偿之诉，但诉讼方式有三种，只有其中的第三种方式属于附带民事诉讼的范围，即法庭可以根据被害人的请求，在对被告人判刑的同时以赔偿令的形式责令犯罪人赔偿被害人的损失。同时，英国《1870 年没收法》和《1952 年治安法院法》规定，法院在宣判某人犯有一项可诉罪时，只可命令他赔偿由于犯罪致使申请人遭受的财产损失或损害。而根据《1972 年刑事审判法》的规定，法院可命令对他罪行所造成的人身伤害也负赔偿责任。③ 由此可见，英国附带民事诉讼的范围也包括财产损害和人身损害的内容。美国则为刑事诉讼与民事诉讼分立的立法模式，也就是说，美国没有专门的附带民事诉讼制度，其分别由刑事诉讼法和民事诉讼法来实现对犯罪行为的惩罚和对民事权利的救济。但是，20 世纪六七十年代，美国一些州的法律相继允许被害人直接向刑事法官申请赔偿，而有时刑事法官也予以认可。1982 年，美国还通过立法规定联邦法院可以对认定有罪的人在法定刑罚外加处赔偿或命令赔偿来代替刑罚，改变了刑事和民事完全分离的传统做法，确立与英国的赔偿令制度相类似的制度。当然，该加害人对被害人进行赔偿的范围在身体伤害及财产损失的范围内。④

通过以上大陆法系、英美法系法治发达国家立法例的文献梳理，可以发现其附带民事诉讼均为犯罪行为造成的物质损失范围。所以，研究附带民事诉讼范围的理论问题，应当借鉴这些法治发达国家经过长期实践检验而形成的行之有效的做法，摒弃违背世界法治发展潮流的做法，重构我国附带民事诉讼范围制度一般理论模式。

---

① 刘金友、奚玮：《附带民事诉讼原理与实务》，法律出版社 2005 年版，第 149～150 页。

② 参见杨贝：《附带民事诉讼制度研究与实务》，中国政法大学出版社 2014 年版，第 188～189 页。该作者认为："所谓刑事诉讼与民事诉讼的混合模式，是指刑事诉讼与民事诉讼的关系既非彼此独立，亦非民事诉讼附属于刑事诉讼，而是在刑民交叉案件的处理上采取一种较为灵活的方式，英国即为此种立法模式的典型国家。"

③ 参见刘金友、奚玮：《附带民事诉讼原理与实务》，法律出版社 2005 年版，第 21 页，第 151 页。

④ 参见杨贝：《附带民事诉讼制度研究与实务》，中国政法大学出版社 2014 年版，第 187～188 页。

4. 重构一般理论模式的司法实践基础

我国对附带民事诉讼范围限制的结果是非法占有、处置被害人财产犯罪案件被排除在附带民事诉讼范围之外，而我国构建所有犯罪行为造成物质损失的赔偿请求权利均纳入附带民事诉讼范围的制度所带来的附带民事诉讼可能性增加的案件，主要为目前适用追缴或责令退赔违法所得措施的部分案件。那么，就扩大了案件可能受理的数量而言，法院的审判力量能否承担起这些可能增加的附带民事诉讼案件，则是在构建新的理论模式时要考虑的实践因素。

根据H市两级法院30余年中的11个被抽查的年份实践情况看，非法占有、处置被害人财产而适用或应当适用追缴或责令退赔违法所得措施的案件数量为918件，所占造成物质损失结果案件总数量2509件的比率为36.6%，[①]除去已经全部追缴或责令退赔违法所得的案件数量265件，还有655件案件没有或者部分没有追缴或责令退赔违法所得，所占造成物质损失结果案件总数量的比率为26.11%。[②] 也就是说，已经通过侦查、起诉或者审判机关适用追缴或责令退赔违法所得措施，将被害人所遭受的物质损失全部弥补的案件，通常被害人不存在再次提起附带民事诉讼的情形，因此，可以将该263件案件从附带民事诉讼可能的工作量中排除；而没有适用追缴或责令退赔违法所得措施的案件，或者适用了该措施而没有完全实现被害人财产权利的案件还有652件，此类案件的被害人有权根据新构建的附带民事诉讼制度理论模式提起附带民事诉讼，而成为法院新增加的附带民事诉讼工作量。据此，可以得出H市两级法院在过去的11个年度（这11个年度分别是：1980年、1996年、1997年、1999年、2001年、2003年、2004年、2011年、2012年、2013年、2014年6月）中可能增加的附带民事诉讼案件数量约为655件，所占造成物质损失案件总数量的比率为26.11%。据此推论，新构建的附带民事诉讼范围制度一般理论模式可能会使法院增加附带民事诉讼案件数量比率为26.11%。参照本书第二章对侵犯人身权利犯罪案件提起附带民事诉讼的情况，造成物质损失结果符合附带民事诉讼范围的案件中，实际提起附带民事诉讼的案件数量比率为40.5%。[③] 如

① 参见表5-1：造成物质损失案件提起附带民事诉讼与追缴或退赔适用情况。
② 参见表5-2：追缴或责令退赔的实施涉犯罪种类的数量与比率。
③ 参见表2-3：提起附带民事诉讼案件涉犯罪类别的数量与比率。

果按照此比率计算，则可能增加的655件案件中只有265.3件会提起附带民事诉讼，而这11个年度平均每年可能增加的附带民事诉讼案件为24件。根据笔者对H市两级法院抽查案件的调查研究可以发现，附带民事诉讼案件的工作量占该刑事案件整个工作量的比率为20%。那么，H市两级法院11个年度平均每年可能增加的附带民事诉讼案件24件，其工作量若折算为刑事案件，就是每年增加6件刑事案件。结合笔者对H市两级法院相应11个年度刑事法官人均办案数量均低于S省中级法院和基层法院刑事法官人均办案数量，以及S省两级法院平均办案数量低于全国两个以上的省市法院的统计情况来看，多数法院尚有承担起这些新增加的附带民事诉讼案件审判的空间。①

二、附带民事诉讼范围的一般理论模式之例外

赋予所有犯罪行为造成物质损失结果的案件被害人在刑事诉讼程序中享有主张赔偿的请求权利，是笔者所构建的附带民事诉讼范围制度的一般理论模式。但是，实践中会存在附带民事部分案件过于复杂、疑难使整个审判难以顺利进行，或者被害人在刑事诉讼过程中没有及时或者没有能力行使赔偿请求权的情况，这可能会影响到公正价值功能的实现。为此，在构建一般理论模式的同时，笔者还提出构建附带民事诉讼范围制度的例外理论模式，作为一般理论模式的补充。

1. 法院对复杂案件移转民事诉讼程序的决定权

笔者通过对法官、律师和其他法律服务工作者的问卷调查发现，持有“存在被告人之外的民事责任人的案件为最复杂的附带民事诉讼案件”观点的法官、律师等法律实务人员数量最多，持有“被害人数量众多的案件为最复杂的附带民事诉讼案件”观点的法官、律师等实务人员数量为第二位，持有“特殊侵权案件为最复杂附带民事诉讼案件”观点的法官、律师和其他法律服务工作者等实务人员的数量居第三位，而持有这些观点的人员占全部被调查人员总数量的比率分别为37.9%、20.8%和19.2%，三者比

---

① 笔者通过对S省和H市司法统计数据及刑事法官人员数量的分析，得出结论为：S省中级法院、基层法院刑事法官人均办案数量最多的年份分别为2012年、2014年，其刑事法官人均办理案件数量分别为18.6件、72.35件；H市中级法院刑事法官人均办理一审案件数量最多的年份为2003年的5.86件，居于S省中级法院的后位，其基层法院刑事法官人均办理一审案件数量最多年份为2014年的59.5件，居于S省基层法院平均办案数量的下线；S省法院的刑事法官办案总数量为全国法院的第三位左右，全国其他法院尚有办理更多案件的刑事法官。

率之和占全部被调查人员总数量的比率高达到77.9%。[①] 同时,笔者还专门对存在被告人之外的民事责任人案件的附带民事诉讼判决书的工作量进行调查,发现该类案件该项工作量所占整个附带民事诉讼判决书工作总的比率为41%,较一般附带民事诉讼判决书所占该项比率22.1%高出18.9%。[②] 但是由于笔者的研究经验不足,设计调查表格之初没有考虑到另外几种情况,所以只对存在被告人之外的民事责任案件的附带民事诉讼判决书工作量进行了调查。这一调查的结果也部分印证了法官、律师和其他法律服务工作者对附带民事诉讼案件最为复杂情况的判断意见。

笔者认为存在被告人之外的民事责任人的附带民事诉讼案件之所以被认为属于最为复杂的附带民事诉讼案件,是因为该类案件通常包含两个以上的法律关系。一个法律关系为犯罪行为人与被害人之间,基于犯罪行为侵犯权利的事实而产生的权利、义务关系;另一个法律关系是犯罪行为人和被害人之外的第三人,基于同犯罪行为人之间的合同、监护、工作隶属关系等,而产生的对犯罪行为人侵权后果负有民事赔偿等责任的权利、义务关系。被害人数量众多案件之所以被认为属于最复杂的附带民事诉讼案件,是因为此类案件多属于集资诈骗、非法吸收公众存款等破坏社会主义市场经济秩序类型的犯罪,以及抢劫、盗窃、诈骗等侵犯财产类型的犯罪相比,其法律关系并不很复杂,但被害人数量众多的案件参加诉讼,导致送达法律文书、开庭调查、辩论等简单程序多次反复进行,程序烦冗,且被害人利益与共地向司法机关施加压力、闹访或缠访的现象较为普遍。对于特殊侵权案件为最复杂附带民事诉讼案件的判断,笔者认为所调查的特殊侵权案

---

① 为了知晓法律实务界的法官、律师和其他法律服务工作者,是如何认识哪些属于附带民事诉讼中最为复杂案件的问题,笔者设计了附带民事诉讼范围的调查问卷,专门设计了一道自由选择的问题,即"请您阅读以下问题,在同意的一项或几项中作出选择,并在字母上画"√":您认为附带民事诉讼案件最复杂的是何种案件? A. 被害人数量多的;B. 被告人数量多的;C. 侵犯财产权利案件;D. 一般人身侵权案件;E. 特殊侵权案件;F. 存在刑事被告人以外的应当对被害人承担民事责任的单位和个人"。

② 笔者根据对H市两级法院案件卷宗材料的信息采录,通过SPSS统计软件建立了数据库并进行分析,形成了有无被告人之外其他民事责任人的裁判文书行数占刑事裁判文书行数比率表。通过对300件附带民事诉讼案件进行工作量的调查,笔者发现有承担民事责任的其他责任人的案件数量为5件,占被调查案件总数量的比率为1.7%;没有承担民事责任的其他责任人的案件数量为295件,占被调查案件总数量的比率为98.3%。同时,还发现有被告人之外的其他民事责任人的案件裁判文书行数的平均值为0.41,即占整个刑事案件裁判文书行数的比率为41%;无被告人之外的其他民事责任人的案件裁判文书行数的平均值为0.221,即占整个刑事案件裁判文书总行数的比率为22.1%。前者较后者的比率高出18.9%。

件包括交通肇事、未成年人犯罪和雇佣人员犯罪而导致的被告人之外的人承担民事责任的情况，由于这三类案件在实践中常常发生，刑事法官审理的也较为普遍，但是，该三类案件之外的其他特殊侵权与犯罪交叉的案件，如安全保障义务的责任、产品责任、医疗损害责任、环境污染责任等，[①]既属于特殊侵权行为，同时又构成犯罪，是侵权责任与刑事责任的竞合。所以，犯罪行为之外的民事责任主体责任承担的事实证明，不是刑事诉讼法规定的追究犯罪所需要的证明责任和标准，这需要侵权责任法、民事诉讼法等加以特殊规定，其法律规定的复合式适用对刑事审理来说呈现出较高的复杂性。

为了使本书所构建的附带民事诉讼范围制度的一般理论模式得以在司法实践中既能有效保障被害人利益，又能够方便审判，提高诉讼效率，笔者针对这些法律实务人员普遍认为是附带民事诉讼中复杂的案件，参照中国台湾地区的附带民事诉讼的移送制度，[②]构建一般理论模式的例外模式之一：决定移转民事诉讼程序。决定移转民事诉讼程序是一种针对非法占有、处置被害人财物类犯罪案件被害人数量众多，或者特殊侵权犯罪，或者存在被告人之外的民事责任人的情况，在刑事审判过程中被害人提起附带民事诉讼，经过法院审查认为复杂而不宜通过附带民事诉讼程序进行审判的，可以依照职权决定移送有管辖权的法院或者本院民事审判庭依照民事诉讼程序审判的制度。这项制度的设计，主要是为了防止有些案件的复杂程度远远超出一般刑事法官的审判能力，从而在审判的工作量上大大超出一般刑事案件的审判，影响及时有效地追究犯罪的刑事诉讼功能；或者防止出现刑事法官勉强依照附带民事诉讼程序处理，但在适用民事诉讼证据规则或者民事实体法律方面存在问题，案件上诉或申诉而导致被改判、发回重审的数量增多，既影响了诉讼效率，又影响了当事人的权益。但是，该项制度的建立要注意严格适用条件，必须由刑事审判法官之外的立案法官独立审查决定，并且要向当事人送达裁定书，赋予当事人不服此类裁定的上诉权利。当

---

① 《中华人民共和国侵权责任法》第四章第 37 条规定的违反安全保障义务的责任，第七章第 54～64 条规定的医疗损害责任，第八章第 65～68 条规定的环境污染责任。

② 参见杨贝：《附带民事诉讼制度与实务》，中国政法大学出版社 2014 年版，第 191～192 页。该书著者认为：台湾地区刑事诉讼相关制度虽然规定了附带民事诉讼制度，但刑事法庭并非必须自行审理附带民事诉讼，在一定条件下，可将之移送民事法庭审理，即附带民事诉讼的移送制度……台湾地区“刑事诉讼法”第 490 条规定：“附带民事诉讼除本编有特别规定外，准用关于刑事诉讼的规定。但经移送或发回、发交于民事庭后，应适应民事诉讼法。”

然,这些程序性审查可以采用书面形式进行,以利于效率的提高。被移送的法院或者审判刑事案件的本院民事审判庭对于接受的移转民事诉讼程序的犯罪造成物质损失赔偿请求权的案件,不得拒绝受理。如对于管辖权等问题有异议,被移送的法院可以提请上一级法院决定;被移送的本院民事审判庭可以提请院长决定。

2. 被害人对附带民事诉讼或民事诉讼的程序选择权

本书第七章的研究表明,法院在审理非法占有、处置被害人财物的犯罪案件过程中,有 99.0%的案件没有通知被害人出席法庭。[①] 也就是说,此类案件的绝大多数被害人即使有附带民事诉讼赔偿请求权,也会因为其不知道刑事案件的进程而贻误起诉的机会。同时,由于我国刑事诉讼法规定的附带民事诉讼范围不包括精神损害的赔偿,并且赔偿的具体项目也不完全等同于民事诉讼的赔偿内容。这导致一些被害人为了获得更多的赔偿而放弃附带民事诉讼,从而寻求民事诉讼的救济途径。但是,我国现行刑事诉讼法对被害人能否通过民事诉讼程序来解决犯罪造成的物质损失赔偿请求问题没有明确的肯定性或者否定性规范,但刑事司法解释却暗含或者有时明确表明否定的态度。最为典型的是最高人民法院与最高人民检察院、公安部联合发布的《关于办理非法集资刑事案件适用法律若干问题的意见》,规定法院对于涉及非法集资犯罪而提起民事诉讼的案件不予受理等内容。[②] 实践中,由于民事诉讼法和民事诉讼司法解释对此没有明确给出否定意见,所以,法院民事审判庭对于犯罪造成物质损失赔偿请求的案件并没有表现出明显的反对受理的倾向,从而使许多该类案件得以进入民事审判程序。

为了保障被害人的诉权,规范刑事司法解释与民事司法实践在附带民事诉讼问题上的冲突,有必要强调民事诉权理论的要求,为全方位构建保障被害人诉权制度奠定理论基础。所谓民事诉权,是指当事人因民事权益受

---

① 参见表 7-1:追缴或责令退赔情况与告知被害人出庭数量与比率。

② 2014 年 3 月 25 日,最高人民法院、最高人民检察院、公安部《关于办理非法集资刑事案件适用法律若干问题的意见》。该意见第 7 条规定:“关于涉及民事案件的处理问题:对于公安机关、检察院、法院正在侦查、起诉、审理的非法集资刑事案件,有关单位或者个人就同一事实向法院提起民事诉讼或者申请执行涉案财物的,法院应当不予受理,并将有关材料移送公安机关或者检察机关。法院在审理民事案件或者执行过程中,发现有非法集资犯罪嫌疑的,应当裁定驳回起诉或者中止执行,并及时将有关材料移送公安机关或者检察机关。公安机关、检察院、法院在侦查、起诉、审理非法集资刑事案件中,发现与法院正在审理的民事案件属同一事实,或者被申请执行的财物属于涉案财物的,应当及时通报相关法院。法院经审查认为确属涉嫌犯罪的,依照前款规定处理。”

到侵害或者与他人发生争议时,请求法院行使审判权保护民事权益和解决民事纠纷的权利。在法治社会,如果公民的民事诉权得不到有效的保障,宪法和法律所规定其他权利很难成为一种现实的权利。[①] 对民事诉权的权利价值,学者从四个不同的角度进行了许多论述。有学者指出,历史事实早已证明,那种忽视公民权益、过度挤压公民自由和社会自治空间的外表和谐是不稳定的,也无法持久,其结果只会导致最终的不和谐。[②] 也有学者指出,从人类政治文明的演进过程来分析,社会成员的基本人权受到侵害而无法得到救济的主要原因在于:首先是与诉权受到限制、纠纷无法接近司法程序有很大的关系,其次才是司法审判不公的影响。[③] 还有学者认为,在民事诉权与审判权的定位上,诉权应被置于制衡审判权行使的优先地位,诉讼结构应当以当事人行使诉权为本位,而审判权的行使则应以保障当事人诉权的充分实现为宗旨。[④] 再有学者认为,在现代法治社会,诉权是一种绝对的宪法权利,它独立于并且高于司法权,具有充分对抗司法权在内的国家权力的权能,一切国家权力都不能任意剥夺诉权。[⑤] 通过这些论述可以看到,宪法视野下的民事诉权的权利价值主要表现在保护公民的民事权益、保障公民的基本人权、制衡法院的审判权和实现社会的有效控制四个方面。同时,我国刑事诉讼法理论对于附带民事诉讼本质上为民事诉讼的性质已经早有定论,作为一种具有特殊性的民事诉讼形态,附带民事诉讼中的诉权其实也就是普通的民事诉权,完全符合一般民事诉讼的规定和要求。[⑥] 因此,民事诉权理论有关诉权的权利价值要求一切国家权力不仅不能任意剥夺民事诉权,而且要置于基本人权的高度和维护社会和谐稳定的角度给予充分的保障。遭受犯罪侵害的被害人的民事诉权同样不容任意剥夺,基本法律没有明确限制被害人的附带民事诉讼或民事诉讼权利的情况下,实践中限制被害人的程序选择权利的做法是不妥的。

---

① 参见王晓:《民事诉权的保护与滥用规制研究:兼以社会控制论为基础展开分析》,中国政法大学出版社 2015 年版,第 15~25 页。

② 参见柯阳友、吴英旗:《诉权入宪:构建和谐社会的宪政之道》,载《西南政法大学学报》2006 年第 1 期。

③ 参见左卫民:《公民诉讼权:宪法与司法保障研究》,载《法学》2001 年第 4 期。

④ 参见赵刚:《正确处理民事、经济审判工作中的十大关系》,载《法学研究》1999 年第 1 期。

⑤ 参见江伟、王铁玲:《论救济权的救济——诉权的宪法保障研究》,载《甘肃政法学院学报》2006 年第 4 期。

⑥ 参见黄豹:《刑事诉权研究》,北京大学出版社 2013 年版,第 126 页。

司法实践和诉权理论为构建更加有利于充分保障被害人诉权制度提出了要求,而纵观世界各国有关附带民事诉讼的法律制度,作为现代意义上附带民事诉讼制度发祥地的法国立法例值得关注。法国刑事诉讼法不仅对附带民事诉讼的主体范围、客体范围、诉求范围等规定得广泛,而且其内容相当完备和具体,其附带民事诉讼赔偿制度在鼓励被害人在刑事诉讼程序中提出民事赔偿请求的同时,又兼顾民事诉讼的独立性。法国刑事诉讼法还赋予被害人救济程序选择权,即因犯罪行为遭受损害的被害人既可以选择向刑事法院提起附带民事诉讼,也可以向民事法院单独提起民事诉讼。① 法国刑事诉讼法规定,如果犯罪在危害社会秩序的同时,还造成他人身体、物质上或精神上的损害,那么,受到此种损害的人有权向民事法院,或者向负责裁判对危害社会秩序的行为提起之公诉的刑事法院提出赔偿之诉,以请求给予赔偿。② 笔者认为,法国的附带民事诉讼与民事诉讼的选择模式最有利于对被害人诉权的保障,值得借鉴。基于此,笔者提出构建我国附带民事诉讼范围制度一般理论模式的例外之二:被害人的程序选择权制度,即被害人既可以选择附带民事诉讼主张物质损失赔偿请求权,也可以选择民事诉讼主张物质损失赔偿请求权。但是,在刑事诉讼过程中,提出物质损失赔偿请求权的,只能通过附带民事诉讼程序进行;刑事程序结束后,提出物质损失赔偿请求权的,则只能通过民事诉讼程序进行。

三、追缴或责令退赔与附带民事诉讼范围关系的再定位

通过本书前面的研究可以看出,追缴或责令退赔违法所得措施被明文规定为附带民事诉讼替代措施之前,法院的刑事审判实践已经将其变成非法占有、处置被害人财物类犯罪案件的民事赔偿替代措施。也可以说,追缴或责令退赔违法所得措施成为附带民事诉讼替代措施是由司法习惯演变成为规范的。根据本书第五章、第六章和第七章对 H 市两级法院的司法实践的调查以及本章第二节的理论分析,适用追缴或责令退赔违法所得措施存在以下问题:作为附带民事诉讼替代措施功能的有效性和有限性;被害人寻求适用的有限性与司法机关适用、执行的不到位性;被害人的程序权利近乎被否定,被害人的实体权利被司法机关处分时丧失了司法救济权利,对被告

---

① 参见杨贝:《附带民事诉讼制度与实务》,中国政法大学出版社 2014 年版,第 184~185 页。

② 参见[法]卡斯东·斯特法尼、乔治·勒瓦索、贝尔纳·布洛克:《法国刑事诉讼法精义》,罗结珍译,中国政法大学出版社 1999 年版,第 174 页。

人的量刑情节作用发挥有限;举证责任与证明标准不利于被害人赔偿权利的保障,等等。这说明追缴或责令退赔违法所得措施替代附带民事诉讼的司法习惯以及其演变成为规范后,对司法活动发挥了一定程度负面影响,公权力侵入了私权利的领域,以追究犯罪的刑事规则替代了平等保护的民事规则。所以,需要将其与附带民事诉讼的关系进行重新定位。

1. 明确追缴或责令退赔为刑事程序性强制措施

我国刑法规定的追缴或责令退赔违法所得制度经过司法习惯而演变成为规范,并确认其成为附带民事诉讼替代措施,不仅被要求写在刑事判决主文之中,而且还赋予了被害人申请执行的权利。这看似完善了追缴或责令退赔违法所得制度的程序公平性,更加有利于实现被害人利益,有利于减少刑事诉讼过程中的附带民事诉讼,从而提高诉讼效率。但是,正如本书调查和分析所见,追缴或责令退赔违法所得因其公权力属性必然不可能完全兼顾被害人的诉讼权利和实体利益。司法机关试图通过该替代措施的实施减少被害人缠诉、闹访的目的也不可能有效实现,不过是将刑事诉讼过程中的缠诉、闹访的行为推迟到申请执行阶段。同时,要求法院强行判处追缴或责令退赔违法所得,无端提高了刑事案件涉及财产部分的执行案件数量,而财产犯罪案件的多数被告人为无正常收入或者低收入的没有被执行能力的人员,不能执行终结的案件数量为绝大多数,且被判处刑罚的犯罪分子即使刑罚执行完毕仍然长期处于被执行的状态,也不利于他们重新回归社会目的的实现。因此,将追缴或责令退赔违法所得制度规定为附带民事诉讼替代措施的努力,从理论上证明难以符合程序正义的要求,从实践中也证明不能有效发挥保障被害人权益,减少诉讼投入的效果。笔者认为,需要废止追缴或责令退赔违法所得制度替代附带民事诉讼的功能,赋予追缴或责令退赔违法所得措施新的功能。

为此,笔者将追缴或责令退赔违法所得措施重新定位为刑事程序性强制措施。第一,规定追缴或责令退赔违法所得的适用条件。一是将追缴适用的条件设定为,被告人违法所得的财物仍然存在于其控制范围。二是将责令退赔的适用条件设定为,被告人违法所得的财物被其挥霍、毁坏等,导致该财物已经不存在,而被告人已经查明具有赔偿能力。第二,规定追缴或责令退赔违法所得措施的适用程序。要求必须在刑事诉讼过程中,由负责侦查的机关、负责审查起诉的机关和负责审判的机关采用程序性的决定、裁定等方式确定追缴的具体财物或责令退赔的具体数额，并由决定或裁定的作出机关负责执行。第三，追缴或责令退赔违法所得的决定或裁定只具有刑事诉讼程序过程中的法律效力。对于已经追缴的财物或责令退赔的财物，法院审判后根据财物的性质作出退还被害人或者没收的判决；没有实际追缴或责令退赔部分，可以作为量刑情节予以考虑，不再判决继续追缴或责令退赔；刑事诉讼过程中已经作出的追缴或责令退赔决定或裁定，在法院对该刑事案件作出生效决判后自然失效，不再具有执行效力。第四，追缴或责令退赔违法所得判决对被害人民事赔偿请求权的影响。追缴或责令退赔的财物经法院判决退还被害人而被害人接受的，在该财物数额范围内免除被害人民事赔偿请求权，被害人不得以此财物损失而提起附带民事诉讼或单独提起民事诉讼；超出该财物数额范围之外的财物赔偿请求权，被害人依然享有，可以依法单独提起民事诉讼。被害人放弃该判决决定退还的财物数额的，其丧失就该财物数额提起民事诉讼的权利；超出该财物数额部分，被害人仍然享有民事诉讼的权利。对于被告人已经被追缴或责令退赔部分，法院在适用刑罚时要区别不同情况，作为法定从宽的情节予以考虑。

2. 确定附带民事诉讼范围制度适用的优先性

笔者将追缴或责令退赔违法所得措施设计为刑事诉讼程序中对违法所得进行处理的刑事程序性强制措施，就是将该项制度替代附带民事诉讼的功能去除，附带民事诉讼范围则扩大至原来被追缴或责令退赔违法所得措施所替代的部分犯罪。这样就会涉及附带民事诉讼范围制度的适用与追缴或责令退赔违法所得刑事程序性强制措施的适用之间如何协调定位的问题。笔者的观点是，刑事诉讼过程中，侦查机关、审查起诉机关和审判机关对于犯罪分子的违法所得具有法定追缴或责令退赔的职责，而被害人对于犯罪所造成的物质损失享有提起附带民事诉讼，或者单独提起民事诉讼的权利，也享有接受审判机关判处的将犯罪分子追缴或责令退赔的违法所得予以返还的权利。但是，在被害人提起附带民事诉讼和侦查机关、审查起诉机关与审判机关适用追缴或责令退赔违法所得措施并存的情况下，附带民事诉讼的适用应当优先于追缴或责令退赔违法所得措施的适用。

首先，公权力机关有权独立决定适用追缴或责令退赔违法所得措施。侦查机关受理刑事案件后，对于违法所得的去向要视为定罪事实和量刑事实的有机组成部分，要积极收集证据、固定证据，能够追回的一定要予以追缴,不能够追回的则要责令被告人退赔,既保证案件证据的确实充分,又能够保障权利人的利益不受损失,剥夺犯罪人不当利益并阻却其再犯罪的可能性。所以,犯罪物品是决定犯罪行为的重要因素,而且也影响着行为是否构成犯罪、构成何种罪以及量刑的问题,对犯罪物品的妥善处理对于认定犯罪和打击犯罪具有重要意义,而违法所得的一切财物应当予以追缴或责令退赔的规定,是为了保护国家、集体和公民个人合法财产不受损失,使犯罪分子不能在经济上占到便宜的重要措施。[①] 审查起诉机关在审查起诉时,要将违法所得的追缴或责令退赔的情况作为定罪量刑的事实来进行审查,发现应当予以追缴或者责令退赔的违法所得而侦查机关没有履行职责的,应当采取书面的形式要求侦查机关予以补正,侦查机关拒绝行使该职责且没有正当理由的,审查起诉机关应当移送渎职侦查部门予以查处。审查起诉机关在提起公诉时,应当将违法所得的事实和证据以及追缴或责令退赔情况对量刑的影响,一并向法庭提出。审判机关在审判刑事案件时,要组织对违法所得的事实和证据进行举证、质证和认证,并依法判处退还被害人或者予以没收上缴国库。自诉案件的审判过程中,审判机关要根据自诉人的申请及时裁定追缴或责令退赔违法所得,并依法审判处理违法所得。在这个过程中,追诉犯罪的国家机关依法行使追缴或责令退赔违法所得刑事程序性强制措施,被害人可以陈述被害事实、提供违法所得线索等,但如果不提起附带民事诉讼程序,则不影响国家机关追缴或责令退赔违法所得措施的进程。也就是说,国家机关依照职责行使追缴或责令退赔违法所得刑事程序性强制措施的公权力,不受他人干涉。

其次,被害人选择附带民事诉讼具有优先适用的权利。被害人在刑事犯罪案件追诉过程中,向侦查机关、审查起诉机关或者审判机关提起附带民事诉讼,要求被告人赔偿所造成的物质损失的,其中涉及违法所得的追缴或责令退赔部分,则要适用附带民事诉讼程序优先的原则。所谓适用附带民事诉讼程序优先,是指被害人在刑事诉讼过程中提出附带民事诉讼请求,要求被告人返还违法所得财物或者赔偿该违法所得财物损失,则法院在处理该刑事案件过程中要一并审理该附带民事诉讼请求,并作出支持或者不予支持被害人诉讼请求的判决,不再单独对已经追缴或责令退赔违法所得部分进行判决。换言之,被害人在刑事案件中提起附带民事诉讼请求并不影

① 参见李少平、朱孝清、李伟主编:《公检法办案标准与适用》,法院出版社 2014 年版,第 284 页。

响侦查机关和审查起诉机关以及审判机关对于违法所得的追缴或责令退赔的决定或裁定以及该决定或裁定的具体实施，但是，审判机关在审判时对于该违法所得事实的审判，则要根据被害人的主张按照民事诉讼的举证责任、证明标准等规则来进行，并且根据此规则认定的事实进行判决。这一规则判决确认的附带民事诉讼违法所得财物价值可能会高于刑事判决根据有利于被告人的“就低不就高”的疑罪从无原则所确认的违法所得价值，[①]但刑事与附带民事部分可以各自根据所确认的事实适用赔偿责任和刑事责任。附带民事诉讼判决生效后，被害人可以据此要求法院执行已经被追缴或责令退赔的违法所得部分，作为附带民事诉讼判决确定的赔偿内容。已经追缴或责令退赔违法所得的事实仍然可以作为对被告人量刑的情节。如此一来，公权力的行使和私权利的行使可以互不干涉，并且公权力的行使能够更好地保障私权利的实现。

---

① 参见王玮：《刑事附带民事诉讼的若干证据问题》，载《山东审判》2013 年第 3 期。作者认为：“在刑事案件事实达不到证据确实、充分时，法院虽然不能认定对被告人指控犯罪的成立，但是可以根据盖然性占优势的证明标准认定控方提供的证明明显大于被告人一方，从而认定被告人侵害被害人损害赔偿的事实成立，进而得以据此来保护被害人的民事权益，以及时有效地化解纠纷。”

附　　录

附录一：附带民事诉讼问题的调查问卷

一、请您阅读以下问题，在同意的答案中做出一项选择，并在字母上画“√”：

1.《刑事诉讼法》第99条规定：“被害人由于被告人的犯罪行为而遭受物质损失的，在刑事诉讼过程中，有权提起附带民事诉讼。”该规定有关附带民事诉讼范围过于宽泛，案件数量增多，是否不利于及时审判？

A. 是　　　　B. 不是　　　　C. 不好说

2. 刑事诉讼法上述规定的附带民事诉讼范围过宽，各种复杂类型的案件出现，刑事法官是否难以审判？

A. 是　　　　B. 不是　　　　C. 不好说

3. 最高人民法院《关于适用〈中华人民共和国刑事诉讼法〉的解释》第138条第1款规定：“被害人因人身权利受到犯罪侵犯或者财物被犯罪分子毁坏而遭受物质损失的，有权在刑事诉讼过程中提起附带民事诉讼。”该规定缩小了刑事诉讼法规定的附带民事诉讼范围，已经涵盖了最主要的两大类案件——人身损害和财物毁坏的赔偿，是否能够满足绝大部分受害人的基本赔偿请求？

A. 是　　　　B. 不是　　　　C. 不好说

4. 2000年以来，最高人民法院通过司法解释对附带民事诉讼范围的限制是有成效的，达到预期效果，是否应当继续坚持该项规定？

A. 是　　　　B. 不是　　　　C. 不好说

二、请您阅读以下问题，在同意的一项或几项中做出选择，并在字母上画“√”：

1. 盗窃、诈骗等非法占有型犯罪的被害人没有或者极少提起附带民事诉讼，造成该现象的原因是以下哪一项？

A. 被害人没有主张该项权利的意识
B. 法院没有通知被害人参加诉讼
C. 法院不受理被害人的起诉
D. 通过追缴、责令退赔已经解决被害人的赔偿问题
2. 您认为附带民事诉讼案件中最复杂的是何种案件?
A. 被害人数量多的
B. 被告人数量多的
C. 侵犯财产权利案件
D. 一般人身侵权案件
E. 特殊侵权案件
F. 存在刑事被告人以外的应当对被害人承担民事责任的单位和个人
3. 您从事该法官,或者律师,或者其他法律工作者职业的时间?
A. 2000 年之前开始任法官,或者律师,或者其他法律工作者
B. 2000 年之后开始任法官,或者律师,或者其他法律工作者

附录二：案件分析一览表（一）[①]

地区代码：　　　　　　　案件年份：　　　　　　案件编号：

提示：请阅卷调查者根据案件卷宗记载的情况回答下列问题，凡是符合所列选择答案的，请在英文字母序号前画"√"，或在括号中填写相关内容；既可以单选，也可以多选。另外，请将所阅读案件的生效裁判文书收集附后。

一、附带民事诉讼的案件类型与受理

（一）案件类型

1. 被告人被指控的罪名、适用的审判程序是什么？

A. 被指控犯（　　　　　　　　　　　）罪

B. 一审

C. 二审

D. 再审

2. 被告人因何罪名被提起附带民事诉讼？

A. 被告人因犯《刑法》第（　　）章规定的（　　）类罪

B. 被告人因犯（　　　　　　　　　　）罪

3. 被告人被指控的罪名是公诉案件，还是自诉案件？

A. 公诉　　　B. 自诉

4. 何时提起的附带民事诉讼？

A. 侦查　　　B. 审查起诉　　　C. 审判

5. 被害人的诉讼请求是什么？

A. 财产损失赔偿

B. 致人死亡或残疾损害的人身损害赔偿（含死亡赔偿金或残疾赔偿金）

---

① 由于笔者研究之初的论文题目为《当代中国刑事附带民事诉讼制度的实证研究》，所以该案件分析一览表的设计内容包括整个附带民事诉讼制度的各个部分，但随着研究重点确定在附带民事诉讼范围的实证研究方面，该一览表的许多调查问题则与本书没有具体的关系了。所以，笔者在附录该案件分析表时，将一些本书没有涉及的问题予以省略。另外，笔者设计的案件分析一览表（二）和（四）部分，或者因为难以调查，或者因为没有相关资料，故没有在本书中采用，所以笔者也没有将之附录于此。

C. 致人死亡或残疾损害的人身损害赔偿(不含死亡赔偿金或残疾赔偿金)

D. 一般人身损害赔偿

E. 精神损失赔偿

……

二、附带民事诉讼当事人范围

(一)附带民事诉讼原告人情况

37. 法人或其他组织等被害单位能否成为附带民事诉讼原告人?

A. 是　　B. 不是

38. 法人或其他组织等被害单位发生分立、合并、终止情况时,何单位成为附带民事诉讼原告人?

A. 分立、合并或终止前的法人或其他组织

B. 分立后的所有单位

C. 分立后一个或部分单位

D. 合并后的新法人或其他组织

E. 终止后新的权利义务承受法人或组织

39. 刑事被告人相互提起附带民事诉讼的?

A. 有　　B. 没有

40. 保险人提起附带民事诉讼的?

A. 是　　B. 不是

41. 夫妻之间提起附带民事诉讼的?

A. 是　　B. 不是

42. 被害人针对国家机关工作人员在行使职权时的犯罪行为造成损害而提起附带民事诉讼的?

A. 是　　B. 不是

43. 无民事诉讼行为能力或者限制民事诉讼行为能力的被害人的法定代理人提起附带民事诉讼的?

A. 是　　B. 不是　　C. 以原告人身份　　D. 以代理人身份

44. 已死亡被害人的继承人提起附带民事诉讼的?

A. 是

B. 不是

C. 一名或几名被害人的继承人提出全部损失的诉讼请求，法院告知全部继承人有权参加诉讼

D. 一名或几名被害人的继承人提出全部损失的诉讼请求，法院未告知全部继承人有权参加诉讼，只以起诉的继承人为原告人进行审理

E. 全部被害人的继承人提出全部损失的诉讼

45. 已失踪被害人的近亲属提起附带民事诉讼的？

A. 是

B. 不是

C. 一名或几名被害人的近亲属提出全部损失的诉讼请求，法院告知全部近亲属有权参加诉讼

D. 一名或几名被害人的近亲属提出全部损失的诉讼请求，法院未告知全部近亲属有权参加诉讼，只以起诉的近亲属为原告人进行审理

E. 全部被害人的近亲属提出全部损失的诉讼

46. 因犯罪行为而遭受损害的被害人以外的人提起附带民事诉讼的（如已死亡被害人的近亲属以外的人，为被害人承担医疗费、丧葬费以及护理费等）？

A. 是　　B. 受理　　C. 不予受理　　D. 不是

47. 人民检察院提起附带民事诉讼的，检察院在附带民事诉讼中的诉讼地位？

A. 表述为原告人　　B. 仍然是公诉机关

48. 检察院提起附带民事诉讼后，被害单位又提起附带民事诉讼的？

A. 是　　B. 不是

（二）附带民事诉讼被告人范围

49. 刑事案件被告人为附带民事诉讼被告人的？

A. 是　　B. 不是

50. 共同致害人为附带民事诉讼被告人的？

A. 刑事被告人同为附带民事诉讼被告人

B. 不同案共同致害人为附带民事诉讼被告人

C. 在逃同案犯成为附带民事诉讼被告人

D. 在逃同案犯没有成为附带民事诉讼被告人

51. 被告人的监护人成为附带民事诉讼被告人的？

A. 未成年人的监护人绝对负赔偿责任

B. 监护人赔偿责任减免

C. 监护人承担适当责任

D. 监护人承担垫付责任

F. 监护人不承担责任

G. 监护人为个人

H. 监护人为单位

52. 死亡被告人的遗产继承人成为附带民事诉讼被告人？

A. 是　　　B. 不是

53. 应当承担赔偿责任的其他单位和个人成为附带民事诉讼被告人？

A. 是　　　B. 不是

54. 成年被告人的亲属自愿代为赔偿的？

A. 成为被告人

B. 没有表述诉讼中的身份

……

三、附带民事诉讼案件的审判程序

（一）同刑事案件一并审理原则与例外

59. 普通程序与简易程序的适用情况？

A. 适用普通程序　　　B. 适用简易程序

60. 附带民事诉讼在法院一审、二审开庭前的审查过程所占审查量分量？

A. 整个案件有关材料的页数为（　　），其中专门涉及附带民事诉讼有关材料的页数为（　　）

B. 主审法官所做阅卷笔录的页数为（　　），其中专门涉及附带民事诉讼案件部分的页数为（　　）

61. 附带民事诉讼的法庭审理在整个案件审理中所占份额？

A. 一审庭审笔录的页数为（　　），其中专门涉及附带民事诉讼部分的页数为（　　）

B. 二审庭审笔录有（　　）页数，其中专门涉及附带民事诉讼部分为（　　）页

62. 附带民事诉讼在法院二审不开庭审判的情况下，其审查过程所占分量？

A. 整个案件有关材料的页数为（　　），其中专门涉及附带民事诉讼有关材料的页数为（　　）

B. 主审法官所做阅卷笔录的页数为（　　），其中专门涉及附带民事诉讼案件部分的页数为（　　）

C. 主审法官向合议庭汇报的审理报告的页数为（　　），其中专门涉及附带民事诉讼的页数为（　　）

D. 讯问被告人，听取其他当事人、诉讼代理人意见情况的书面记录页数为（　　）

63. 案件讨论对于附带民事诉讼的关注情况？

A. 合议庭评议笔录的为（　　）页，或为（　　）行

B. 其中专门涉及附带民事诉讼部分为（　　）页，或为（　　）行

64. 审判委员会讨论案件中对附带民事诉讼部分的关注情况？

A. 审判委员会讨论案件笔录为（　　）页，或为（　　）行

B. 其中专门涉及附带民事诉讼部分为（　　）页，或为（　　）行

65. 附带民事诉讼案件同刑事案件一并判决及例外情况？

A. 一审同刑事案件一并判决

B. 一审同刑事案件分别判决，相隔（　　）天宣判的附带民事诉讼案件

C. 二审同刑事案件一并裁判

D. 二审同刑事案件分别裁判，相隔（　　）天宣判的附带民事诉讼案件

66. 判决书或裁定书对于附带民事诉讼的关注程度？

A. 当事人基本情况为（　　）行，其中与被告人无关的附带民事诉讼当事人基本情况为（　　）行

B. 本院经审理查明事实为（　　）行，其中专门涉及附带民事诉讼案件事实为（　　）行

C. 认定事实所依据的证据内容为（　　）行，其中专门涉及认定附带民事诉讼案件事实的证据内容为（　　）行

D. 本院认为有关内容为（　　）行，其中专门涉及附带民事诉讼的内容为（　　）行

E. 民事法律的引用民法通则

F. 引用其他民事法律

G. 引用司法解释

H. 适用减轻或免除民事责任

67. 判决书或裁定书中有关当事人举证责任情况？

A. 原告人提供证据内容为(　　)行

B. 被告人提供证据内容为(　　)行

C. 表述当事人各自的举证责任

D. 没有表述当事人各自的举证责任

……

附录三:案件分析一览表(三)

地区代码:　　　　案件年份:　　　　案件编号:　　　　审判程序:

提示:请阅卷调查者根据案件卷宗记载的情况回答下列问题,凡是符合所列选择答案的,请在英文字母序号前画"√"。另外,请将所阅读案件的生效裁判文书收集附后。

一、查阅的案件中被告人触犯何种罪名?

二、根据被告人所犯上列罪名的情况,查阅并回答下列问题:

1. 被告人的上列犯罪有无造成被害人物质损失?

A. 有　　　　B. 没有

2. 被告人的上列犯罪造成被害人物质损失的,有无提起附带民事诉讼?

A. 有　　　　B. 没有

3. 被告人的上列犯罪造成被害人物质损失的,有无单独提起民事诉讼?

A. 有　　　　B. 没有

附录四:案件分析一览表(五)

地区代码:　　　案件年份:　　　案件编号:　　　审判程序:

1. 被告人被指控的罪名是什么?

A. 被告人因犯《刑法》第(　　　)章规定的(　　　)类罪

B. 被告人因犯(　　　)罪

2. 被告人非法占有他人财产的追缴情况?

A. 全部追缴　　B. 大部分追缴　　C. 小部分追缴　　D. 没有追缴

3. 被告人非法占有他人财产是在刑事诉讼的何阶段追缴的?

A. 侦查　　B. 审查起诉　　C. 审判

4. 部分追缴的,针对未追回部分被害人有无提起索赔要求?

A. 有　　B. 没有

5. 被害人的该索赔要求是刑事诉讼的何阶段?

A. 侦查　　B. 审查起诉　　C. 审判

6. 被告人非法占有他人财产的责令退赔情况?

A. 全部退赔　　B. 大部分退赔　　C. 小部分退赔　　D. 没有退赔

7. 部分退赔的,针对未退赔部分被害人有无提起索赔要求?

A. 有　　B. 没有

8. 被告人非法占有他人财产是在刑事诉讼的何阶段被责令退赔的?

A. 侦查　　B. 审查起诉　　C. 审判

9. 未能追缴、退赔的,法院有无判决继续追缴或责令退赔?

A. 有　　B. 没有

10. 如何判决的?

A. 追缴的判决主文表述为(　　　　　　)

B. 责令退赔的判决主文表述为(　　　　　　)

11. 被告人对继续追缴或责令退赔判决有无上诉?

A. 有　　B. 没有

12. 继续追缴或责令退赔判决是否送达被害人?

A. 送达　　B. 没有送达

13. 被害人对继续追缴或责令退赔判决有意见?

A. 有　　B. 没有

14. 被害人对继续追缴或责令退赔判决有无上诉?

A. 有　　B. 没有

15. 当事人上诉的,二审处理情况如何?

A. 维持　　B. 改判　　C. 发回重审

16. 法院判决继续追缴或责令退赔的判决执行情况如何?

A. 全部执行　　B. 大部分执行　　C. 小部分执行　　D. 没有执行

17. 当事人申请执行的,还是法院主动依职权执行的?

A. 当事人申请　　B. 法院主动依职权

18. 追缴、退赔的,在量刑中的体现("本院认为"中有无表述)?

A. 追缴、退赔从轻　　B. 未能追缴、退赔从重　　C. 没有体现

19. 被害人是否参加庭审?

A. 参加　　B. 没有参加

20. 法院是否通知被害人参加庭审?

A. 通知　　B. 没有通知

21. 其他你认为重要的任何问题?

附录五:执行人员是否执行追缴或责令退赔判决的调查问卷

1. 2014 年 11 月 6 日之前,您是否执行过刑事判决书中有关追缴或责令退赔的案件?

A. 执行过

B. 没有执行过

2. 您从事执行工作的大致时间?

从(　　)年开始从事执行工作

3. 2014 年 11 月 6 日之前,如果您执行过刑事判决书中有关追缴或责令退赔的案件,该案件是如何受理的?

A. 被害人申请

B. 法院有关部门移送

C. 上级法院指定

D. 有关党委或其他国家机关要求

附录六:附带民事诉讼范围是否不利审判的观点调查

法官、律师等对法定附带民事诉讼范围是否不利及时审判的观点①

职业	统计项目	范围是否不利及时审判			总计
		是	否	不好说	
法官	计数(件)	72	21	4	97
	在职业内的占比(%)	74.2	21.6	4.1	100.0
	在范围是否不利及时审判内的占比(%)	74.2	21.0	26.7	45.8
	占总数的占比(%)	34.0	9.9	1.9	45.8
律师	计数(件)	20	61	9	90
	在职业内的占比(%)	22.2	67.8	10.0	100.0
	在范围是否不利及时审判内的占比(%)	20.6	61.0	60.0	42.5
	占总数的占比(%)	9.4	28.8	4.2	42.5
其他法律服务工作者	计数(件)	5	18	2	25
	在职业内的占比(%)	20.0	72.0	8.0	100.0
	在范围是否不利及时审判内的占比(%)	5.2	18.0	13.3	11.8
	占总数的占比(%)	2.4	8.5	0.9	11.8
总计	计数(件)	97	100	15	212
	在职业内的占比(%)	45.8	47.2	7.1	100.0
	在范围是否不利及时审判内的占比(%)	100.0	100.0	100.0	100.0
	占总数的占比(%)	45.8	47.2	7.1	100.0

① 该表中内容来自笔者设计的附带民事诉讼范围的调查问卷第一题第一小题,其中的计数以人为单位。

附录七：附带民事诉讼范围是否致案件复杂难以审判的观点调查

法官、律师等对法定附带民事诉讼范围是否致案件复杂难以审判的观点①

职业	统计项目	案件复杂是否难以审判			总计
		是	否	不好说	
法官	计数(件)	71	20	6	97
	在职业内的占比(%)	73.2	20.6	6.2	100.0
	在案件复杂是否难以审判内的占比(%)	68.3	22.5	31.6	45.8
	占总数的占比(%)	33.5	9.4	2.8	45.8
律师	计数(件)	24	56	10	90
	在职业内的占比(%)	26.7	62.2	11.1	100.0
	在案件复杂是否难以审判内的占比(%)	23.1	62.9	52.6	42.5
	占总数的占比(%)	11.3	26.4	4.7	42.5
其他法律服务工作者	计数(件)	9	13	3	25
	在职业内的占比(%)	36.0	52.0	12.0	100.0
	在案件复杂是否难以审判内的占比(%)	8.7	14.6	15.8	11.8
	占总数的占比(%)	4.2	6.1	1.4	11.8
总计	计数(件)	104	89	19	212
	在职业内的占比(%)	49.1	42.0	9.0	100.0
	在案件复杂是否难以审判内的占比(%)	100.0	100.0	100.0	100.0
	占总数的占比(%)	49.1	42.0	9.0	100.0

① 该表中内容来自笔者设计的附带民事诉讼范围的调查问卷第一题第二小题，其中的计数以人为单位。

附录八:司法控制范围能否满足被害人请求的观点调查

法官、律师等对司法控制附带民事诉讼范围能否满足被害人请求的观点①

职业	统计项目	能否满足被害人请求			总计
		是	否	不好说	
法官	计数(件)	76	16	5	97
	在职业内的占比(%)	78.4	16.5	5.2	100.0
	在能否满足被害人请求内的占比(%)	55.1	25.8	45.5	46.0
	占总数的占比(%)	36.0	7.6	2.4	46.0
律师	计数(件)	47	39	3	89
	在职业内的占比(%)	52.8	43.8	3.4	100.0
	在能否满足被害人请求内的占比(%)	34.1	62.9	27.3	42.2
	占总数的占比(%)	22.3	18.5	1.4	42.2
其他法律服务工作者	计数(件)	15	7	3	25
	在职业内的占比(%)	60.0	28.0	12.0	100.0
	在能否满足被害人请求内的占比(%)	10.9	11.3	27.3	11.8
	占总数的占比(	7.1	3.3	1.4	11.8
总计	计数(件)	138	62	11	211
	在职业内的占比(%)	65.4	29.4	5.2	100.0
	在能否满足被害人请求内的占比(%)	100.0	100.0	100.0	100.0
	占总数的占比(%)	65.4	29.4	5.2	100.0

① 该表中内容来自笔者设计的附带民事诉讼范围的调查问卷第一题第三小题,其中的计数以人为单位。

附录九：司法控制是否应坚持的观点调查

法官、律师等对附带民事诉讼范围的司法控制是否坚持的观点①

职业	统计项目	是否坚持司法控制			总计
		是	否	不好说	
法官	计数(件)	74	9	14	97
	在职业内的占比(%)	76.3	9.3	14.4	100.0
	在是否坚持司法控制内的占比(%)	56.1	18.0	48.3	46.0
	占总数的占比(%)	35.1	4.3	6.6	46.0
律师	计数(件)	41	34	14	89
	在职业内的占比(%)	46.1	38.2	15.7	100.0
	在是否坚持司法控制内的占比(%)	31.1	68.0	48.3	42.2
	占总数的占比(%)	19.4	16.1	6.6	42.2
其他法律服务工作者	计数(件)	17	7	1	25
	在职业内的占比(%)	68.0	28.0	4.0	100.0
	在是否坚持司法控制内的占比(%)	12.9	14.0	3.4	11.8
	占总数的占比(%)	8.1	3.3	0.5	11.8
总计	计数(件)	132	50	29	211
	在职业内的占比(%)	62.6	23.7	13.7	100.0
	在是否坚持司法控制内的占比(%)	100.0	100.0	100.0	100.0
	占总数的占比(%)	62.6	23.7	13.7	100.0

① 该表中内容来自笔者设计的附带民事诉讼范围的调查问卷第一题第四小题，其中的计数以人为单位。

附录十：对最复杂案件的观点调查

法官、律师等对最复杂的案件的选择观点①

最复杂的案件	统计项目	法律职业			总计
		法官	律师	其他法律服务工作者	
被害人数量多的	计数(件)	36	31	12	79
	在最复杂的案件内的占比(%)	45.6	39.2	15.2	—
	在法律职业内的占比(%)	21.6	18.3	27.3	—
	占总额的占比(%)	9.5	8.2	3.2	20.8
被告人数量多的	计数(件)	21	24	4	49
	在最复杂的案件内的占比(%)	42.9	49.0	8.2	—
	在法律职业内的占比(%)	12.6	14.2	9.1	—
	占总额的占比(%)	5.5	6.3	1.1	12.9
侵犯财产权利案件	计数(件)	5	13	2	20
	在最复杂的案件内的占比(%)	25.0	65.0	10.0	—
	在法律职业内的占比(%)	3.0	7.7	4.5	—
	占总额的占比(%)	1.3	3.4	0.5	5.3
一般人身侵权案件	计数(件)	10	3	2	15
	在最复杂的案件内的占比(%)	66.7	20.0	13.3	—
	在法律职业内的占比(%)	6.0	1.8	4.5	—
	占总额的占比(%)	2.6	0.8	0.5	3.9
特殊侵权案件	计数(件)	25	37	11	73
	在最复杂的案件内的占比(%)	34.2	50.7	15.1	—
	在法律职业内的占比(%)	15.0	21.9	25.0	—
	占总额的占比(%)	6.6	9.7	2.9	19.2

① 该表中内容来自笔者设计的附带民事诉讼范围的调查问卷第二题的第二小题，其中的计数以选项票数为单位。因为该问题为多项选择，每人可以填写1到6个选项，所以，每一个选项的票数可以少于或者等于被调查的人数。

续表

最复杂的案件	统计项目	法律职业			总计
		法官	律师	其他法律服务工作者	
存在被告人以外的其他责任人	计数(件)	70	61	13	144
	在最复杂的案件内的占比(%)	48.6	42.4	9.0	—
	在法律职业内的占比(%)	41.9	36.1	29.5	—
	占总额的占比(%)	18.4	16.1	3.4	37.9
总计	计数(件)	167	169	44	380
	占总额的占比(%)	43.9	44.5	11.6	100.0

附录十一：附带民事诉讼案件工作量的情况调查①

1. 附带民事诉讼案件庭前诉讼材料情况

表 1-1 附带民事诉讼案件庭前诉讼材料个案处理摘要②

犯罪种类	计数	百分比(%)
侵犯人身权利	373	82.9
侵犯财产权利	2	0.4
侵犯人身、财产权利	74	16.4
其他	1	0.2
总体	450	100.0
除外	2331	—
总计	2781	—

表 1-2 附带民事诉讼庭前诉讼材料页数占刑事案件材料页数的比率③

犯罪种类	平均值(E)	中位数	最小值(M)	最大值(X)	标准偏差	范围
侵犯人身权利	0.200	0.150	0.000	0.932	0.169	0.932
侵犯财产权利	0.046	0.046	0.000	0.091	0.065	0.091
侵犯人身、财产权利	0.186	0.144	0.000	0.838	0.181	0.838
其他	0.703	0.703	0.703	0.703	—	0.000
总体	0.198	0.149	0.000	0.932	0.172	0.932

① 表中数据均是根据案件分析一览表(一)第三部分的调查而获取的案件信息。

② 表中数据为抽查的H市两级法院1980年、1996年、1997年、1999年、2001年、2003年、2004年、2011年、2012年、2013年和2014年1~6月适用一审程序审理的附带民事诉讼的案件，均以件为统计单位。

③ 表中数据为抽查的H市两级法院1980年、1996年、1997年、1999年、2001年、2003年、2004年、2011年、2012年、2013年和2014年1~6月适用一审程序审理的附带民事诉讼的案件，均以页为统计单位。

2. 附带民事诉讼法庭审理阶段诉讼材料情况

表 2-1 附带民事诉讼案件法庭审理阶段诉讼材料个案处理摘要①

犯罪种类	计数	百分比(%)
侵犯人身权利	317	81.5
侵犯财产权利	2	0.5
侵犯人身、财产权利	69	17.7
其他	1	0.3
总体	389	100.0
除外	2392	—
总计	2781	—

表 2-2 附带民事诉讼庭审诉材料页数占刑事庭审诉讼材料页数的比率②

犯罪种类	平均值(E)	中位数	最小值(M)	最大值(X)	标准偏差	范围
侵犯人身权利	0.163	0.143	0.000	0.909	0.119	0.909
侵犯财产权利	0.429	0.429	0.109	0.750	0.453	0.641
侵犯人身、财产权利	0.169	0.143	0.000	0.667	0.143	0.667
其他	0.111	0.111	0.111	0.111	—	0.000
总体	0.165	0.143	0.000	0.909	0.127	0.909

① 表中数据为抽查的H市两级法院1980年、1996年、1997年、1999年、2001年、2003年、2004年、2011年、2012年、2013年和2014年1~6月适用一审程序审理的附带民事诉讼的案件,均以件为统计单位。

② 表中数据为抽查的H市两级法院1980年、1996年、1997年、1999年、2001年、2003年、2004年、2011年、2012年、2013年和2014年1~6月适用一审程序审理的附带民事诉讼的案件,均以页为统计单位。

3. 附带民事诉讼案件评议阶段诉讼材料情况

表 3-1　附带民事诉讼案件评议阶段诉讼材料个案处理摘要①

指控犯罪种类	计数	百分比(%)
侵犯人身权利	308	81.3
侵犯财产权利	1	0.3
侵犯人身、财产权利	69	18.2
其他	1	0.3
总体	379	100.0
除外	2402	—
总计	2781	—

表 3-2　附带民事诉讼案件评议诉讼材料占刑事案件评议诉讼材料行数比率②

犯罪种类	平均值(E)	中位数	最小值(M)	最大值(X)	标准偏差	范围
侵犯人身权利	0.237	0.154	0.000	3.667	0.323	3.667
侵犯财产权利	0.132	0.132	0.132	0.132	—	0.000
侵犯人身、财产权利	0.183	0.130	0.000	0.677	0.155	0.677
其他	0.050	0.050	0.050	0.050	—	0.000
总体	0.227	0.152	0.000	3.667	0.299	3.667

① 表中数据为抽查的H市两级法院1980年、1996年、1997年、1999年、2001年、2003年、2004年、2011年、2012年、2013年和2014年1~6月适用一审程序审理的附带民事诉讼的案件，均以件为统计单位。

② 表中数据为抽查的H市两级法院1980年、1996年、1997年、1999年、2001年、2003年、2004年、2011年、2012年、2013年和2014年1~6月适用一审程序审理的附带民事诉讼的案件，均以行为统计单位。

4. 附带民事诉讼裁判文书诉讼材料情况

表 4-1　附带民事诉讼案件裁判文书诉讼材料个案处理摘要①

犯罪种类	计数	百分比(%)
侵犯人身权利	298	83.2
侵犯财产权利	2	0.6
侵犯人身财产权利	58	16.2
总体	358	100.0
除外	2423	—
总计	2781	—

表 4-2　附带民事诉讼案件裁判文书判决书占刑事案件裁判文书事实行数比率统计②

犯罪种类	平均值(E)	中位数	最小值(M)	最大值(X)	标准偏差	范围
侵犯人身权利	0.241	0.222	0.000	2.333	0.192	2.333
侵犯财产权利	0.185	0.185	0.120	0.250	0.092	0.130
侵犯人身财产权利	0.232	0.188	0.000	1.000	0.241	1.000
总体	0.239	0.214	0.000	2.333	0.200	2.333

① 表中数据为抽查的 H 市两级法院 1980 年、1996 年、1997 年、1999 年、2001 年、2003 年、2004 年、2011 年、2012 年、2013 年和 2014 年 1~6 月适用一审程序审理的附带民事诉讼的案件，均以件为统计单位。

② 表中数据为抽查的 H 市两级法院 1980 年、1996 年、1997 年、1999 年、2001 年、2003 年、2004 年、2011 年、2012 年、2013 年和 2014 年 1~6 月适用一审程序审理的附带民事诉讼的案件，均以行为统计单位。

5. 有无被告人之外的其他民事责任人对裁判文书工作量的影响情况

表 5-1　有无被告人之外的其他民事责任人对裁判文书工作量的影响个案处理摘要①

有无被告人之外的其他民事责任人的案件	计数	百分比(%)
有	5	1.7
无	295	98.3
总体	300	100.0
除外	2481	—
总计	2781	—

表 5-2　有无被告人之外其他民事责任人的裁判文书行数占刑事裁判文书行数比率②

分组	平均值(E)	中位数	最小值(M)	最大值(X)	标准偏差	范围
有	0.41	0.321	0.293	0.794	0.216	0.501
无	0.221	0.209	0	0.609	0.134	0.609
总体	0.224	0.212	0	0.794	0.137	0.794

① 表中案件来源于 H 市两级法院 1980 年、1996 年、1997 年、1999 年、2001 年、2003 年、2004 年、2011 年、2012 年、2013 年和 2014 年 1~6 月适用一审程序审理的附带民事诉讼的案件，均以件为统计单位。

② 表中案件来源于 H 市两级法院 1980 年、1996 年、1997 年、1999 年、2001 年、2003 年、2004 年、2011 年、2012 年、2013 年和 2014 年 1~6 月适用一审程序审理的附带民事诉讼的案件，均以行为统计单位。

参考文献

一、中文著作

1. 白建军:《法律实证研究方法》,北京大学出版社 2014 年版。

2. 毕玉谦、郑旭、刘善春主编:《诉讼证据规则研究》,中国法制出版社 2000 年版。

3. 陈彬、李昌林、薛竑、高峰:《刑事被害人救济制度研究》,法律出版社 2009 年版。

4. 陈灿平:《刑民实体法关系初探》,法律出版社 2009 年版。

5. 陈光中主编:《刑事诉讼法》北京大学出版社、高等教育出版社 2005 年版。

6. 陈瑞华:《程序正义理论》,中国法制出版社 2010 年版。

7. 陈瑞华:《论法学研究方法——法学研究的第三条道路》,北京大学出版社 2009 年版。

8. 陈瑞华:《刑事审判原理论》,北京大学出版社 2003 年版。

9. 陈瑞华:《刑事诉讼的中国模式》,法律出版社 2010 年版。

10. 陈卫东主编:《模范刑事诉讼法典》,中国人民大学出版社 2011 年版。

11. 陈永生:《刑事诉讼的宪政基础》,北京大学出版社,2010 年版。

12. 程滔、封利强、俞亮:《刑事被害人诉权研究》,中国政法大学出版社 2015 年版。

13. 樊崇义主编:《刑事诉讼法学》,中国政法大学出版社 2013 年版。

14. 费孝通:《江村经济》,上海世纪出版集团、上海人民出版社 2007 年 8 月版。

15. 费孝通:《乡土中国》,北京大学出版社 2012 年版。

16. 郭松:《中国刑事诉讼运行机制实证研究(四)——审查逮捕制度实证研究》,法律出版社 2011 年版。

17. 郭志远:《证明标准研究——以刑事诉讼为视角》,中国人民公安大学出版社 2010 年版。

18. 国家司法考试辅导用书编辑委员会主编:《国家司法考试辅导用书》(第 3 卷),法律出版社 2006 年修订版。

19. 何家弘主编:《外国证据法》,法律出版社 2003 年版。

20. 黄豹:《刑事诉权研究》,北京大学出版社 2013 年版。

21. 黄东熊、吴景芳:《刑事诉讼法论》,台北,三民书局股份有限公司 2002 年版。

22. 黄维智:《刑事证明责任研究——穿梭于实体与程序之间》,北京大学出版社 2007 年版。

23. 兰跃军:《刑事被害人人权保障机制研究》,法律出版社 2013 年版。

24. 郎胜主编:《中华人民共和国刑事诉讼法修改与适用》,新华出版社 2012 年版。

25. 李其瑞:《法学研究与方法论》,山东人民出版社 2005 年版。

26. 李少平、朱孝清、李伟主编:《公检法办案标准与适用》,法院出版社 2014 年版。

27. 梁书文主编:《关于民事诉讼证据的若干规定新解释》,法院出版社 2011 年版。

28. 林钰雄:《刑事诉讼法》,中国人民大学出版社 2005 年版。

29. 刘广三主编:《刑事证据法学》,中国人民大学出版社 2007 年版。

30. 刘金友:《附带民事诉讼的理论与实践》,中国展望出版社 1990 年版。

31. 刘金友、奚玮:《附带民事诉讼原理与实务》,法律出版社 2005 年版。

32. 龙宗智、夏黎阳主编:《中国刑事证据规则研究》,中国检察出版社 2011 年版。

33. 罗结珍:《法国刑事诉讼法典》,中国法制出版社 2006 年版。

34. 麦高伟、崔永康主编:《法律研究的方法》,中国法制出版社 2009 年版。

35. 南英主编:《量刑规范化实务手册》,法律出版社 2014 年版。

36. 南英主编:《刑事审判方法》,法律出版社 2013 年版。

37. 冉景富:《当代中国民事诉讼率变迁研究——一个比较法社会学的视角》,中国人民大学出版社 2005 年版。

38. 邵世星、刘选:《刑事附带民事诉讼疑难问题研究》,中国检察出版社 2002 年版。

39. 沈志先主编:《刑事证据规则研究》,法律出版社 2011 年版。

40. 沈宗灵主编:《法理学》,北京大学出版社 2003 年版。

41. 宋英辉、李哲、向燕、王贞会等:《法律实证研究本土化探索》,北京大学出版社 2012 年版。

42. 宋英辉、王武良主编:《法律实证研究方法》,北京大学出版社 2009 年版。

43. 宋英辉:《刑事诉讼的目的论》,中国人民公安大学出版社 1995 年版。

44. 宋英辉:《刑事诉讼原理导读》,中国检察出版社 2008 年版。

45. 孙洁冰主编:《刑事诉讼、行政诉讼附带民事诉讼制度研究》,重庆大学出版社 1990 年版。

46. 汤维建主编:《民事诉讼法学》,北京大学出版社 2008 年版。

47. 唐力主编:《民事诉讼法精要与依据指南》,北京大学出版社 2011 年版。

48. 田思源:《犯罪被害人的权利与救济》,法律出版社 2008 年版。

49. 王国枢主编:《刑事诉讼法学》,北京大学出版社 1998 年版。

50. 王敏远主编:《刑事诉讼法学》,知识产权出版社 2013 年版。

51. 王晓:《民事诉权的保护与滥用规制研究:兼以社会控制论为基础展开分析》,中国政法大学出版社 2015 年版。

52. 王亚新、傅郁林、范愉等:《法律程序运作的实证分析》,法律出版社 2005 年版。

53. 王作富主编:《刑法分则实务研究》,中国正方出版社 2007 年版。

54. 伍浩鹏:《刑事诉讼中权力与权利的冲突与平衡——以当事人诉讼权利保护为分析视角》,湘潭大学出版社 2012 年版。

55. 肖建国、包建华:《证明责任——事实判断的辅助方法》,北京大学出版社 2012 年版。

56. 徐静春主编:《刑事诉讼前沿研究》(第 8 卷),中国检察出版社

2010 年版。

57. 薛薇编著:《基于 SPSS 的数据分析》,中国人民大学出版社 2014 年版。

58. 杨贝:《附带民事诉讼制度研究与实务》,中国政法大学出版社 2014 年版。

59. 杨春洗、高铭暄、马克昌、余叔通主编:《刑事法学大辞书》,南京大学出版社 1990 年版。

60. 于志刚主编:《刑罚制度适用中的疑难问题研究》,吉林人民出版社 2001 年版。

61. 张军主编:《新刑事诉讼法法官培训教材》,法律出版社 2012 年版。

62. 张小虎:《刑法的基本概念》,北京大学出版社 2004 年版。

63. 周道鸾主编:《中华人民共和国最高人民法院司法解释全集》,法院出版社 1994 年版。

64. 祝铭山主编:《中国刑事诉讼法教程》,中国政法大学出版社 1998 年版。

65. 左卫民等:《中国刑事诉讼运行机制实证研究(二)——以审前程序为重心》,法律出版社 2009 年版。

66. 左卫民等:《中国刑事诉讼运行机制实证研究(五)——以一审程序为侧重点》,法律出版社 2012 年版。

67. 左卫民:《现实与理想——关于中国刑事诉讼的思考》,北京大学出版社 2013 年版。

二、外文及译著

1. [德]汉斯·海因里·希耶赛克、托马斯·魏根特:《德国刑法教科书(总论)》,徐久生译,中国法制出版社 2001 年版。

2. [德]汉斯·约阿希姆·斯奈德主编;《国际范围内的被害人》,许章润、孙晓雳等译,中国人民公安出版社 1992 年版。

3. [德]克劳斯·罗科信:《刑事诉讼法》(第 24 版),吴丽琪译,法律出版社 2003 年版。

4. [德]马克斯·韦伯,《社会科学方法论》,李秋零等译,中国人民大学出版社 1999 年版。

5. [德]托马斯·魏根特:《德国刑事诉讼程序》,岳礼玲、温小洁译,中国政法大学出版社 2004 年版。

6. [法]卡斯东·斯特法尼、乔治·勒瓦索、贝尔纳·布洛克:《法国刑事诉讼法精义》,罗结珍译,中国政法大学出版社 1999 年版。

7. [法]孟德斯鸠:《论法的精神》,张雁深译,商务印书馆 1959 年版。

8. [美]艾尔·巴比:《社会研究方法》,邱泽奇译,华夏出版社 2009 年版。

9. [美]安德鲁·卡曼:《犯罪被害人学导论》,李伟等译,北京大学出版社 2010 年版。

10. [美]M. D. 贝勒斯:《法律的原则——一个规范的分析》,张文显等译,中国大百科全书出版社 1996 年版。

11. [美]博登海默:《法理学——法律哲学与法律方法》,邓正来译,中国政法大学出版社 2004 年版。

12. [美]罗伯特·C. 埃里克森:《无需法律的秩序——邻人如何解决纠纷》,苏力译,中国政法大学出版社 2003 年版。

13. [美]罗斯科·庞德:《通过法律的社会控制》,沈宗灵译,商务印书馆 2012 年版。

14. [美]帕特里夏·尤伊克、苏珊·S. 西尔贝:《法律的公共空间——日常生活中的故事》,陆益龙译,商务印书馆 2005 年版。

15. [美]约翰·罗尔斯:《正义论》,何怀宏等译,中国社会科学出版社 1998 年版。

16. [美]约书亚·德雷斯勒、艾伦·C. 迈克尔斯:《美国刑事诉讼法精解》,魏晓娜译,北京大学出版社 2009 年版。

17. [日]谷口安平:《程序的正义与诉讼》,王亚新译,中国政法大学出版社 1996 年版。

18. [日]松尾浩也:《日本刑事诉讼法》,丁相顺译,中国人民大学出版社 2005 年版。

19. [日]田口守一:《刑事诉讼法》,刘迪等译,法律出版社 2000 年版。

20.《意大利刑事诉讼法典》,黄风译,中国政法大学出版社 1994 年版。

21. [意]戴维·奈尔肯主编:《比较刑事司法论》,张明楷等译,清华大学出版社 2004 年版。

22. [意]皮罗·克拉玛德雷:《程序与民主》,翟小波、刘刚译,高等教育出版社 2005 年版。

23. [英]哈特:《法律的概念》,张文显等译,中国大百科全书出版社 1996 年版。

24. [英]亨利·萨姆奈·梅因:《古代法》,沈景一译,商务印书馆 1959 年版。

25. [英]洛克:《政府论》,叶启芳、瞿菊农译,商务印书馆 1964 年版。

26. [英]麦高伟等:《中国刑事司法制度之实证研究》,付欣译,维思出版社 2013 年版。

27. [英]麦高伟、杰弗里·威尔逊主编:《英国刑事司法程序》,姚永吉等译,法律出版社 2003 年版。

28. [英]约翰·斯普莱克:《英国刑事诉讼程序》,徐美君、杨立涛译,中国人民大学出版社 2006 年版。

29. Oliver Wendell Holmes Jr., *The Common Law*, Little, Brown and Company, 1948.

三、期刊论文

1. 北京市第一中级法院刑一庭:《关于刑事附带民事诉讼面临的司法困境及其解决对策的调研报告》,载《法律适用》2007 年第 7 期。

2. 陈纯柱、樊锐:《"先民后刑"模式的正当性与量刑研究》,载《中国政法大学学报》2012 年第 2 期。

3. 陈颀:《赔钱减刑的经济学分析》,载《福建法学》2009 年第 2 期。

4. 陈小强:《我国现行刑事附带民事诉讼制度的局限性及其重构》,载《经济研究导刊》2010 年第 26 期。

5. 陈秀平、陈继雄:《法治视角下公权力与私权利的平衡》,载《求索》2013 年第 10 期。

6. 褚玉龙:《对最高人民法院〈关于刑事附带民事诉讼范围问题的规定〉的质疑》,载《律师世界》2001 年第 4 期。

7. 段洪波:《论被害人的民事赔偿先行起诉权》,载《中国刑事法杂志》2007 年第 3 期。

8. 葛炳瑶:《2006 年浙江省在押罪犯主要犯罪类型的犯罪原因调查》,载《中国司法》2008 年第 2 期。

9. 黄磊:《刑事附带民事执行案件现状分析及对策——以×××市刑事附

带民事执行案件实证量化分析为视点》,载《商品与质量》2012 年第 4 期。

10. 江伟、王铁玲:《论救济权的救济——诉权的宪法保障研究》,载《甘肃政法学院学报》2006 年第 4 期。

11. 康玉梅:《刑事附带民事诉讼的赔偿范围探讨》,载《湖北社会科学》2012 年第 4 期。

12. 柯阳友、吴英旗:《诉权入宪:构建和谐社会的宪政之道》,载《西南政法大学学报》2006 年第 1 期。

13. 李强国:《法院不应限制刑事附带民事诉讼受案范围》,载《江苏公安专科学校学报》2001 年第 15 卷第 3 期。

14. 李以游:《刑事诉讼中责令退赔问题的几点思考》,载《河北法学》2014 年第 11 期。

15. 梁鑫:《司法习惯与正当程序》,载《发展》2012 年第 2 期。

16. 林明亮、孙大伟、雷琼艳:《海南西部地区刑事附带民事诉讼案件审理的调研报告》,载《热带农业工程》2012 年第 36 卷第 4 期。

17. 刘菊:《析刑事附带民事诉讼中精神损害赔偿问题》,载《法学杂志》2004 年第 4 期。

18. 刘璐:《刑事附带民事诉讼物质损失赔偿范围研究》,载《人民检察》2003 年第 6 期。

19. 刘瑞刚、陈杨:《关于刑事附带民事案件审判情况的调研——以河南省淮滨县人民法院为例》,载《法制与社会》2010 年第 25 期。

20. 毛利华、冯爱冰:《刑事附带民事诉讼若干问题与对策——山东省法院刑事附带民事诉讼调研分析》,载《人民司法 · 应用》2007 年第 5 期。

21. 欧阳涛:《要正确理解和适用刑法关于“追缴”、“责令退赔”和“没收”的规定》,载《人民司法》1983 年第 3 期。

22. 荣逸菲:《从犯罪学角度对盗窃罪的分析》,载《商》2015 年第 40 期。

23. 申莉萍、郑茂:《论我国刑事附带民事诉讼制度的价值定位——从刑事附带民事诉讼的存废之争说起》,载《西南民族大学学报》(人文社会科学版)2012 年第 4 期。

24. 宋瑞平、张秀峰:《刑事附带民事诉讼高调解率的实证研究——基于“赔偿从宽”角度的分析》,载《福建警察学院学报》2011 年第 4 期。

25. 宋英辉等:《特困刑事被害人救助实证研究》,载《现代法学》2011年第33卷第5期。

26. 苏惠渔、林建华:《关于〈公正对待犯罪和滥用权力的被害人的基本原则宣言〉述评》,载《法学研究》1991年第3期。

27. 苏力:《当代中国法律中的习惯——从司法个案透视》,载《中国社会科学》2000年第3期。

28. 万毅:《先刑后民原则的实践困境及其理论破解》,载《上海交通大学学报(哲学社会科学版)》2007年第2期。

29. 汪渊智:《理性思考公权力与私权利的关系》,载《山西大学学报》(哲学社会科学版)2006年第29卷第4期。

30. 王敏远:《2012年刑事诉讼法修改后的司法解释研究》,载《国家检察官学院学报》2015年第1期。

31. 王玮:《刑事附带民事诉讼的若干证据问题》,载《山东审判》2013年第3期。

32. 魏盛礼、赖丽华:《试论取消刑事附带民事诉讼制度》,载《法学论坛》2005年第20卷第1期。

33. 向前:《论我国刑事附带民事诉讼执行难的原因与对策》,载《牡丹江大学学报》2009年第18卷第10期。

34. 肖乾利、国建、代松:《刑事附带民事诉讼面临困境和对策的思考——基于宜宾市刑事附带民事诉讼案件的实证调查》,载《西华大学学报》(哲学社会科学版)2009年第28卷第2期。

35. 谢桃:《公权力与私权利的博弈》,载《知识经济》2011年第21期。

36. 徐和平:《司法解释合宪性的隐忧与消解》,载《学术界》2014年第1期。

37. 杨年生:《财产型犯罪中刑事附带民事诉讼的困境及对策刍议》,载《法制与社会》2013年第10期。

38. 杨雨、赵飞寒:《关于丹东市刑事附带民事诉讼案件调解情况的调查报告》,载《中国商界(上半月)》2010年第11期。

39. 张珺:《刑事附带民事诉讼的合理性探讨》,载《法律适用》2002年第6期。

40. 张文志:《“刑附民”精神损害赔偿若干问题研究》,载《法学杂志》

2006 年第 4 期。

41. 张振亮:《论我国的司法解释体制及其改革与完善》,载《南京邮电学院学报》(社会科学版)2004 年第 3 期。

42. 赵刚:《略论我国刑事诉讼证据规则之可能体系》,载《法学家》2000 年第 5 期。

43. 赵刚:《正确处理民事、经济审判工作中的十大关系》,载《法学研究》1999 年第 1 期。

44. 郑鲁宁、何乃刚:《合并与分离:刑事附带民事诉讼制度的反思与重构》,载《政法论坛》2003 年第 21 卷第 4 期。

45. 庄明发、王学堂:《关于法院立案改革现状及发展方向的思考》,载《山东审判》2001 年第 6 期。

46. 庄乾龙:《对〈最高人民法院关于刑事附带民事诉讼范围问题的规定〉若干问题的疑问》,载《阿坝师范高等专科学校学报》2011 年第 28 卷第 4 期。

47. 左卫民:《公民诉讼权:宪法与司法保障研究》,载《法学》2001 年第 4 期。

四、其他文献

1. 蔡国芹:《刑事调解制度研究》,上海交通大学凯源法学院 2009 博士学位论文。

2. 董秀婕:《刑民交叉法律问题研究》,吉林大学法学院 2007 年博士学位论文。

3. 高向武:《附带民事诉讼研究》,中国政法大学刑事司法学院 2007 年博士学位论文。

4. 侯雪:《刑事损害赔偿法律制度研究》,吉林大学法学院 2010 年博士学位论文。

5. 李贵阳:《刑事诉讼中被害人权利探究》,吉林大学法学院 2011 年博士学位论文。

6. 申莉萍:《我国犯罪被害人损害救济法律问题研究》,西南政法大学民商法学院 2012 年博士学位论文。

7. 巫若枝:《当代中国家事法制实践研究——以华南 R 县为例》,中国人民大学法学院 2007 年博士学位论文。

8. 徐艳阳:《刑民交叉问题研究》,中国政法大学刑事司法学院 2009 年博士学位论文。

9. 张剑秋:《刑事被害人权利问题研究》,中国政法大学刑事法学院 2005 年博士学位论文。

10. 张少林:《被害人行为刑法意义之研究》,华东政法大学刑事司法学位 2010 年博士学位论文。

后　记

本书是在我的博士论文基础上修改而成的。这得益于国家法官学院与香港城市大学法律学院联合举办的“中国高级法官博士”项目的开展,正是该项目的顺利进行,使我有机会于2012年来到香港城市大学法律学院,成为一名博士研究生,并顺利完成博士论文的撰写和答辩。进入香港城市大学法律学院攻读法学博士学位之初,便修学了贺欣教授的高级法学理论与研究方法的课程,开始接触我国传统的规范法学研究之外的从社会学、经济学等不同学科角度来研究法学问题的方法,特别是开始于欧美国家目前仍然兴盛于世界法学研究领域的社科法学研究方法,当然,在我国也称为法律实证研究方法,其对我产生了强烈的吸引力并激发了我的浓厚兴趣。根据贺欣教授的推荐,我详细地阅读了北京大学法学院陈瑞华教授的文章《法科学生如何撰写学术论文——关于研究方法的对话之二》和香港大学刘南平教授的《法学博士论文的“骨髓”和“皮囊”——兼论我国法学研究之流弊》。三位教授有关研究方法的观点以及香港城市大学法律学院其他教授所传授的具有不同特点的法学研究方法颠覆了我多年的规范法学研究方法的思维模式。自此,我的法学研究兴趣开始从规范法学研究模式向法律实证研究模式转变。根据老师们所传授的写自己熟悉领域的论文写作技巧,我确定了附带民事诉讼制度这一研究领域作为博士论文研究题目,而实证研究方法则成为该论文的主要研究方法。

为了更好地掌握法律实证研究方法,写好博士论文,在论文研究撰写的过程中我阅读学习了大量有关实证研究的专著和论文。首先,系统地学习了北京大学出版社出版的雷小政著《法律生长与实证研究》、重庆大学出版社出版的仇立平著《社会研究方法》两本有关法律实证研究和社会研究方法的专著。其次,阅读了北京大学出版社出版的陈瑞华著《论法学研究方法:法学研究的第三条道路》、宋英辉等主编《法律实证研究方法》、中国法制出版社出版的麦高伟等主编《法律研究方法》等有关研究方法的书籍。此外,还阅读了贺欣、朱苏力、左卫民、刘思达、赵旭光、侯猛、冉井富等学者丰富的有关实证研究的文章或著作,聆听了陈瑞华教授、左卫民教授等讲授的有关法学研究方法的专题课程。通过大量的实证研究理论文章和著作的阅读学习,我对法律实证研究方法和社会研究方法有了更加系统的认识,并对法律实证研究所具体实施的调查对象的确定、样本的选取、研究材料的收集和分析等达到准确理解和熟练适用的程度。为了弥补实证研究经验的不足,参照维思出版社出版的麦高伟等所著的《中国刑事司法制度之实证研究》和法律出版社出版的郭松所著的《中国刑事诉讼运行机制实证研究(四):审查逮捕制度实证研究》等实证研究中的具体方法,我设计了研究所需要的调查问卷、访谈提纲,还借鉴了专著中对资料的分析与运用方法来分析所取得的大量审判案件和访谈材料。为了全面客观地收集所需要的附带民事诉讼案件审判材料,还请原工作单位菏泽市中级法院的同事李继亮主任担任调查团队的具体负责人,并请多名同事共同参与,由我给大家进行实证调查的培训。在这一调查团队的细致、客观和全面的努力之下,圆满地完成了所确定范围案件信息资料的采集和对法官等的访谈。

在研究方法确定并能够较好掌握的同时,我着手于附带民事诉讼制度的理论研究状况的研究。此后,在分析材料和撰写本论文的过程中,我又遇到两大困难。第一个困难是对于大量的数据若采用通常的统计分析方法难以确保数据前后的准确一致,而且统计分析的工作量特别大。正在为此苦恼之际,山东省高级法院的高级法官罗莹副庭长向我介绍了 SPSS 统计分析软件的基本使用方法及其统计分析的优势。为了进一步掌握 SPSS 统计分析软件的数据分析方法,我与原工作单位菏泽市中级法院的同事吴慧星、王益新法官购置了相关专业书籍,聘请专业老师予以指导,使我能够初步了解 SPSS 统计分析软件数据库的建立常识和常用数据分析表图的分析与解读。根据我的研究要求,经过吴慧星和王益新法官的努力,终于建立了本书所用的所有附带民事诉讼范围研究的数据库,并且设计形成了各种数据分析图表,为本书的分析研究提供了有力的技术帮助。第二个困难是本书研究的附带民事诉讼制度内容广泛,仅仅写了本书的导论和附带民事诉讼范围两部分,就已经达到十几万字,显然整个附带民事诉讼制度不能够在本研究中全部完成。为此,我记起贺欣教授在讲课时所说的"小处着手""小题大做"的选题要求,设想将研究的范围由整个附带民事诉讼制度缩小到已经撰写了十几万字的附带民事诉讼范围研究上。该设想得到了导师顾敏康教授的肯定,我便将已经写好的部分重新进行章节分配,删除其他不再研究的部分，并就新的章节进行更加深入的分析研究，由此形成了共计十一章的初稿。根据导师顾敏康教授在审阅并对全文进行修改后，所提出的删除其中第九、十两章的建议，形成了目前的总体框架。

在论文后期的写作、预答辩和正式答辩期间，我现在工作的淄博市中级法院的同事黄强主任、王伟副主任等在有关全省相关案件数据的收集、论文初稿的装订以及预答辩和正式答辩 PPT 的制作等辅助事务方面，给予我许多的帮助，使我有更多的精力投入到论文的修改完善和应对答辩过程中答辩老师可能提出的各种问题的思考上。香港城市大学法律学院的法学博士研究生楼洪，为了帮助我适应答辩环境和氛围，模拟作为答辩老师听取我的答辩陈述，并提出若干答辩老师可能提出的问题，我一一给予回答。这一模拟答辩过程增加了我正式答辩的自信心。在香港城市大学法律学院答辩教室进行的正式答辩中，陈磊博士、官文伟博士和澳门大学法学院赵国强教授对我的论文给予了较高的评价，并当场一致决定通过答辩，同时，也对进一步修改完善提出了一些真知灼见。在论文的答辩期间，导师顾敏康教授始终坚守在答辩现场，还拍摄了我答辩时的珍贵照片，并在第一时间向博士班的同学发布，及时传递我通过博士论文答辩的讯息。这不仅使我能够更加从容地应对各位答辩老师的多个不同的问题，还将我这位五十五周岁的博士研究生答辩的重要场景保留下来，成为我人生的美好、自豪的回忆。根据答辩专家的意见，在导师顾敏康教授的具体指导下，我对论文进行了修改，并将论文正式的纸质版本和电子版本提交香港城市大学法律学院和图书馆保存。

最后感谢国家法官学院、法律出版社和香港城市大学出版社的共同推动，使本书得以在国内出版。本书能够加入国家法官学院与法律出版社联合研发项目——“卓越法官文库”，我感到非常荣幸。

回顾撰写与修改本书的全过程，我发现虽然自己将所学法学实证研究方法运用到整个研究中，但是，该研究方法使用的稚嫩、理论性不足等问题尚且存在，真诚期盼各位法学专家和法律实务界的同仁给予批评与指正。

王玮写于山东省淄博市

2019 年 2 月 17 日星期日

图书在版编目(CIP)数据

刑事附带民事诉讼范围实证研究：以S省H市两级法院为例 / 王玮著. -- 北京：法律出版社，2019
(卓越法官文库 / 胡云腾主编)
ISBN 978-7-5197-4058-0

Ⅰ. ①刑… Ⅱ. ①王… Ⅲ. ①刑事诉讼-附带民事诉讼-研究-中国 Ⅳ. ①D925.204

中国版本图书馆CIP数据核字(2019)第256456号

刑事附带民事诉讼范围实证研究 ——以S省H市两级法院为例 **XINGSHI FUDAI MINSHI SUSONG FANWEI SHIZHENG YANJIU** **—YI S SHENG H SHI LIANGJI FAYUAN WEI LI**	王　玮　著	策划编辑 朱　峰 责任编辑 韩泓宇　苗　婕 装帧设计 李　瞻

出版 法律出版社
总发行 中国法律图书有限公司
经销 新华书店
印刷 三河市兴达印务有限公司
责任校对 王沁陶
责任印制 张建伟
编辑统筹 辞书·融出版编辑部
开本 710毫米×1000毫米　1/16
印张 17.75
字数 270千
版本 2019年12月第1版
印次 2019年12月第1次印刷

法律出版社/北京市丰台区莲花池西里7号(100073)
网址/www.lawpress.com.cn
投稿邮箱/info@lawpress.com.cn
举报维权邮箱/jbwq@lawpress.com.cn
销售热线/400-660-8393
咨询电话/010-63939796

中国法律图书有限公司/北京市丰台区莲花池西里7号(100073)
全国各地中法图分、子公司销售电话：
统一销售客服/400-660-8393/6393
第一法律书店/010-83938432/8433　西安分公司/029-85330678　重庆分公司/023-67453036
上海分公司/021-62071639/1636　深圳分公司/0755-83072995

书号:ISBN 978-7-5197-4058-0　　**定价**:69.00元
(如有缺页或倒装,中国法律图书有限公司负责退换)